아버지의 선물

십자가의 죽음을 통해 회복시켜 주신
하나님 아가페 사랑으로 사는
당신이 바로 아버지의 선물입니다.

추천사

오늘날 많은 그리스도인들이 가정이나 직장, 사회에서 문제를 일으키는 것은 건강하지 않기 때문입니다. 육체의 건강을 위해서는 많은 시간과 물질을 투자하지만 영적 건강을 위해선 매우 소홀히 하며 살아갑니다. 그러다 보니 개개인의 마음속에 치유받지 못한 상처들이 있습니다. 제때 치유받지 못해 그 상처가 매우 큰 경우도 있습니다.

대개 문제가 생기면 외형적인 것으로 해결하려고 합니다. 그러다 보니 자연적으로 내면의 치유에 대해선 무관심했습니다. 치유받지 못한 영을 소유한 사람은 늘 힘들게 살아갑니다. 원망과 불평, 다툼을 만들고 있습니다.

이럴 때 박형모 목사님이 귀한 책을 출판하게 됨을 매우 기쁘게 생각합니다. 십자가 사랑으로 성령의 회복을 중심한 내용입니다. 정말 이 시대 혼란과 아픔속에 살아가는 성도들에게 영적 성장을 위해 꼭 필요한 책이라 생각합니다.

이 책은 지도자나 평신도 모두가 쉽게 이해하도록 만들어졌다는 특징이 있습니다.

제가 바라본 박형모 목사님은 늘 성경과 학문, 기도에 몰두하는 분입니다.

영적 체험이 있는 분입니다. 저술과 가르치는 달란트를 가진 분입니다. 철저히 성경 중심으로 생활하는 분입니다. 오직 예수! 오직 십자가만 생각하는 분입니다.

시 80:7 "만군의 하나님이여 우리를 회복하여 주시고 주의 얼굴의 광채를 비추사 우리가 구원을 얻게 하소서"

지금 한국교회에 회복이 필요합니다. 교회다운 교회, 성도다운 성도가 되어야 합니다. 이는 하나님의 형상으로 회복되어야 가능합니다. 그러기 위해 성경적 치유와 회복으로 안내하는 서적이 필요한 때에 출간되기에 더욱 기쁩니다.

이 책을 읽는 독자에게 예수 그리스도의 십자가 사랑이 임하기를 바랍니다. 그래서 성령을 통해 치유와 회복을 받아 하나님의 형상을 회복하여 하나님이 원하시는 건강하고 능력 있는 삶을 사시기를 간절히 바라면서 추천합니다.

2014. 10. 19. 주일

성문교회 당회장

백석총회 직전 총회장 정영근 목사

“

우리가 아직 죄인 되었을 때에 그리스도께서 우리를
위하여 죽으심으로 하나님께서 우리에게 대한 자기의
사랑을 확증하셨느니라

”

- 차 례 -

서 론 ········ 8
들어가는 글 ········ 24

제 1장 형상의 모양 ········ 27
제 2장 육체(육신) ········ 51
제 3장 그 릇 ········ 71
제 4장 입, 혀 ········ 77
제 5장 죄란? ········ 97
제 6장 영원히 사함 받지 못한 죄? ········ 113
제 7장 십자가의 복음(진리, 도, 사랑) ········ 123
제 8장 하나님의 아가페 사랑 ········ 185
제 9장 용서 ········ 225
제 10장 심령 치료의 하나님 ········ 251
제 11장 아브라함의 믿음 ········ 259

맺 는 말 ········ 280

서 론

"하나님! 하나님! 정말 저를 사랑하십니까?"

이 지구 상에 예수를 믿고 산다고 고백하는 많은 사람 가운데 예수를 믿으며 살고 있음에도 여전히 자신의 삶의 무게가 버겁고 힘들 때 그들 삶의 여정 속에서 한 번쯤은 이 질문을 던져 보았으리라.

필자 역시 삶의 고비에서 삶의 무게가 감당하기 버거울 때 문득문득 처절하게 이 물음을 토해 낼 때가 있었다.

지난 세월 나의 삶은 감당하기 힘든 참으로 버겁고, 아픈 삶이었다.

하나님을 모르고 하나님을 믿지 않는 불신앙의 삶이었다면 차라리 힘든 내 삶을 수긍하고 당연하게 받아들였을지도 모른다.

그러나 하나님을 믿으면 복을 주신다고, 하나님은 우리를 사랑하신다는 말씀을 듣고 믿었기에 한치 앞이 보이지 않는 힘든 나의 삶을 믿음으로 받아들이는 것이 내겐 고통이었다.

하나님이 주신 복이, 나를 향한 하나님의 사랑이 내 삶에서는 보이지 않았고 하나님을 믿지 않는 자들보다 더한 고통과 아픔이 나를 힘들게 했다.

나름대로 정말 열심히 봉사하고 헌신하며 믿음의 삶을 살았지만 내 삶이 좀처럼 나아지지 않는 것을 보면서 나를 사랑하신다는 그분이 나를 위해 죽어 주셨다는 말씀이 점점 희미하게 내게서 멀어져 갔다.

"하나님 정말 당신이 말씀하신 것처럼 나를 사랑하신다면 내 삶에서 당신이 나를 사랑하시는 증거를 보여주세요."

반복된 실패와 좌절을 겪으며 지치고 힘들 때마다 나를 향한 하나님의 사랑에 대한 의문이 고개를 들었다.

하나님이 원하시는 믿음이 아닌 내가 원하는 방식으로 내 생각대로 믿는 믿음은 이렇게 어리석고 우매한 질문을 던질 수밖에 없는 악하고 거짓된 믿음이었다.

마음이 아닌 지식으로 믿는 믿음, 복음이 아닌 율법으로 믿는 믿음은 사랑의 주님을 냉정하고 차가운 분, 무서운 분으로 왜곡하고 그 생각 속 깊은 어둠의 수렁에서 헤어 나올 수 없게 만들었다.

하나님의 섭리와 계획하심 속에 부족한 사람이 목사로서의 부르심을 받았다. 그러나 목사가 되었음에도 불구하고 순간순간 이 물음 속에서 나는 탄식하고 있었다.

내 속에서 나오는 그 탄식과 한숨은 사랑의 하나님을 전하는 목사로서 육신의 양심으로도 용납될 수 없는 치명적인 결함이었고 누구에게도 말할 수 없는 주님과 나만이 아는 부끄러운 치부였다.

겉과 속이 다른, 믿음의 삶이 없는, 지식을 전하는 삯꾼이 될 수는 없었기에 사랑의 하나님을 만나기 위한 처절한 몸부림의 시간을 보냈다.

찾고 찾으면 만나주시겠다고 약속하신 하나님은 말씀하신 그대로 영적으로 헐벗고 굶주림에 허덕이는 나를 만나주셨다.

(롬 5:8) 우리가 아직 죄인 되었을 때에 그리스도께서 우리를 위하여 죽으심으로 하나님께서 우리에게 대한 자기의 사랑을 확증하셨느니라

말씀을 묵상하고 있던 어느 날.

이 말씀이 내 안에서 샛별처럼 떠올랐다.

그리스도께서 우리를 위하여 돌아가심으로 하나님께서 우리에게 대한 자기의 사랑을 확증하셨다는 말씀이 육신의 눈이 아닌 마음의 눈, 믿음의 눈으로 보이면서 샛별처럼 마음에 떠올랐다.

기적처럼 그렇게 나를 향한 하나님의 사랑이 보이고 믿어지기 시작했다.

십자가의 죽음은 단순히 우리 죄를 사하신 것뿐만 아니라 하나님께서 우리(믿는 자들)에게 주신 확실한 사랑의 증거라는 것이 온전히 믿어졌다.

예수를 믿는다고 고백하는 모든 사람은 주님이 십자가에서 우리의 모든 죄를 다 사해주셨다고 믿는다. 그 사실을 믿는 것만으로 자신이 온전한 믿음으로 살고 있다고 생각한다.

십자가의 죽음을 통해서 우리의 모든 죄를 사하시고 하나님께서 우리에게 주시고자 했던 진정한 하나님의 사랑은 보지 못하고, 하나님의 마음은 외면한 채 말이다.

지금도 하나님의 마음을 보지 못하고, 이 사랑을 알지 못하고 있는가? 얼마나 많은 사람이 죄의 문제에서 해방되지 못하고 아픔과 상처 가운데서 신음하고 있는가?

그리스도께서 우리를 위하여 돌아가신 죽음은 단순한 죄에서의 구원을 넘어 내 삶의 모든 영역을 회복시켜준 완벽한 사랑이다.

새 언약의 일꾼 되기에 만족하게 하신 사랑이다.

십자가의 죽음을 통해 주신 그 사랑은 죄인 된 마음으로 하나님을 온전히 누릴 수 없었던 우리에게 죄의 문제를 해결해 주시고 우리 안에 하나님의 사랑을 회복시켜준, 세상에서는 줄 수 없는, 알 수 없는 평안을 이루어주신 사랑이다.

(요 14:27) 평안을 너희에게 끼치노니 곧 나의 평안을 너희에게 주노라 내가 너희에게 주는 것은 세상이 주는 것 같지 아니 하니라 너희는 마음에 근심도 말고 두려워하지도 말라

십자가를 통해서 주시고자 했던 주님의 사랑은 죄의 문제뿐 아니라 지금 내 삶의 현장에서 실제로 이루어주시는 구원도 주셨다.

이 구원은 십자가에서 이루어주신 사랑을 믿는 믿음을 통해 먼 나라 동화 속 얘기가 아닌 지금 내가 살아 숨 쉬고 있는 현장에서 평안으로 감사로 기쁨으로 역사하신다.

그리스도께서 십자가에서 이루어주신 사랑을 믿는 믿음의 자녀에게는 세상이 알 수도 없고 줄 수도 없는 주님이 주시는 평안함이 있어야 한다.

세상에서 주는 물질과 명예와 권세에서 오는 평안이 아닌 주님이 주시는 평안을 소유하게 된다.

당신은 지금 이 평안을 누리고 있는가?

믿음의 삶을 살고 있다고 고백하고 있지만 주님이 주시는 이 평안함이 무엇인지 모르고 죄의 문제가 해결되지 않았던 구약의 사람들처럼 아직도 육신 속에서 그 평안함을 보려 하고, 주님의 축복을 계산하고 있지는 않은가?

당신의 마음 안에서 주님이 주신 평안함을 보지 못하고, 누리지 못하고, 실제 삶에서 그 평안함을 보여줄 수 없다면 심각하게 자신의 믿음을 말씀 안에서 점검해 보아야 한다.

예수를 그리스도로 믿고, 십자가의 죽음으로 우리의 모든 죄를 사해 주시고 임마누엘 하시겠다고 약속하신 말씀을 믿는 성도(그리스도인)는, 예수그리스도로 인한 평안을 자신의 마음 안에서 보고 그 확실한 증거를 내어놓을 수 있어야 한다.

(고후 13:5) 너희가 믿음에 있는가 너희 자신을 시험하고 너희 자신을 확증하라 예수 그리스도께서 너희 안에 계신 줄을 너희가 스스로 알지 못하느냐 그렇지 않으면 너희가 버리운 자니라

하나님은 말씀하시면 반드시 이루시는 분이시다.

임마누엘 하시겠다고 약속하신 말씀은 그 말씀을 믿는 자들에게는 실제가

된다.

십자가를 통해서 이루어주시고 회복시켜주신 아가페 사랑을 받은 자들(믿는 자들)은 아가페 사랑이 그들 안에 있다.

장미꽃의 생명에서는 자연스럽게 장미 향기가 나는 것처럼 하나님의 아가페 사랑을 믿고 받은 하나님의 자녀에게서는 아가페 사랑의 향기가 난다.

많은 사람이 하나님께서 우리를 사랑하신다고 고백한다. 그러나 입술의 고백을 믿음이라고 할 수 있는가?

하나님의 사랑은 이 사랑을 믿고 고백하는 사람의 마음 안에서 실제로 볼 수 있다. 마음 안에서 보기 때문에 누릴 수 있다.

하나님의 사랑은 노력해서 하는 사랑이 아니다.

겉으로 보여주기 위해 포장하는 사랑이 아니다.

이미 우리 안에 이루어주신 사랑이기에 저절로 흘러나오는 사랑이다.

그러므로 마음 깊은 곳에서부터 주님이 주시는 사랑의 깊이와 넓이와 높이와 길이가 나를 통해서 내 가족에게, 섬기는 교회 성도들에게, 내 이웃에게 흘러가야 한다. 이것이 진정한 그리스도인의 삶이다.

하나님이 주신 사랑이 내 안에서 보이고 믿어지면 내 안에 있는 주님 사랑이 흐르는 강물처럼 내 삶에 흐르게 된다. 억지가 아닌, 노력이 아닌, 마음 그대로의 삶을 산다.

당신은 무엇을 통해 하나님을 사랑한다고 증거하고 있는가?

예배, 헌금, 봉사, 전도 혹은 자신의 삶 속에서 자신이 지금 헌신하고 있는 것이라고 믿고 있는가?

물론 그것은 정말 귀하고 소중한 헌신이다.

그러나 당신이 소중하고 귀하게 여기는 헌신이 혹시 육신의 생각과 마음에서 나오는 헌신은 아닌가?

육신의 감정으로, 혹은 자기가 맡은 직분의 체면치레로, 아니면 복을 받기 위한 수단으로 하는 헌신은 아닌가?

"온전히 하나님을 향한 사랑하는 마음에서 나오는 헌신인가?" 라는 질문에 당신은 어떻게 대답할 준비가 되어 있는가?

주님을 사랑하는 마음으로 행하는 순종에는 평안과 감사와 기쁨이 있다. 어떤 환경, 어떤 상황에서도 자신이 드러나지 않고 주님이 주신 마음으로 감사만 있다.

혹시 당신이 믿음으로 순종했음에도 불구하고 그 일로 인해 자신의 감정이 상하거나 상처가 되고 마음이 아파 평안을 잃어버렸다면 깊이 자신의 마음을 보아야 한다.

내 의가 서운하다고 울고 있지는 않는지, 악한 영이 그런 나를 비웃고 있지는 않은지. 하나님을 사랑하는 마음으로 행한 순종은 결코 내 감정이 나오지 않는다.

주님이 나를 도구삼아 하신 일이기에 내 의가 나올 수 없다.

반드시 하나님의 의가 나타나게 되어있다.

(롬 1:17) 복음에는 하나님의 의가 나타나서 믿음으로 믿음에 이르게 하나니 기록된 바 오직 의인은 믿음으로 말미암아 살리라 함과 같으니라

율법의 믿음이 아닌 복음의 믿음은 반드시 하나님의 의가 나타난다.

지금 자신이 하나님을 사랑해서 행하고 있는 모든 수고와 헌신이 무엇을 나타내고 있는가? 하나님의 의인가 아니면 자신의 의인가?

하나님의 의가 나타나지 않는 모든 행위는 하나님이 공급해 주시는 사랑 안에서 하나님을 사랑하는 마음으로 행한 것이 아니다.

자신이 이 마음으로 행한 순종이 아니었다면 냉철하게 자신의 마음을 볼 수 있기를 바란다.

하나님을 향한 순종의 본질은 무엇을 하느냐에 있는 것이 아니다.

순종의 마음이 어떤 마음에서 나왔느냐가 본질이다.

하나님께서 이미 우리 마음에 회복해 주신 아가페 사랑의 마음으로, 그 믿음

으로 행하는 것이 본질이다.

아가페 사랑의 마음으로, 그 믿음으로 행하는 것이 하나님을 사랑하는 믿음의 증거이다. 그것이 가장 먼저 선행돼야 한다.

주의 이름으로 행하는 모든(헌신, 봉사, 충성, 목회) 것은 하나님이 주신 사랑 안에서 그 사랑을 보고 주님이 공급해 주시는 그 사랑으로 해야 한다. 이 믿음으로 하는 행함에는 자신이 행한 것에 대한 보상심리가 없다. 온전히 주님이 주신 사랑 안에서 주님의 사랑으로 행한 것이기에 내가 드러나지 않는다. 나를 사용하시는 그분의 은혜가 감사할 뿐이다.

혹시 자신의 마음 깊은 곳에 이 감사가 아닌 다른 것이 웅크리고 있다면 그것은 하나님이 기뻐하시는 믿음이 아니다. 그는 결코 하나님의 사랑을 아는 자가 아니다. 하나님의 사랑을 믿는 자가 아니다.

하나님의 아가페 사랑은 상대방이 가장 절실하게 필요한 것을 값없이 주는 사랑이다. 그러나 육신 안에서의 사랑은 내가 원하는 사랑을 한다. 부모, 친구, 이성 간의 사랑은 늘 주는 만큼 받고 싶어 한다.

그러나 하나님께서 우리에게 주신 아가페 사랑은 우리가 죄인 되었을 때에 우리에게는 너무나 절실하고 갈급했던 죄에서의 해방을 이루어주셨고 죄가 해결된 우리 안에 이 아가페 사랑을 회복시켜주신 사랑이다.

육신 안에서 하는 사랑과는 전혀 다른, 조건 없는, 강권적인, 너무나도 파격적인 사랑이다.

하나님의 사랑은 값없이 주신 완벽한 사랑이다.

하나님께서 믿는 자들에게 주신 아가페 사랑은 사람에게 배워서 할 수 있는 사랑이 아니다.

육신의 사랑은 훈련하고 가르쳐서 세뇌해서 행하도록 한다. 그리고 안 되면 억지로라도, 도리로라도 하라고 한다.

그러나 하나님의 아가페 사랑은 그 누군가에게 배워서 하는 사랑이 아니다.

이 사실을 믿는 자들 안에는 이미 부은 바 되신 하나님의 사랑이 회복되었기에 그 사랑이 온전히 주장하시고 이끄시고 누리게 하신다. 그러므로 하나님의 사랑을 누리고 사는 자들은 그 사랑을 가족, 이웃들과 함께 나누는 삶을 살게 되어있다.

물줄기를 따라 물이 흘러가듯이 자연스럽게 사랑이 흐르게 되어있다.

그런데 왜, 하나님을 믿는다고 고백하는 많은 사람은 이 세상의 그 어떤 것과도 바꿀 수 없는 하나님의 이 고귀한 사랑을 누리지 못하고 있는가?

그것은 아직 하나님의 생명(그리스도의 마음)이 아닌 육신의 생각과 마음으로 하나님을 믿고 있기 때문이다. 하나님의 사랑을 하나님이 공급해 주시는 믿음으로 믿는 것이 아니라 자신의 육신적인 생각과 마음으로 육신의 눈에 보이는 것들로 제한하고 믿는다. 그리고 자신의 정욕을 채우기 위해 동분서주하는 삶을 산다.

육신의 생각과 마음에 사로잡혀 하나님의 사랑을 보지 못하면서 자신이 욕심에 눈이 멀어 있는 것은 보지 못하고 하나님은 나를 사랑하지 않는다고 신음하고 원망하고 아파한다.

하나님의 사랑은 육신의 생각과 마음으로는 결코 볼 수도, 누릴 수도 없다.

그리스도께서 십자가의 죽음을 통해 우리의 모든 죄를 사하시고 이미 이루시고 회복해 주신 그 사랑이 지금 내 안에 계심을 믿을 때만 그 사랑을 보고 누릴 수 있다.

이미 주신 그 사랑을 회복된 마음으로 구할 때 "내 이름으로 구하라. 다 주신다" 는 그 약속이 내 삶 속에 현실이 되어 누리게 된다.

그런데 안타깝게도 수많은 사람이 하나님의 사랑을 오해하고 있다. 하나님의 사랑을 육신의 삶에 만족을 주고 육체의 것들을 채워주는 것으로 착각하고 있다. 하나님의 사랑은 육체의 소욕을 채워 주는 사랑이 아니다.

하나님 사랑의 궁극적인 목적은 죄인 된 자들의 죄를 사하시고 죄가 없는 그들 안에서 그와 하나 되어 사시는 것이었다. 임마누엘을 이루시는 것이었다.

하나님은 이 약속을 이미 이루어주셨다. 그러므로 하나님의 사랑을 입은 자들은 그 사랑으로 하나가 될 수 있다. 그 사랑으로 교제하고 섬기고 나눌 수 있다.

세상의 그 어떤 것으로도, 그 무엇으로도 하나가 되지 못한다.

오직 하나님이 주신 아가페 사랑으로만 하나가 될 수 있다. 그러므로 하나님의 이 사랑이 무엇인지 어떤 것인지 반드시 알아야 한다.

주님은 아가페 사랑의 증거들을 말씀을 통해 지속해서 말씀하고 계신다.

하지만 육신의 생각과 마음으로 하나님을 믿는 자들은 육신의 삶에서 그 증거들을 찾고자 하는 어리석음으로 그 사랑을 보지 못하고 누리지 못한다.

하나님이 주신 축복을 자신이 처한 삶의 현장에서, 환경에서 눈으로 보이고, 자신의 손에 쥐어지는 것으로 제한한다.

그래서 눈에 보이지 않고 손에 쥐어지는 것이 없으면 마음이 아프고 상하고 상처를 받는다.

그러나 하나님이 주신 사랑은, 하나님이 우리에게 주신 은혜의 본질은 우리의 심령에 있다.

우리의 심령을 회복해 주신 사랑이 가장 큰 축복이다.

죄로 인해 누릴 수 없었던, 하나님과 하나 될 수 없었던 우리를 하나님과 하나 되게 하신 축복이 진정한 축복이다.

회복해 주신 사랑을 믿고 주님과 하나 된 심령을 누리는 것이 하나님이 주신 축복의 본질이다. 우리에게 주신 고귀한 하나님의 사랑이다. 회복된 심령으로 행해지는 모든 일 속에서 육신의 삶 또한 누리게 된다.

하나님이 이미 주신 심령의 회복을 왜 아직도 보지 못하고 믿지 못하고 있는가?

하나님은 확실한 증거를 보여주셨고 말씀해 주셨고 약속해주셨다.

그런데 왜, 그 말씀을 믿는 믿음이 없는가?

(마 4:23) 예수께서 온 갈릴리에 두루 다니사 저희 회당에서 가르치시며 천국복음을 전파하시며 백성 중에 모든 병과 모든 약한 것을 고치시니

말씀에 나오는 약한 것은 무엇을 말하고 있는가?

(마 4:23 표준성경) 예수께서 온 갈릴리를 두루 다니시면서, 그들의 회당에서 가르치며, 하늘나라의 복음을 선포하며, 백성 가운데 모든 질병과 모든 아픔을 고쳐 주셨다.

표준 성경에서는 약한 것을 아픔으로 말씀하고 있다. 이 아픔은 우리 마음의 아픔을 말하는 것이다.

예수님께서 치료하신 방법 중 한 가지가 우리의 마음, 심령을 치료하신다.

(마 9:35) 예수께서 모든 성과 촌에 두루 다니사 저희 회당에서 가르치시며 천국복음을 전파하시며 모든 병과 모든 약한 것을 고치시니라

(마 9:35 현대인 성경) 예수님은 모든 도시와 마을을 다니시며 여러 회당에서 가르치시고 하늘나라의 기쁜 소식을 전하며 모든 병과 허약한 체질을 고쳐 주셨다.

현대인 성경에서는 허약한 체질로 말씀하고 있다. 개정 성경에서는 '약한 것', 표준 성경은 '아픈 마음', 현대인 성경에서는 '허약한 체질'로 표현되어 있다.

예수님이 오시기 이전에 우리는 어떤 체질이었는가? 죄로 가득한 허약한 체질이었다.

그러나 예수님의 체질은 왼뺨을 때리면 오른뺨도 내 주시는 체질이다. 겉옷을 달라 하면 속옷까지 주시는 체질이다.

하지만 죄로 가득한 육신의 체질은 그럴 수 없다. 죄 때문에 허약한 체질로 살 수밖에 없다. 허약한 체질로 살 수밖에 없는 자들을 예수님은 치료해주셨다. 하나님의 아가페 사랑으로 살 수 있는 건강한 체질로 바꿔주셨다.

그러므로 이 사실을 믿는 우리는 예수님을 닮아가는 삶(하나님의 생명), 새 언약의 일꾼 된 삶을 살 수 있다.

예수님을 닮아가는 삶은 스트레스, 불평, 불만, 원망의 삶이 아니다.

그런데 지금 나는 어떤 삶을 살고 있는가? 하나님의 사랑으로 예수님을 닮아가는 삶을 살고 있는가? 하나님의 생명 안에서 흘러나오는 아가페 사랑으로 내 삶이 이루어지고 있는가?

하나님의 사랑을 믿고 누리는 자들은 반드시 그 사랑을 행한다. 그 사랑으로 행하는 삶이 예수님을 닮아가는 삶이다. 믿음의 자녀들에게 이 삶은 지극히 당연하다.

그런데 예수를 믿는다고 고백하면서도 왜 많은 사람이 예수님의 삶을 닮아가는 삶을 살지 못하고 죄의 형상으로 살아가고 있는 것일까?

자신의 믿음이 지식으로만 믿고 있는 것은 아닌지, 주님이 주신 마음이 아닌 겉모습만 번듯한 교회 일꾼이 되어가고 있는 건 아닌지, 자신의 마음은 불평, 스트레스, 미움, 상처가 요동치고 있음에도 거룩함으로 치장하고 살고 있지는 않는지, 겸허히 그리고 냉정하게 자신을 보아야 한다.

주님은 결코 원망하면서, 불평하면서, 무엇인가를 얻기 위하여 믿는 믿음을 원하지 않으신다. 주님은 이미 우리 안에 아가페 사랑을 이루어 주셨기에 그 사랑으로 행하는 것만 받으신다. 하나님의 사랑으로 행하는 것만이 우리가 주님께 보여드릴 수 있는 확실한 믿음의 증거인 것이다.(고후 13:5)

믿음의 자녀는 누구를 막론하고 그리스도께서 우리 안에 계신 증거를 보여주는 삶을 살아야 한다. 실제 삶을 통해 우리 안에 계신 주님의 사랑과 평강과 감사와 기쁨이 이루어지는 것을 보여야 한다. 그 증거를 보여야 하고, 보인 증거를 통해 하나님은 영광을 받으신다.

(눅 11:35) 그러므로 네 속에 있는 빛이 어둡지 아니한가 보라

(요 1:5) 빛이 어두움에 비취되 어두움이 깨닫지 못하더라

어둠에 거한 자들은 하나님의 사랑을 보여주는 삶을 살 수 없다. 빛이 비췄음에도 깨닫지 못하고 아직도 어둠 가운데 헤매고 있는 자들의 곤고함과 결핍의 삶은 예수그리스도를 믿고 있음에도 불구하고 세상 사람들과 똑같은 육신의 삶을 살 수밖에 없다.

빛으로 오신 주님을 보지 못하고 깨닫지 못하고 여전히 어두움의 삶을 사는 영적 무지가 아직도 당신의 발목을 잡고 있지는 않은가? 지금 자신의 마음이 어둠에 거하고 있지는 않은가? 그것으로 인해 평강의 주님을, 사랑의 주님을 그 마음 안에서 만날 수 없음에 애통해 본 적이 있는가?

하나님을 믿는 믿음의 성도는 세상의 물질이나 권세나 명예로 인하여 기뻐하며 만족하는 삶이 아니다.

믿음의 성도 마음 안에 이루어주시고 회복시켜 주신 아가페 사랑으로 감사하며 기뻐하는 삶이다. 세상의 그 어떤 것과도 비교할 수 없는 주님만이 주실 수 있는 그 평안을 누리며 사는 삶이다.

그러므로 지금 당신의 마음에서 주님의 사랑이, 주님이 주신 평안이 보이지 않고 믿어지지 않는다면 이것을 위해 애통해야 한다. 가슴을 찢으며 통곡해야 한다.

예수 그리스도께서 십자가에서 돌아가심으로 우리에게 주시고자 했던 사랑이, 그 마음이 우리 안에서 광명한 샛별처럼 떠오르기까지. 이제는 십자가의 죽음을 헛되이 여기는 십자가의 원수로 살아서는 안 된다.

하나님이 주신 사랑이 마음 안에서 보이고 믿어지면 이제 우리의 삶은 다시는 근심, 걱정, 염려, 스트레스, 미움, 좌절, 절망의 삶을 살지 않는다. 이것이 진리이고 주님의 말씀이다. 주님이 하신 말씀이 삶에서 실제가 되어 누리기 위해서는 반드시 하나님이 주신 믿음(아브라함의 믿음)이 있어야 한다.

컵의 손잡이가 보이지 않게 들고 "이 컵에는 손잡이가 있습니까? 없습니까?"

라고 질문을 한다면 당신은 없다고 할 것이다.

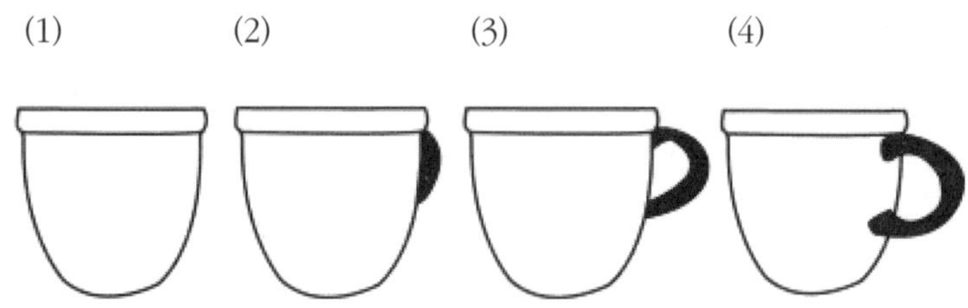

그렇게 대답하는 것은 이 컵의 손잡이를 보지 못하고 있기 때문이다. 당신이 손잡이를 보지 못하고 있다고 하더라도 이 컵에는 분명히 손잡이가 있다. 이 컵의 손잡이를 보고 있는 필자는 확실하게 보았기에 있다고 말한다.

그렇다면 보지 못해서 없다고 말한 당신의 대답이 틀린 것인가?

아니다. 그 말도 맞다. 단지 보지 못했을 뿐이다.

당신이 보지 못한 손잡이를 보고 있는 필자가 보여줄 것이다. 있고 없고의 차이, 보고 안 보고의 차이는 아주 미세할 수도 있다.

그러나 보지 못해서 누리지 못하고 있는 믿음과 보고 누리고 있는 믿음의 차이는 천국과 지옥의 차이다.

보이지 않는 컵의 손잡이를 돌려서 보여주는 것처럼 필자가 보고 믿고 누리고 있는 이 복음을 당신과 함께 나누고자 한다. 찔림과 상함과 채찍과 죽음을 감내하면서까지 우리에게 주시고자 했던 하나님의 아가페 사랑을 당신과 함께 말씀을 통해 나누고자 한다.

보이지 않는다고 포기하지 말고, 말씀 안에서 주님을 만나고 보고 믿음으로 하나님의 아가페 사랑을 함께 누리게 될 것을 확신한다.

예수 그리스도는 보고 믿는 것이다. 덮어놓고 사람의 말에 의해 지식으로 믿는 것이 아니다.

성령으로 말미암아 당신 안에 계시는 주님을 믿어야 한다.

당신 안에 계시는 주님을 보아야 한다.

당신 안에 계시는 주님을 누려야 한다.

성령을 통해 예수 그리스도가 믿는 자들 안에 오신다는 그 말씀을 믿는 자들은 자신 안에서 자신과 하나 된 주님을 보고 믿어야 한다.

아브라함의 믿음으로 보아야 한다. 진리의 말씀을 통해서 보아야 한다.

(요 14:6) 예수께서 가라사대 내가 곧 길이요 진리요 생명이니 나로 말미암지 않고는 아버지께로 올 자가 없느니라

(요 16:13) 그러하나 진리의 성령이 오시면 그가 너희를 모든 진리 가운데로 인도하시리니 그가 자의로 말하지 않고 오직 듣는 것을 말하시며 장래 일을 너희에게 알리시리라

(요 17:17) 저희를 진리로 거룩하게 하옵소서 아버지의 말씀은 진리니이다

진리의 성령이 하나님의 말씀을, 예수 그리스도를 우리 안에서 증거하고 계심을 믿고, 듣고, 깨달아야 한다.

그러나 진리의 성령이 믿는 자들 안에서 말씀하시는 것을 듣지 못하고 사는 자들이 너무 많다. 그들은 성령의 가르침이 아닌 육신의 지식과 경험으로, 율법으로 믿기 때문에 그 음성을 듣지 못하고 있다. 성령의 음성을 듣지 못하고 믿는 믿음은 늘 악한 영들의 표적이 될 수밖에 없다.

마음 안에서 말씀하시고 가르치시는 성령의 음성을 듣지 못하도록 역사하는 악한 영의 궤계를 알아야 한다.

악한 것, 내 안에 체질화(상처, 어둠, 근심, 염려, 두려움, 불안) 되어 있는 것들을 도구로 살아계신 하나님을 보지 못하도록 역사하는, 사망의 지름길로 인도하는 악한 영의 정체를 철저히 볼 수 있어야 한다.

하늘에 태양이 떠 있다. 환한 대낮에도 그 태양을 볼 수 없다면 분명 구름에 가려졌기 때문이리라. 구름이 걷히면 태양은 볼 수 있다. 구름에 가려져 태양이

보이지 않는다고 태양이 없는 것은 아니다.

마찬가지로 내 안에 이미 성령 안에서 주님이 와 계신다. 내 안에 계신 주님이 보이지 않는다고 주님이 안 계신 것은 아니다.

구름이 걷히면 태양을 볼 수 있듯이 내 안에 어둠(상처, 근심, 염려, 두려움, 불안)이 걷히면 평강으로 사랑으로 감사로 기쁨으로 와 계신 주님을 볼 수 있다.

그러나 빛이 비춰도 깨닫지 못하는 어둠은 그 빛을 볼 수 없듯이 깨닫지 못하고 믿지 못하는 자는 평강의 주님을 만날 수 없다. 여전히 근심과 두려움 상처와 아픔을 친구 삼아 사망의 길을 배회할 수밖에 없다. 사랑의 주님을, 평강의 주님을 누릴 수 없다.

말씀을 통해 냉정하게, 겸손하게 믿음의 현주소를 보아야 한다.

하나님의 은혜를 입은 자들은 단연코 고통과 아픔을 감내하면서까지 우리에게 주고자 했던 하나님의 지극한 사랑을 맛보고 누리며 살아야 한다.

이 책은 화려한 어법이나 고급스러운 단어로 치장된 책이 아니다.

세상의 기준으로 보면 많이 부족하고 투박하고 때로는 읽고 싶지 않을 만큼 자신 안에 어둠이 요동칠 수도 있다. 하지만 조금만 인내하기를 기도한다.

자신이 갖고 있는 육신의 지식 수준에 미달된다 하더라도 하나님의 지혜인 십자가의 사랑은 영적인 지혜이기에 기도하는 마음으로 끝까지 승리하기를 기도한다.

하나님께서 예수 그리스도를 통해 우리에게 주시고자 했던 아름답고 강력한 사랑, 단순하지만 강권적인 사랑을 함께 나누고자 한다.

필자에게 부은 바 되신 하나님의 아가페 사랑이 이 책을 읽는 모든 성도들의 심령에도 동일한 역사로 함께 하길 기도한다.

“

말씀을 통해 냉정하게, 겸손하게 믿음의 현주소를 보아야 한다.
하나님의 은혜를 입은 자들은 단연코 고통과 아픔을
감내하면서까지 우리에게 주고자 했던 하나님의 지극한 사랑을
맛보고 누리며 살아야 한다.

”

들어가는 글

예수님을 믿는 사람이라면 한 번쯤은 하나님의 사랑을 체험했을 것이다.

필자에게 하나님의 사랑을 가장 뜨겁게 맛본 적이 언제냐고 묻는다면 주저 없이 아버님(장인어른), 어머님(장모님)과 함께 살 때라고 이야기하고 싶다.

내 아내를 마흔 아홉에 낳으셨던 아버님은 막내딸(아내)을 낳은 후에 주님을 영접하고 교회에 다니셨다.

아버님께서는 항상 새벽 3시에 일어나 골방에서 기도와 찬양으로 하루를 열고 새벽기도회에 나가 기도하는 때 묻지 않은 순수한 분이셨다.

간혹 처가에 내려갈 때마다 새벽 잠결에 아버님만의 골방에서 들려오는 찬양과 기도의 소리는 평안 그 자체였다.

처음 인사 온 자식들의 배필에게는 창세기부터 요한계시록까지 두세 시간은 족히 무릎 꿇고 듣게 한 열정의 아버님이셨다.

여든 아홉 되시던 해 모든 육신의 장기가 쇠진하여 대소변을 보살펴 드려야 할 즈음 주님이 주시는 마음으로 부모님을 우리 가정에 모셔와 함께 살게 되었다.

세상의 어떤 도리나 율법의 당연함이 아닌 그저 주님이 주신 마음, 그 마음에 순종하고자 함이었다. 많은 분들의 염려와 걱정을 들을 수 있었다. 처음 마음과는 달리 많이 힘들 거라고.

어떤 분은 자식의 도리 때문에 억지로 모셨다가 스트레스와 원망으로 병을 얻게 되었다고 했다. 더구나 개척교회에 노(老) 부모님을 모시면 교회 부흥에도 많은 지장이 있을 것이라고 걱정했다. 그러나 그 염려와 걱정은 우리 가정에 현실이 되지 않았다.

아버님의 모습은 주님의 모습과 같았고, 어린 아이같은 순박함 그 자체였다. 그래서 나는 늘 주님이 주신 마음으로 순종하며 아버님과 함께 했다.

변을 정리할 때 손에 묻어도 전혀 더럽지 않았고, 냄새도 나지 않았다. 이것은 주님의 은혜였다.

더군다나 주님 사랑 안에서 하나였던 우리 가족은 그 냄새로 얼굴 한 번 찡그리지 않았고 감사함으로 나눌 수 있었다. 목욕을 해드릴 때마다 온몸이 땀으로 범벅이 되어도 힘들지 않았고, 목욕하신 아버님의 얼굴은 아름다움으로 빛이나 기쁘기도 했다.

그러던 어느 날 아버님을 목욕시켜 드리고 얼굴에 로션을 발라 드린 후의 일이였다. 힘이 들어 시원한 물 한 잔을 마시면서 누워계시는 아버님의 눈과 마주쳤을 때 순간 기절하는 줄 알았다. 아버님의 모습이 주님의 모습인 듯했고, 아버님 안에 계신 주님은 내게 말씀하셨다.

"아들아, 고맙다 이는 네 아버지에게 한 것이 아니고 내게 한 것이다."

그 말씀을 듣는 순간 내 마음은 주님이 주시는 평강과 형용할 수 없는 기쁨으로 벅찼다. 내게 들려주신 주님의 음성은 세상의 그 어떤 것과도 비교할 수 없는 힘이 되었고 위로가 되었다. 그것은 세상에서는 줄 수 없는, 세상이 알 수 없는 소중한 은혜였다.

그리고 주님은 부족한 내게 한 가지를 더 해 주셨다. 당시에는 아버님과 함께 해야 했기 때문에 마음 놓고 외출도 하지 못했다.

주님은 그런 내게 내적치유에 관한 말씀을 조명해 주기 시작했다.

성령의 법 안에서 천국을 누리며 살 수 있는 말씀을 믿음의 눈으로 깨닫게 해 주시고, 채워주시며, 맛볼 수 있도록 해 주셨다. 또한 삶에서 누릴 수 있도록 해

주시기 시작하셨다. 날마다 말씀으로 보여주시는 은혜는 이루 표현할 수 없었다.

아버님과 함께 했던 육신의 상황은 최악이라 할 수 있는 조건이었다. 미자립 개척 시골교회에, 일곱 식구가 25년 된 낡고 작은 맨 위 5층 집에서 살았다. 여름에는 더워서 얼음 페트병을 하나씩 안고 자야 할 정도로 더웠고, 겨울에는 추워서 겨울용 내복과 두꺼운 겉옷을 입고 생활해야 하는 열악한 조건이었다.

그러나 그 환경 속에서도 오히려 믿음 안에서 함께 할 수 있다는 것이 감사할 뿐이었다.

돌이켜 보건데 가장 힘든 환경 속에서도 사랑으로 역사하시는 하나님의 은혜는 결코 원망이나 불평이 아닌 감사이고 기쁨이며 행복이었다. 그 환경은 축복의 조건을 예비하신 하나님의 은혜였다.

자신에게 주어진 환경을 믿음의 눈으로 보고 행함으로 순종한다면 그대는 환경과 상관없이 부어주시는 은밀한 축복의 주님을 체험하게 될 것이다.

지금 너무 힘들어 모든 것을 포기하고 싶은 위기에 있는가?

지금 아무도 알아주지 않는 상처로 인해 마음이 아파 신음하고 있는가?

무거운 짐을 홀로 지고 벼랑 끝에서 바둥거리고 있는가?

그대는 지금 하나님이 예비하신 축복의 조건을 두루 갖추고 있는 존재이다.

육신의 생각과 사람의 눈으로 바라보는 것이 아닌 믿음의 눈으로 볼 수 있기를 소망한다.

당신을 향한 하나님의 사랑을 보실 수 있기를 간절히 주님의 이름으로 기도한다.(고후 12:10)

제1장
형상의 모양

하나님이 가라사대 우리의
형상을 따라 우리의 모양대로
우리가 사람을 만들고 그로
바다의 고기와 공중의 새와
육축과 온 땅과 땅에 기는 모든
것을 다스리게 하자 하시고
(창 1:26)

제1장 형상의 모양

말씀도 하나, 하나님도 한 분, 성령도 한 영, 믿음도 한 믿음(아브라함)인데 하나님을 믿는 모습은 왜 전혀 다른 모습, 전혀 다른 행함일까?

그것은 하나님의 말씀을 성령의 가르침으로 되새겨서 믿는 믿음이 아니라 각 육신의 생각(경험, 환경, 상황)과 마음으로 믿는 믿음이기 때문이다.

성경에서 보여주는 사람의 형상의 모양은 네 가지 유형의 모습으로 볼 수 있다.

자신의 육체가 어느 형상의 모양으로 태어나 하나님의 말씀을 믿느냐에 따라 믿음의 모습은 완전히 달라진다.

1. 첫 번째 사람(하나님 형상의 모양인 아담)

1) 하나님 생명으로 지음 받은 아담

(창 1:26) 하나님이 가라사대 ①우리의 형상을 따라 ②우리의 모양대로 우리가 사람을 만들고 그로 바다의 고기와 공중의 새와 육축과 온 땅과 땅에 기는 모든 것을 다스리게 하자 하시고

(창 1:27) 하나님이 자기 형상 곧 하나님의 형상대로 사람을 창조하시되 남자와 여자를 창조하시고

26절, 우리의 형상을 따라, 우리라는 말씀을 하신다.

(예)

지금 여러분의 생각 속에 강아지 한 마리를 떠올려 보라. 어떤 이는 시츄, 어떤 이는 치와와 등 다양한 강아지의 모습을 생각 속에 그려 보았을 것이다. 이것이 형상이다. 떠올린 강아지를 그 형상대로 실제로 만들면 모양이 된다.

하나님께서는 "우리의 형상을 따라 우리의 모양대로" 라고 말씀하셨다. 곧 하나님의 형상을 따라 하나님의 모양대로 아담을 만드신 것이다.

따라서 우리는 아담의 모습에서 하나님을 볼 수 있다.

이 말씀은 매우 중요하다. 그리고 말씀의 비밀은 여기에 있다. 하나님이 아담의 코에 생기를 불어 넣으신 것이다.

(창 2:7) 여호와 하나님이 흙으로 사람을 지으시고 생기를 그 코에 불어넣으시니 사람이 생령이 된지라

생기는 '하나님의 생명' 을 뜻한다. 아담 안에는 하나님의 생명(본질: 아가페 사랑)과 하나님의 영이 임했다. 이는 하나님의 강권적인 사랑을 의미한다. 바로 이러한 사랑을 통해 하나님의 생명을 아담에게 주신 것이다.

아담이 원해서 주신 사랑이 아닌 아담과 하나되기 위한 하나님의 강권적인 사랑이다. 아가페 사랑으로만 하나될 수 있기 때문이다.

이렇게 창조된 아담의 생명은 흙으로 만든 육신의 생명과 하나님의 영(아가페 사랑)의 생명이 있다. 하나님을 믿는 믿음의 자녀들 역시 육신의 생명과 하나님의 생명(영)이 있다. 이 비밀을 깨닫고 믿는 것이 곧 믿음의 시작이다.

흙으로 만든 육신의 생명에는 자의적 생명이 존재한다. 하나님께서 아담에게 임의로 먹지 말라고 한 선악과는 아담의 자의적인 생명이 먹게 한 것이다.

하나님께서는 아담을 창조하시고 하와를 창조하셨다.

(창 2:18) 여호와 하나님이 가라사대 사람의 독처하는 것이 좋지 못하니 내가 그를 위하여 돕는 배필을 지으리라 하시니라

하지만 하나님은 아담과 똑같은 방법으로 하와를 창조하지 않고, 아담의 갈빗대(아담의 육체)를 취해 하와를 만드셨다.

즉, 하와는 아담의 육체에서 나온 것이다.

(창 2:22) 여호와 하나님이 아담에게서 취하신 그 갈빗대로 여자를 만드시고 그를 아담에게로 이끌어 오시니

아담의 생명 안에 있는 갈빗대(아담의 육체)를 취해 하와를 만들었기에 하와의 생명에는 아담의 생명과 아담 안에 있는 하나님의 생명이 동시에 존재한다.

이렇게 아담과 하와를 창조하신 하나님은 두 사람에게 둘이 연합하여 한 몸을 이루라 하셨다.

(창 2:24) 이러므로 남자가 부모를 떠나 그 아내와 연합하여 둘이 한 몸을 이룰 지로다

어떻게 아담과 하와의 두 몸이 한 몸을 이룰 수 있을까?

아담과 하와 안에는 육신의 생명과 하나님의 생명이 함께 존재한다.

그렇다면 두 생명 중 어떤 생명으로 둘은 한 몸을 이룰 수 있는가?

육신의 생명에는 각자의 자의가 있다. 하와가 아담의 육체에서 나왔지만 각

자의 자의가 있는 육신의 생명으로는 결코 한 몸을 이룰 수 없다. 육신의 생명은 각자 육신의 자의가 다르게 나오기 때문에 한 몸을 이룰 수 없는 것이다.

이 두 사람이 한 몸을 이룰 수 있는 생명은 오직 이들 안에 있는 하나님의 생명(아가페 사랑)으로만 한 몸을 이룰 수 있다. 그래서 하나님의 생명(아가페 사랑) 안에서 한 몸을 이루라고 말씀하신 것이다.

그래서 아담과 하와는 하나님의 생명 안에서 한 몸을 이루며 살아갔다. 서로를 하나님의 사랑으로 사랑하고, 그로 인해 한 몸을 이루며 행복한 삶을 산 것이다.

① 아담의 삶은?

첫 번째 하나님의 생명 안에서 아가페 사랑을 받고 있는 삶이다.

두 번째 하나님의 생명 안에서 받은 아가페 사랑을 하와와 함께 나누는 삶이다.

(엡 5:28) 이와 같이 남편들도 자기 아내 사랑하기를 제 몸같이 할지니 자기 아내를 사랑하는 자는 자기를 사랑하는 것이라

하나님 자녀의 삶 역시 하나님의 생명 안에서 아가페 사랑을 함께 나누는 삶을 사는 것이다. 이것이 새 계명이다.(요 13:34)

하나님의 생명 안에서 아가페 사랑을 보지 못하고, 믿지 못하며, 받지 못하면 심령이 병들게 된다.

② 하와의 삶은?

아담으로부터 하나님의 생명 안에 있는 아가페 사랑을 받으며 사는 삶이다. 하와는 아담의 생명에서 나왔으므로 자신의 머리가 아담임을 알고 남편인 아담에게 주님께 복종하듯 살아가는 삶이다.

하나님의 아가페 사랑이 순종하게 하는 것이다.

(엡 5:22) 아내들이여 자기 남편에게 복종하기를 주께 하듯 하라

하나님의 아가페 사랑으로 자신의 머리인 남편에게 복종하는 것이 곧 하나님을 사랑하는 것이다.

2) 하나님의 생명이 떠난 아담

아담과 하와는 하나님의 아가페 사랑을 이루는 삶이었기에 부족함, 두려움, 염려, 근심과는 상관없는 삶을 누렸다. 하나님의 사랑은 에덴동산에서 이들이 육신으로 누릴 수 있는 모든 것들을 갖게 해 주셨다.

그러나 모든 것이 갖추어진 육신의 것들이 아담과 하와의 행복 조건이 된 것은 아니었다. 그 이유는 선악과를 먹고 난 후 그들의 모습을 보면 알 수 있다.

아담과 하와가 선악과를 먹고 난 후 에덴동산에는 어떤 변화도 없었지만 그들은 두려워했고, 부끄러워했으며, 하나님의 낯을 피했다.

그들 안에 하나님의 생명이 떠나고, 죄가 임해 그들의 마음이 변질됐다는 증거이다.

① 아담과 하와에게 주신 하나님 생명의 본질인 아가페 사랑이 떠났다.

이 두 사람은 하나님의 생명 안에 있는 아가페 사랑으로 행복을 누렸지만 마귀로 말미암아 선악과를 먹는 순간 평안과 행복은 더 이상 그들의 것이 될 수 없었다.

하나님의 생명이 떠난 육체에 외로움, 슬픔, 두려움, 불평, 근심, 불안이 엄습하는 고통이 시작 된 것이다. 말씀을 믿지 않고 마귀의 말에 순종한 아담과 하와에게서 하나님의 생명이 떠나고 죄가 그들을 다스리기 시작했기에 아가페 사랑이 역사하지 않았던 것이다.

② 하나님의 질서가 파괴됐다.

(고전 11:3) 그러나 나는 너희가 알기를 원하노니 각 남자의 머리는 그리스도요 여자의 머리는 남자요 그리스도의 머리는 하나님이시라

하와는 뱀의 말에 순종하여 자신 안에 있는 육신의 생명과 의지로 선악과를 먹게 된다.

하와의 생명(머리)은 아담이었다. 마귀가 와서 선악과를 먹으라고 했을 때 자신의 머리(생명)에게 물어봤어야 했다. 하와는 자신의 머리(생명)인 아담의 뜻에 따라야 하는 자신의 위치를 떠난 것이다.

아담 역시 마찬가지다. 자신의 육신의 생명에서 나온 하와로 말미암아 선악과를 먹지 말았어야 했다. 아담은 자신의 생명(머리)인 하나님의 말씀을 믿고 순종했어야 하는 것이다.

(창 2:17) 선악을 알게 하는 나무의 실과는 먹지 말라 네가 먹는 날에는 정녕 죽으리라 하시니라

아담과 하와는 하나님의 말씀을 믿지 않았다. 하와는 뱀의 말에 순종했고 아담은 하와의 말을 따랐기에 하나님의 생명의 질서가 파괴된 것이다. 질서가 파괴됨으로 말미암아 아담은 자신의 머리인 하나님의 말씀대로 사는 자가 아닌 육신에서 나온 하와(육신)의 말에 귀를 기울이고 그 말에 순종하는 삶을 살게 된다. 이로 인해 죄가 이들을 다스리기 시작한 것이다.

③ 진 자는 이기는 자의 종이 되어 산다.

(벧후 2:19) 저희에게 자유를 준다 하여도 자기는 멸망의 종들이니 누구든지 진 자는 이긴 자의 종이 됨이니라

(롬 6:16) 너희 자신을 종으로 드려 누구에게 순종하든지 그 순종함을 받는

자의 종이 되는 줄을 너희가 알지 못하느냐 혹은 죄의 종으로 사망에 이르고 혹은 순종의 종으로 의에 이르느니라

a. 뱀의 말에 순종한 하와

(창 3:15) 내가 너로 여자와 원수가 되게 하고 너의 후손도 여자의 후손과 원수가 되게 하리니 여자의 후손은 네 머리를 상하게 할 것이요 너는 그의 발꿈치를 상하게 할 것이니라 하시고

여자와 뱀의 후손은 원수가 되어 이 땅에서 서로 원수된 삶을 살게 된다. 하지만 여자의 후손(예수)은 뱀 후손(사탄)의 머리를 상하게 할 것이고, 뱀의 후손은 여자의 후손의 발꿈치를 상하게 한다.

결국 주님께서 원수 된 마귀의 머리(생명)를 밟는 것이다.

b. 하와의 말에 순종한 아담

(창 3:17) 아담에게 이르시되 네가 네 아내의 말을 듣고 내가 너더러 먹지 말라 한 나무 실과를 먹었은즉 땅은 너로 인하여 저주를 받고 너는 종신토록 수고하여야 그 소산을 먹으리라

아담으로 인해 땅은 저주를 받고 그는 종신토록 수고의 삶을 살게 된다. 무엇보다 자신의 육신에서 나온 하와의 말에 순종하였음으로 육신의 종이 되어 산다. 그래서 자신의 육체가 곧 머리요, 우상이요, 신이 되는 것이다.

모든 육체는 자신의 머리(육신의 생각, 생명, 우상, 신)가 원하는 것을 하게 된다. 이제 하나님의 말씀은 아담에게 들려오지 않는다.

이때부터 하나님 생명의 본질인 아가페 사랑이 떠난 텅 빈 육체에 무언가로 채우기 위한 몸부림이 시작된다. 육신과 안목의 정욕, 이생의 자랑들로 끊임없

이 채우고자 하는 욕심의 비극이 시작된 것이다.

이것이 죄의 결과요, 마귀의 속성이다.

아무리 발버둥 치며 갈급함을 채우려고 노력해도 만족이 없고, 만족이 없는 육신을 보며 절망하게 되며, 죄로 인한 목마름임을 깨닫지 못하고 여전히 욕심을 채우는 일에 자신의 삶을 바치게 되는 것이다. 자족함과 감사가 없는 마음은 굶주린 짐승처럼 육체에 채울 것을 찾아 헤맬 수밖에 없다.

④ 마귀의 종이 되어 살아가게 된다.

(요 8:44) 녀희는 너희 아비 마귀에게서 났으니 ①너희 아비의 욕심을 너희도 행하고자 하느니라 저는 ②처음부터 살인한 자요 ③진리가 그 속에 없으므로 진리에 서지 못하고 거짓을 말할 때마다 제 것으로 말 하나니 이는 저가 ④거짓말장이요 거짓의 아비가 되었음이니라

하나님의 말씀을 믿지 않음으로 아가페 사랑(생명)이 아담과 하와에게서 떠난다. 이에 죄가 아담과 하와를 다스리게 된다. 말씀(성령) 없는 삶은 욕심(사망과 저주의 원인)과 살인(죽이는 것), 거짓, 근심, 걱정, 염려, 불안, 스트레스, 미움, 원망, 불평의 삶이다.

이것이 마귀 본질이요, 속성인 것이다. 특히 개개인이 갖고 있는 상처와 아픔을 도구로 이용해 하나님의 사랑을 볼 수 없도록 한다.

상처와 아픔은 마귀가 사용하는 강력한 권력이다. 죄의 체질에서 헤어 나올 수 없도록 만드는 지독한 어두움이기도 하다. 그래서 상처와 아픔이 많은 사람은 자신의 마음을 제어하지 못한다.

하나님을 믿어도 말씀을 믿는 기쁨보다는 사람과의 교제나 프로그램에서 열정을 갖고 자신의 생각과 마음에 맞는 것만 취한다. 생각에 맞지 않고 믿어지지 않는 말씀은 오히려 다른 사람을 정죄하는 도구로 사용하기도 한다.

그래서 상처와 아픔이 많은 사람은 늘 우울증, 질병, 다툼, 이간질, 거짓에 자

신을 노출시켜 그것들이 삶을 지배하게 한다. 이런 삶은 늘 불안하고 초조하며 염려하는 삶일 수밖에 없다.

마귀는 상처와 아픔으로 꼬여있는 그들에게 오만가지 생각을 주어 역사한다. 이런 자들은 그 누구도 건드려서는 안 되는 영역이 있다.

그것을 콤플렉스 또는 마지막 자존심이라고 칭한다.

자신만의 영역을 만들어 놓고 누군가 침범하면 폭발하고 자존심을 생명처럼 생각하는 이들도 있다. 또 상대방의 마음과 상관없이 오해하고, 그것으로 인해 상처 받아 하나님의 말씀을 거역하는 극단의 사람들도 있다.

그러나 분명한 사실은 이 마지막 자존심의 실체는 결국 마귀의 속성에서 나오는 어두움이라는 것이다. 이것을 자랑스럽게 생각해서는 안 된다. 마지막 자존심, 콤플렉스는 육체의 허약한 체질(상처) 때문에 생긴 어두움이다. 이 체질의 사람은 대화중에도 상대방의 생각과는 전혀 다르게 받아들여 상처를 받는다.

심지어 강단에서 선포되는 말씀까지도 자신의 생각과 마음으로 받아들여 자신을 향한 쓴소리로 듣고 상처를 받는 자들도 있다. 똑같은 말씀이 선포되어도 통회하는 자가 있는 반면 이를 가는 자도 있는 이유가 여기에 있다.(행 2:37, 7:54)

상처와 콤플렉스는 이렇게 말씀을 철저히 육신의 생각과 마음에 가두고 재단하여 하나님의 마음과는 전혀 다르게 해석하고 믿는다. 이런 악순환의 고리가 육신의 삶에만 영향을 주는 것이라면 그나마 다행이지만 그 아픔과 상처를 통해 마귀는 철저히 하나님의 아가페 사랑을 보지 못하도록 역사하고 있다. 이로 인한 자신의 편협한 생각과 마음이 철저하게 이용당하고 있음을 알아야 한다. 마귀에게 속고 있는 자신의 마음이 문제인 것을 인식해야 한다. 자신의 마음에 생성되어진 뿌리 깊은 원망과 미움의 문제는 자신에게 상처를 준 상대방으로 인해 생긴 것이 아니다. 인정하고 싶지 않겠지만 이 사실을 말씀 안에서 보고 믿고 깨달아야 한다. 말씀을 통해 깨닫고 믿으면 하나님의 말씀이 온전히 마음밭에 뿌리를 내리고 싹을 낸다. 좋은 땅(마음)에 뿌려진 믿음으로 아가페 사랑을 할 수 있다.

하나님의 자녀는 주님이 주신 축복(아가페 사랑)을 누려야 한다. 누려야 할 축복을 누리지 못하게 하는 것들이 무엇인지 말씀을 통해 깨달아야 한다.

2. 두 번째 사람(아담 육신의 형상의 모양=세상 사람, 죄의 씨)

아담의 육체 안에서 나오는 형상의 모양은 어떤 모습인가?

(창 5:3) 아담이 일백 삼십세에 자기 모양 곧 자기 형상과 같은 아들을 낳아 이름을 셋이라 하였고

3절, 여기서부터 아담의 육신의 모양 즉, 죄인의 형상의 모양인 육체를 가진 사람이 태어나기 시작한다. 아담과 하와의 씨로 태어난 셋은 아담의 모양으로, 죄인의 모양으로 태어났다.

육체 자체가 죄를 가지고 태어나 말씀에 순종하기보다는 자신이 원하는 것을 한다. 곧 육신의 종이 되어 육체의 일을 좋아하며, 그곳에 소망을 두고 육체의 소욕을 따라 행한다. 육체의 삶이 하나님과 원수이기에 하나님의 법에 굴복할 수 없는 것이다.

(롬 8:7) 육신의 생각은 하나님과 원수가 되나니 이는 하나님의 법에 굴복치 아니할 뿐 아니라 할 수도 없음이라

그 씨로 나온 셋의 후손은 하나님의 모양이 아닌 죄의 모습으로 태어났다.

이로 인한 결과는 출애굽 당시 이스라엘 민족의 모습을 보면 잘 알 수 있다. 이스라엘 백성들이 시내산에 오른 모세를 기다리다 지쳤을 때 어떻게 했는가? 극도의 불안과 두려움에 사로잡혀 자신들을 보호해 줄 신을 필요로 했다.

그래서 만든 것이 금송아지 곧, 우상이다.

(출 20:4) 너를 위하여 새긴 우상을 만들지 말고 또 위로 하늘에 있는 것이나 아래로 땅에 있는 것이나 땅 아래 물속에 있는 것의 아무 형상이든지 만들지 말며

(출 32:4) 아론이 그들의 손에서 그 고리를 받아 부어서 각도로 새겨 송아지 형상을 만드니 그들이 말하되 이스라엘아 이는 너희를 애굽 땅에서 인도하여 낸 너희 신이로다 하는지라

형상이 무엇인가?

하나님께서는 너희 생각 속에(형상) 어떤 것으로도 우상을 만들지 말라고 하셨다. 죄인 된 생각 속에는 갖가지 떠오르는 것들이 있다. 근심, 걱정, 염려, 스트레스의 원인(돈, 사업, 일자리, 명예, 권력, 자녀, 남편, 아내, 시댁, 친정, 노후 걱정, 교회 확장) 등 죄인 된 육체를 통해 나오는 것들은 질병들의 원인이 되고, 결국 죄인 된 육체에 사망으로 역사한다.

죄인 된 육체 안에서 떠오르는 모든 생각은 우상이다.

이 생각 속에는 때론 좋은 생각도 있다.

그러나 죄인 된 육체 속에서 나오는 생각은 좋은 생각이든 나쁜 생각이든 모두 우상이며, 하나님과 원수 된 것이다. 결국 사망으로 멸망한다.

그러나 하나님의 자녀들은 죄인 된 육체에서 나오는 갖가지 생각(형상)들로 우상을 만드는 자들이 아니다.

세상의 모든 사람은 모두 아담의 씨로 태어났다.

모두 죄의 모양(죄인 된 육체)으로 태어났지만 이들에게 하나님의 생명(하나님 아가페 사랑=하나님의 마음)인 율법(하나님의 말씀)을 모세를 통해 주신다. 율법은 하나님의 말씀이요, 생명이며, 아가페 사랑이다.

그러나 육체의 종(마귀의 종)이 되어 사는 이들은 하나님의 사랑과 마음을 알 수 없다.

죄의 모양 안에는 하나님의 생명과 말씀을 담을 수 없다.

그래서 이들은 육체와 상관 된 계명, 즉, 육신으로 생각해서 믿어지는 것은 믿고, 믿어지지 않은 것은 믿지 않는다.

(예)

광야의 불뱀 사건

(민 21:5-9) [5] 백성이 하나님과 모세를 향하여 원망하되 어찌하여 우리를 애굽에서 인도하여 올려서 이 광야에서 죽게 하는고 이곳에는 식물도 없고 물도 없도다 우리 마음이 이 박한 식물을 싫어하노라 하매 [6] 여호와께서 불뱀들을 백성 중에 보내어 백성을 물게 하시므로 이스라엘 백성 중에 죽은 자가 많은지라 [7] 백성이 모세에게 이르러 가로되 우리가 여호와와 당신을 향하여 원망하므로 범죄하였사오니 여호와께 기도하여 이 뱀들을 우리에게서 떠나게 하소서 모세가 백성을 위하여 기도하매 [8] 여호와께서 모세에게 이르시되 불뱀을 만들어 장대 위에 달라 물린 자마다 그것을 보면 살리라 [9] 모세가 놋뱀을 만들어 장대 위에 다니 뱀에게 물린 자마다 놋뱀을 쳐다본즉 살더라

불뱀에 물린 자에게 필요한 것은 약일 것이다.

그런데 하나님께서는 "**불뱀을 만들어 장대 위에 달라 물린 자마다 그것을 보면 살리라**"

말도 안 되는 이 말씀이 불뱀에 물려 죽어가는 이들에게 어떻게 들려왔을까? 자신들을 살리기 위한 하나님의 사랑으로 들려왔을까? 아니면 육신의 생각으로는 말도 안 되는 이야기이지만 하나님의 말씀이니까 믿어 보기로 했을까? 죄 가운데 하나님의 사랑(마음)을 모르는 자들이었지만 말씀을 믿고 놋뱀을 쳐다본 자는 살았다.

그러나 하나님의 말씀이지만 끝까지 자신의 생각에 사로 잡혀 말씀에 순종하지 않은 자들은 죽음에서 벗어나지 못했다.

똑같이 주신 하나님의 말씀이지만 자신의 생각과 마음으로 믿어지는 것은 믿고, 믿어지지 않는 것은 믿지 않는 육신의 생명으로 사는 자들의 모습에 결말은 이렇듯 비극적인 것이다.

가나안을 정탐한 후 들어가는 사건 역시 마찬가지이다.**(민 13장)**

죄인 된 육신의 생각으로는 말도 안 되고, 들어갈 수 없지만 하나님께서는 들어가라 하셨다. 그러나 죄인 된 생각으로는 결코 하나님의 말씀에 복종(순종)할 수가 없었다. 죄(마귀)의 종이기 때문에 육신의 생각에서 영원히 벗어날 수 없다.

하나님께서는 죄인 된 육체 안에서 마귀에게 종노릇 할 수밖에 없는 이들을 긍휼히 여기시고, 율법이 오기 전 믿음의 법(아브라함의 믿음) 안에서 그리스도 곧, 메시야를 약속하신다.

3. 세 번째 사람(예수 그리스도 = 그리스도께서 오신 모습)

1) 죄 있는 육신의 모양으로 오신 그리스도

> (롬 8:3) 율법이 육신으로 말미암아 연약하여 할 수 없는 그것을 하나님은 하시나니 곧 죄를 인하여 자기 아들을 죄 있는 육신의 모양으로 보내어 육신에 죄를 정하사

> (빌 2:8) 사람의 모양으로 나타나셨으매 자기를 낮추시고 죽기까지 복종하셨으니 곧 십자가에 죽으심이라

(히 2:14) 자녀들은 혈육에 함께 속하였으매 그도 또한 한 모양으로 혈육에 함께 속하심은 사망으로 말미암아 사망의 세력을 잡은 자 곧 마귀를 없이 하시며

"죄 있는 육신의 모양"으로 오신 이유는?

죄 있는 육신의 모양으로 오셔야 그 안에 죄인의 죄를 담을 수 있기 때문이다.(제7장 십자가의 사랑 참조)

하나님의 자녀들을 향한 강권적인 사랑이다. 하나님은 사랑하는 자녀들을 위해 그리스도를 예비하시고 그를 통해 십자가에서 죄인 된 육체를 죽이심으로 사랑을 확증하시고 믿음의 자녀들에게 새 생명을 주셨다.

또한 그 죄의 모양(씨)까지 십자가에서 죽이셨다. 자녀들을 위해 예수 그리스도께서 십자가에서 죽으신 것이다.

그리고 정말 중요한 또 하나의 사실이 있다. 그것은 그리스도만 십자가에서 죽으신 것이 아니라는 것이다. 죄인(아담의 씨, 생명)된 육체의 생명도 그리스도와 함께 죽은 것이다.

(갈 2:20) 내가 그리스도와 함께 십자가에 못 박혔나니 그런즉 이제는 내가 산 것이 아니요 오직 내 안에 그리스도께서 사신 것이라 이제 내가 육체 가운데 사는 것은 나를 사랑하사 나를 위하여 자기 몸을 버리신 하나님의 아들을 믿는 믿음 안에서 사는 것이라

(갈 5:24) 그리스도 예수의 사람들은 육체와 함께 그 정과 욕심을 십자가에 못 박았느니라

24절, 죄인 된 육체(생명)와 정(정욕)과 욕심까지도 죽은 것이다.

죄를 통해 악한 영들이 역사하지 못하도록 육체를 죽이는 것이다. 이 사실을 믿는, 새 생명으로 낳은 믿음의 자녀들은 더 이상 죄의 씨인 정과 욕심이 육체

를 통해서 나오지 않는다. 죄 된 육체가 죽고 없으므로 더 이상 악한 영들은 육체의 생각 속에서 근심, 걱정, 염려, 스트레스(돈, 사업, 일자리, 명예, 권력, 자녀, 남편, 아내, 시댁, 친정, 노후 걱정, 교회확장), 불평, 원망, 미움, 상처, 아픔과 각종 질병을 통해 사망으로 역사할 수 없다.

그것은 그리스도께서 십자가에서 죽으실 때 죄의 씨 자체가 함께 죽었기 때문이다.

그런데 왜 아직도 이런 죄의 모습이 나오는 것일까?

첫 번째 이유는 아브라함의 믿음이 없기 때문이다.(제11장 아브라함의 믿음 참조)

두 번째 이유는 죄의 모양으로 태어난 육체가 그리스도와 함께 죽지 않았기 때문이다.

죄의 모양으로 태어난 육체가 그리스도와 함께 십자가에서 죽고 성령으로 오신 그리스도가 자신 안에 계심을 믿지 않으면 결코 그 안에 거하실 수 없다. 그리스도가 거하실 수 있도록 죄 된 육체는 그리스도와 함께 십자가에서 죽었음을 반드시 믿어야 한다.

육신의 생각과 마음이 죽었음을 믿는 경건의 연습을 해야 한다.

또한 예수 그리스도는 죄를 대속하시고 믿음의 자녀들과 하나 되어 성전으로 삼고 자녀들 안에 거하시기 위하여 십자가에서 죽으셨다. 새 언약의 일꾼 되기에 만족케 하신 것이다. 이 사실을 믿는 자녀들에게 주시는 하나님의 선물이 있다.

이 선물은 구원이요, 영생이다.

(엡 2:8) 너희가 그 은혜를 인하여 믿음으로 말미암아 구원을 얻었나니 이것이 너희에게서 난 것이 아니요 하나님의 선물이라

(요 17:3) 영생은 곧 유일하신 참 하나님과 그의 보내신 자 예수 그리스도를 아는 것이니이다

2) 하나님의 형상으로 오신 그리스도

(히 1:3) 이는 하나님의 영광의 광채시요 그 본체의 형상이시라 그의 능력의 말씀으로 만물을 붙드시며 죄를 정결케 하는 일을 하시고 높은 곳에 계신 위엄의 우편에 앉으셨느니라

(골 1:15) 그는 보이지 아니하시는 하나님의 형상이요 모든 창조물보다 먼저 나신 자니

그리스도께서 하나님의 형상으로 오신 이유는?

하나님의 형상으로 말씀이 육신이 되어 오신 예수 그리스도는 자녀들로 하여금 자신의 형상을 이루며 살도록 하시기 위해 오셨다. 믿음의 자녀들 속에 그리스도의 형상이 이루어지는 삶을 살 때 악한 자들은 하나님의 자녀들을 만지지도 못한다.(요일 5:18)

그러나 하나님을 믿고 있다고 고백하면서도 아담과 같이 육신의 형상으로 살면 악한 자들은 우는 사자처럼 덤벼든다.

예수 그리스도는 하나님의 형상으로 오시어 믿음의 자녀로 하여금 자신의 형상을 이루는 삶을 살도록 십자가에서 모든 것을 이루어 주셨다. 그리고 그리스도의 형상을 이루며 사는 자들을 눈동자처럼 지키고 보호해 주신다.

(요 14:8-11) [8] 빌립이 가로되 주여 아버지를 우리에게 보여 주옵소서 그리하면 족하겠나이다 [9] 예수께서 가라사대 빌립아 내가 이렇게 오래 너희와 함께 있으되 네가 나를 알지 못하느냐 나를 본 자는 아버지를 보았거늘 어찌 하여 아버지를 보이라 하느냐 [10] 나는 아버지 안에 있고 아버지는 내 안에 계신 것을 네가 믿지 아니하느냐 내가 너희에게 이르는 말이 스스로 하는 것이 아니라 아버지께서 내 안에 계셔 그의 일을 하시는 것이라 [11] 내가 아버지 안에 있고 아버지께서 내 안에 계심을 믿으라 그렇지 못하겠거든

행하는 그 일을 인하여 나를 믿으라

예수님과 함께 했던 제자 빌립은 하나님의 형상으로 오신 그리스도를 보고 있으면서도 아버지를 보여 달라고 했다.

예수님께서는 "**나를 본 자는 아버지를 보았거늘**" 이라고 말씀하시며 하나님의 형상으로 오신 자신을 보여 주면서 하나님을 본 것이라고 하셨다.

하나님의 형상으로 오신 그리스도가 지금 어디에 계시는가?

말씀을 믿는 믿음의 자녀들 안에 계신다. 또한 그 안에서 하나님의 형상을 나타내 보이시는 것이다. 하나님의 형상의 모양으로 믿음의 자녀들을 창조하신 이유가 바로 여기에 있다.

하나님의 자녀들을 통해서 주의 형상을 볼 수 있는 것이다.

(갈 3:27) 누구든지 그리스도와 합하여 세례를 받은 자는 그리스도로 옷 입었느니라

4. 네 번째 사람(진리의 말씀, 복음으로 낳은 믿음의 자녀)

여기서부터 새 언약의 말씀을 이루신다.

진리로 하나님의 자녀를 낳기 위해서는 반드시 십자가 보혈의 은혜가 필요함을 기억해야 한다. 이것은 그리스도께서 십자가에서 죽으심으로 모든 죄를 사하시고 아가페 사랑을 회복하시어 새 언약의 일꾼 되기에 만족케 하셨다는 것을 믿는 믿음이다. 이것으로만 진리로 낳은 하나님의 자녀가 되는 것이다.(제7장 십자가의 사랑 참조)

(약 1:18) 그가 그 조물 중에 우리로 한 첫 열매가 되게 하시려고 자기의 뜻을 좇아 진리의 말씀으로 우리를 낳으셨느니라

(고전 4:15) 그리스도 안에서 일만 스승이 있으되 아비는 많지 아니하니 그리스도 예수 안에서 복음으로써 내가 너희를 낳았음이라

하나님은 진리의 말씀(복음)으로 자녀를 낳았다.

진리로 낳은 자녀는 삶에서 말씀이 실제가 되는 삶을 산다. 말씀이 육신되어 오셨던 주님은 십자가에서 모든 죄를 사하시고 이제는 성령 안에서 믿음의 자녀들 안에 말씀으로 거하신다.

(요 1:14) 말씀이 육신이 되어 우리 가운데 거하시매 우리가 그 영광을 보니 아버지의 독생자의 영광이요 은혜와 진리가 충만하더라

성령께서 믿는 자들 심령에 하나님의 말씀을 친히 기록하셨다고 말씀하신다.

(히 8:10) 또 주께서 가라사대 그 날 후에 내가 이스라엘 집으로 세울 언약이 이것이니 내 법을 저희 생각에 두고 저희 마음에 이것을 기록하리라 나는 저희에게 하나님이 되고 저희는 내게 백성이 되리라

이렇게 생각과 마음에 기록된 말씀으로 하나님과 하나 된 임마누엘의 삶, 곧 천국 된 삶을 살게 하기 위해서이다. 곧 새 언약의 일꾼 된 삶이다. 그래서 진리의 말씀으로 낳은 자녀는 예수님을 닮아가는 삶이어야 한다.

(고후 3:18) 우리가 다 수건을 벗은 얼굴로 거울을 보는 것 같이 주의 영광을 보매 저와 같은 형상으로 화하여 영광으로 영광에 이르니 곧 주의 영으로 말미암음이니라

(갈 4:19) 나의 자녀들아 너희 속에 그리스도의 형상이 이루기까지 다시 너희를 위하여 해산하는 수고를 하노니

하나님의 자녀는 이 사실을 믿음으로 주가 주신 모든 것을 누리는 삶을 사는 것이다.

이것은 곧 믿음 안에 사는 자녀를 영원한 죄악(어두움, 거짓, 범죄 함 = 마귀의 속성)으로부터 회복해 주셨음을 의미한다.

처음 아담에게 주셨던 하나님의 생명(아가페 사랑)을 회복시켜주시기 위함이시다. 아담은 하나님의 형상의 모양으로 창조하시어 생명(아가페 사랑)을 주셨고, 믿음의 자녀는 예수 그리스도께서 십자가에서 죽으시고 부활 승천 하신 후 성령으로 말미암아 복음으로 낳아주신 것이다.

하나님은 이렇게 진리로 낳은 자녀를 보배로운 질그릇이라고 말씀하신다. 보배로운 믿음은 성령 안에서 오신 예수 그리스도와 하나된 것을 믿는 믿음이다.

(고후 4:7) 우리가 이 보배를 질그릇에 가졌으니 이는 능력의 심히 큰 것이 하나님께 있고 우리에게 있지 아니함을 알게 하려 함이라

이 보배는 예수 그리스도 살아계신 하나님이시다. 이 보배를 질그릇에 가진 자들의 믿음이 참된 것이다. 또한 질그릇의 가장 큰 축복은 주님이 쓰시고자 말씀하실 때 그 말씀에 순종하는 것이다.

그러나 여전히 죄 된 육신에서 나오는 죄악(근심, 걱정, 염려, 미움, 두려움, 원망, 세상의 쾌락)으로 가득 차 있다면 결코 이 사실이 믿어지지 않는다. 믿지 못하면 보배로운 질그릇이 될 수 없다.

(롬 8:13) 너희가 육신대로 살면 반드시 죽을 것이로되 영으로써 몸의 행실을 죽이면 살리니

죄악의 사슬에서 벗어날 수 있는 유일한 방법은 그리스도와 함께 죄 된 육체를 죽이는 것이다. 곧, 십자가의 믿음이다.

(갈 3:27) 누구든지 그리스도와 합하여 세례를 받은 자는 그리스도로 옷입었느니라

(고후 2:14-15) [14] 항상 우리를 그리스도 안에서 이기게 하시고 우리로 말미암아 각처에서 그리스도를 아는 냄새를 나타내시는 하나님께 감사하노라 [15] 우리는 구원 얻는 자들에게나 망하는 자들에게나 하나님 앞에서 그리스도의 향기니

그래서 아가페 사랑을 믿는 자녀들은 그리스도로 옷 입고, 그의 향기를 나타내며 그리스도인으로서의 삶을 사는 것이다.

하나님은 자녀들을 통해 그리스도를 나타내시고 그들을 통해 일하신다.

(고후 2:16) 이 사람에게는 사망으로 좇아 사망에 이르는 냄새요 저 사람에게는 생명으로 좇아 생명에 이르는 냄새라 누가 이것을 감당하리요

그러나 하나님을 향한 그리스도의 향기가 한 부류에게는 사망의 냄새로 한 부류에게는 생명의 냄새로 나타난다. 냄새를 맡는 자의 마음(믿음)에 따라 그리스도의 향기가 생명의 냄새가 되기도 하고 사망의 냄새가 되기도 한다.

(마 10:1-14) [6] 차라리 이스라엘 집의 잃어버린 양에게로 가라 [13] 그 집이 이에 합당하면 너희 빈 평안이 거기 임할 것이요 만일 합당치 아니하면 그 평안이 너희에게 돌아올 것이니라 [14] 누구든지 너희를 영접도 아니하고 너희 말을 듣지도 아니하거든 그 집이나 성에서 나가 너희 발의 먼지를 떨어 버리라

(마 7:6) 거룩한 것을 개에게 주지 말며 너희 진주를 돼지 앞에 던지지 말라 저희가 그것을 발로 밟고 돌이켜 너희를 찢어 상할까 염려하라

(요 10:26) 너희가 내 양이 아니므로 믿지 아니하는도다

창세 전부터 이미 믿기로 작정 된 하나님의 자녀는 주님의 음성을 들을 수 있지만 죄 된 육신으로 사는 자는 듣지 못한다. 예수 그리스도께서 말씀하셔도 믿지 않는다. 그의 양이 아니기 때문이다.

(엡 1:4) 곧 창세 전에 그리스도 안에서 우리를 택하사 우리로 사랑 안에서 그 앞에 거룩하고 흠이 없게 하시려고

(요 10:14) 나는 선한 목자라 내가 내 양을 알고 양도 나를 아는 것이

(요 10:27) 내 양은 내 음성을 들으며 나는 저희를 알며 저희는 나를 따르느니라

(고후 4:4) 그 중에 이 세상 신이 믿지 아니하는 자들의 마음을 혼미케하여 그리스도의 영광의 복음의 광채가 비취지 못하게 함이니 그리스도는 하나님의 형상이니라

"**이 세상 신**(육신의 정욕, 안목의 정욕, 이생의 자랑, 이 세상의 것을 좋아하는 죄 된 육체들)**이 믿지 아니하는 자들의 마음을 혼미케하여**" 많은 이들을 속이고 있는 것이다. 믿음의 자녀는 그리스도의 형상이다.

(고후 2:17) 우리는 수다한 사람과 같이 하나님의 말씀을 혼잡하게 하지 아니하고 곧 순전함으로 하나님께 받은 것같이 하나님 앞에서와 그리스도 안에서 말하노라

위의 네 사람의 모습 중에서 이제는 오직 두 사람의 모습만 존재한다.

아남의 씨로 태어난 죄 된 육신으로 사는 이 세상의 사람(죄의 형상)과 진리의 복음으로 태어난 하나님의 자녀(그리스도의 형상)만 존재한다.

그대는 어디에 속한 사람인가?

“

우리는 수다한 사람과 같이 하나님의 말씀을 혼잡하게
하지 아니하고 곧 순전함으로 하나님께 받은 것같이
하나님 앞에서와 그리스도 안에서 말하노라

”

제2장
육체(육신)

예수께서 온 갈릴리에 두루
다니사 저희 회당에서
가르치시며 천국 복음을
전파하시며 백성 중에 모든
병과 모든 약한 것(체질.
아픔)을 고치시니
(마 4:23)

제2장
육체(육신)

육신을 입고 살아가는 사람들은 각자 자신만이 갖고 있는 마음의 상처와 아픔이 있다. 환경으로 인한 것이든 사람과의 관계에서 생긴 것이든 모든 사람들이 갖고 있는 아픔과 상처는 각각 그 사람의 성품과 인격에 따라서 다르게 나타난다.

그리고 **"어느 누구보다 내가 당한 아픔, 상처가 가장 아프고 크게 생각된다."**

자신의 의지와 상관없이, 혹은 자신의 잘못으로 생긴 아픔을 마음속에 가둔 채 살아가는 사람들은 다른 사람을 돌아볼 여유가 없다.

뿐만 아니라 상대방을 배려하는 마음도 없고 독선적이며 이기적인 사람이 되기도 한다. 혹은 자신의 상처를 보호하기 위해 많은 것으로 위장하고, 치장하며, 철저히 스스로를 보호하고자 하는 보호 본능을 자연스럽게 가지게 된다.

이것을 콤플렉스 또는 자존심이라 한다.

콤플렉스가 많고 자존심이 강한 사람은 그만큼 상처가 많다는 것의 반증이다.

자신에게 상처를 입힌 사람이 부모가 될 수도 있고, 형제, 자매, 친척, 친구, 이웃, 목사, 성도 혹은 환경이 될 수도 있다. 상처 입은 모습은 각자 다 달라도 그로 인한 마음에서 나오는 모습은 비슷하다.

상한 심령은 미움으로, 원망으로, 우울증으로 자라고 그 결과는 마음과 육체의 질병이 되어 자신을 괴롭힌다. 상한 심령 안에서 나오는 미움은 대상이 다르고, 모습도 다르지만 미움의 결론은 마귀의 속성에서 나오는 사망이다. 상처를 통해 심령을 상하게 하여 사망으로 이끌고 가는 마귀의 계략에 휘둘리는 것이다.

이러한 상처받은 자들을 위해 예수님께서 심령 치료를 하신 것이다.(제10장 치료의 하나님 참조)

진리의 말씀 안에서 보면 수많은 상처와 아픔의 이유는 한 가지이다.

고로 이 문제만 해결되면 상처는 나와 전혀 상관없는 것이 된다. 자신이 왜 아픔을 당하고 있고 왜 내 마음 안에서 역사하는지 보아야 한다.

예)

① 자신 손톱 사이에 가시가 박혀서 지금 고통을 겪고 있다고 가정해 보자.

그런데 어떤 사람이 다리가 부러져 마취 없이 수술을 하고 있다고 한다.

마취 없이 수술하는 사람의 아픔과 자신의 손톱 사이에 박힌 가시로 인한 아픔의 강도는 비교할 수 없을 만큼 크다.

그러나 손톱사이에 가시가 박힌 사람에게는 자신의 손톱 사이에 박힌 가시가 훨씬 더 고통스럽게 느껴지는 것이다.

② 자신의 다리를 다쳤다고 가정해 보자.

지하철에서 누군가 자신의 아픈 다리를 건드리고 지나간다면?

바로 아픈 다리를 부여잡고 반응하게 될 것이다. 그리고 다시 누군가 가까이 자신의 옆을 지나간다면 반사적으로 아픈 다리를 보호하게 될 것이다.

육체의 질병이나 상처가 있는 사람이 주위의 반응에 자신을 보호하듯, 상처가 있는 마음 역시 자기의 마음을 보호하기 위해 포장을 하기 시작한다.

이 포장의 모습은 여러 가지 모습으로 나타난다.

행복하지 않으면서 행복한 척, 화나지만 화나지 않은 척, 어떤 이는 모든 이들에게 착한 사람으로 인정받고 싶어 하는 착한 사람 콤플렉스로, 혈기와 분노로 자신을 보호한다.

이렇게 다양한 모습으로 자신을 포장하고 아픈 마음을 보호하고자 하는 이중성을 보인다.

그리고 상한 심령을 보호하기 위해 아무도 모르게 자신의 마음에 방어막을 설치한다. 그리고 누군가 이 방어막을 건드리면 폭발하게 되는 것이다. 자신을 보호하기 위한 처절한 몸부림은 콤플렉스로, 우울증으로 발전한다.

누구에게나 자신의 상처가 제일 크고 아픈 것으로 느껴진다. 그리고 이들은 다른 사람의 아픔은 내 것에 비하면 아무것도 아니라고 생각한다. 그러나 믿음 안에서는 상처의 크기는 전혀 중요하지 않다.

이것에 대한 예수님의 방법은 매우 간단하다.

왜냐면 주님 안에서 치료의 방법은 하나이기 때문이다. 상처와 아픔의 근원이 무엇이었는지 알면 치료는 간단하다. 하나님께서 아담을 지으실 때 그의 모양대로 창조하시고, 아담의 코에 생명을 불어넣으셨다.

그리고 하와를 만드실 때 아담의 몸에서 갈비뼈를 취해 만드셨다. 또한 그들에게 둘이 한 몸을 이루라고 말씀하셨다.

우리 사람은 하나님의 사랑을 공급하고 받을 때 행복하도록 창조되어졌다.

그러나 죄로 말미암아 아가페 사랑 안에서 살 수 없게 되었다. 아담과 하와는 사랑을 공급받지 못하게 되자 그들 안에 온갖 죄로 말미암아 갈급함이 역사했다.

갈급함을 채우기 위한 모든 것들은 세상으로부터 오는 것들이다.

바로 육신의 정욕, 안목의 정욕, 이생의 자랑이다.

(마 4:23) 예수께서 온 갈릴리에 두루 다니사 저희 회당에서 가르치시며 천국 복음을 전파하시며 백성 중에 모든 병과 모든 약한 것(체질,아픔)을 고치시니

23절, 죄 된 육신 안에 있는 체질이 그렇게 만든다.

육신의 노력을 통해 의롭고 거룩하고 선하게 되려고 노력하는 것이다.

(롬 8:5-8) [5] 육신을 좇는 자는 육신의 일을 영을 좇는 자는 영의 일을 생각하나니 [6] 육신의 생각은 사망이요 영의 생각은 생명과 평안이니라 [7] 육신의 생각은 하나님과 원수가 되나니 이는 하나님의 법에 굴복치 아니할 뿐 아니라 할 수도 없음이라 [8] 육신에 있는 자들은 하나님을 기쁘시게 할 수 없느니라

그러나 오히려 그것이 6~7절, 하나님과 원수가 되는 육신의 행동임을 알 수 있다. 하나님은 육신의 노력으로는 절대 바뀔 수 없다고 말씀하신다.

아담과 하와에게서 하나님의 사랑이 떠난 후에 낳은 후손들은 아담의 모양과 죄의 모습으로 태어난다.

이렇게 태어난 그들은 태어날 때부터 죄인이 된다. 그들 안에는 죄의 형상이 있기 때문이다. 이것은 하나님의 아가페 사랑을 행할 수 없다. 육신의 사랑만 할 수 있다.

하나님은 사랑이 없는 이들에게 사랑의 모습을 보여주신다. 또한 죄인들에게 아가페 사랑을 십계명을 통해 그림자로 보여주신다. 하나님께서는 왜 그림자로 보여주시는가?

그들은 하나님의 사랑을 마음으로 행할 수 없고 마음에 새길 수 없는 죄인들이었기 때문이다. 또한 율법을 마음으로 행할 수 없기에 십계명을 돌 판에 써서 주신 것이다.

그리고 죄로 인해 율법을 마음에 새길 수 없는 그들에게 은혜를 약속하신다. 이 일은 예수 그리스도를 통해 성취하시고 이루신다. 그리고 말씀을 믿는 자녀들 안에 성령으로 오셔서 하나님 사랑의 법을 마음 판에 새겨주신다.

예수 그리스도가 오시기 전에는 사랑(모세 율법=십계명)을 마음이 아닌 육신의 생각과 마음으로 지켰다. 이러한 마음은 쉽게 부패할 수 있기에 율법과 하나님의 사랑을 잊지 않도록 자손에게 선포하고 가르치게 하셨다.

육신의 생각과 마음으로는 율법을 지키는 모양을 낼 수는 있지만 마음으로는 지키며 살 수 없음을 깨닫게 하시기 위해서다.

(롬 3:20) 그러므로 율법의 행위로 그의 앞에 의롭다 하심을 얻을 육체가 없나니 율법으로는 죄를 깨달음이니라

육신으로 율법을 지키는 것은 외적인 모습으로 사랑하고 계명을 지키며 눈에 보이는 우상을 만들지 않고 절하지 않는 것이다.

그러나 이렇게 지킨 율법은 결코 지킨 것이 아니다.

하나님의 마음으로 지킨 것이 아니기 때문이다. 그들은 죄로 인하여 마음으로 율법을 지킬 수 없었다.

하나님께서 그들에게 율법을 주신 이유는 마음에 가득한 죄로는 결코 말씀을 지킬 수 없다는 것을 깨달으라고 주신 것이다.(롬3:20) 그리고 약속해 주신 메시야를 기다리라는 것이다.

모든 율법의 완성은 하나님의 사랑이시다.

이것은 예수그리스도를 통해, 십자가의 죽음을 통해 완성하셨다. 그러므로 이제는 믿는 자녀들에게 율법을 지키며 살 수 있는 은혜를 주셨다.

그러나 이 사실을 믿지 못하는 자들은 아직도 아가페 사랑 안에서 나오는 마음이 아닌 육신의 생각으로 하나님의 마음과 상관없이 행한다. 마음엔 미움, 원망, 불평이 가득한 채로 하나님의 아가페 사랑이 아닌 도리나 체면 때문에 형식적으로 행동하는 것이다.

이런 행위가 하나님의 말씀대로 율법을 이룬 것인가?

그렇지 않다. 하나님의 율법과 계명을 지킨 것이 아니다. 그렇다면 믿는 우리가 왜 육신의 생각과 마음으로 구약의 사람들처럼 지금도 여전히 죄 된 모양으로 살아가는가?

더 깊이 말씀 안에서 우리를 비춰보자.

육신을 입고 있는 모든 사람은 죄의 씨로 태어났다. 이 사실을 먼저 인정해야 한다. 자신은 원래 죄의 씨로 태어났음을 인정해야 하는 것이다. 원래 죄의 씨로 태어났지만 십자가에서 모든 죄를 사하시고 회복시킨 하나님의 사랑을 믿는

자녀는 이제 죄가 없다고 고백한다. 이 사실을 고백하고 믿는 자들은 반드시 죄의 모양이 아닌 사랑 안에서 살아야 한다.

그런데 우리는 왜 믿지 못하고 그렇게 살지 못하는가?

생각 속에 형상으로 역사하는 모든 것들이 십자가에서 그리스도와 함께 죽지 않았기 때문이다. 마귀는 죄 된 육신에서 나오는 것들을 통해 십자가에서 그리스도와 함께 죽은 것을 믿지 못하도록 역사한다.

예수님은 어떻게 하셨는가?

예수님의 치유 방법은 단 한 가지 아가페 사랑이다. 창조주이신 하나님 안에만 있는 사랑으로 우리를 치유하셨다. 육신 안에서의 치료는 한계가 있다. 한사람에 대한 미움이 해결되어도 또 다른 미움이 온다. 완전히 해결된 것 같지만 순간일 뿐 해결됨과 동시에 또 다른 근심이 오는 것이다.

언제까지 이런 삶을 지속할 것인가?

주님은 우리에게 아가페 사랑의 은혜를 부어주셨다. 우리는 그 안에서 이미 십자가에서 모든 것을 이루어주시고 아가페 사랑으로 내 안에 와 계신 주님을 보고 믿으면 되는 것이다.

지식으로 아는 것이 아니라 말씀을 통해 치료해 주신 주님을 성령 안에서 믿음으로 보아야 한다.

주님은 세상이 줄 수 없는 평안을 주셨다고 말씀하신다. 이것을 받았으면 삶에서 보여줘야 한다. 주님이 주신 평안이 자신 안에 없다면 받지 못한 것이다. 혹은 받았음에도 불구하고 구름에 가려진 태양을 볼 수 없는 것처럼 어둠(근심, 걱정, 염려, 세상의 것)으로 가려져 보지 못하고 있는 것이다.

하나님의 아가페 사랑을 받았다면 삶에서 보여줘야 한다. 어떤 환경과 상황에서도 자신 안의 사랑을 보여주는 삶을 살아야 하는 것이다. 주님이 언제든 쓰시겠다고 하실 때 "예. 주님 나를 받으옵소서" 해야 한다.

그러나 우리의 믿음의 모습은 어떠한가? 여러 가지 형편과 환경을 핑계대고 있지는 않는가? 아픔과 상처로 신음하는 자신 때문에 순종할 수 없다고 하지는 않는가? 내 자신 감당하기도 버거워 다른 사람을 돌 볼 여유가 없다고 핑계대고 있지는 않는가?

마음에 난 깊은 상처와 아픔은 하나님의 자녀들에게 주님의 음성을 들을 수 없고, 순종할 수 없는 불구자가 되게 한다. 또 마음 깊은 곳에 내재되어 자신도 감각하지 못하는 불순종의 삶을 살게 한다.

기억하라.

마음의 상처와 아픔이 그대로 있는 한 우리는 주님을 사랑할 수도 말씀에 순종할 수도 없다는 사실을.

육신의 가시가 없어야 온전한 하나님의 사랑을 누릴 수 있다. 아픔과 상처를 동해 죄는 역사한다. 죄가 형성되면 영의 만족보다는 육의 만족을 좋아한다. 죄의 씨로 태어난 육신이기 때문이다. 이들 안에 하나님의 영이 죽어 있기 때문이다.

하나님은 이스라엘 백성들을 출애굽 시키셨다. 이스라엘 백성들에게 광야 여정에서 여러 가지 모양으로 그들을 향한 하나님의 아가페 사랑을 보여주신 것이다.

그러나 그들은 하나님의 사랑을 보지 못했다. 그들 안에 하나님의 아가페 사랑이 없기 때문이다. 그의 사랑은 반석에서 물을 내고, 낮에는 구름기둥, 밤에는 불기둥으로 인도하시고 만나를 주어 배부르게 하셨다.

그럼에도 그들은 하나님의 사랑을 깨닫지 못했다. 영이 죽어있기 때문이다. 죄가 있는 그들은 하나님을 보지 못하고 믿지 못한다.

그렇다면 십자가에서 모든 죄를 사해주시고 사랑을 이루어주셔서 자녀된 우리는 하나님의 아가페 사랑을 믿는가? 자신이 육신에 먼저 반응하는가? 영에 먼저 반응하는가? 자신에게 질문해 보라.

우리 생명에는 영과 육신의 생명이 있다.

하나님이 예수 그리스도를 보내신 것은 영의 생명을 회복시켜 주시기 위해서다. 영이 회복되면 육신도 회복되어진다. 하나님은 어제나 오늘이나 변함없이 항상 사랑으로 역사하시고 말씀하신다.

그러나 죄인의 마음으로는 사랑이 보이지 않고 알 수도 없다. 죄 있는 사람들은 하나님의 아가페 사랑을 받아들일 수 없기 때문이다.

주님은 그 날 먹고, 그 날 쓴 것으로 족한 줄 알라고 하신다. 하나님은 늘 새로운 것을 공급해 주고 계시기 때문이다. 하지만 육신의 생각과 마음으로 믿는 마음은 하나님께서 공급해 주시는 것을 보지 못한다.

육신의 생명은 육체가 좋아하는 것으로 반응하고 그것에 만족하게 되어 있다. 육이 만족하면 행복하고 만족하지 못하면 불평하게 된다. 죄의 몸은 끊임없이 육신이 만족하기를 원하기 때문이다.

성경은 우리에게 원수가 있다고 한다. 마귀로 말미암아 선악과를 먹은 하와는 뱀의 후손과 원수가 되었다. 자신의 육신에서 나온 하와로 말미암아 선악과를 먹은 아담은 육신의 종이 되었다. 하나님의 사랑 안에서 살지 못하도록 방해하는 내 육신이 원수인 것이다. 육신의 생각과 마음은 끊임없는 갈급함을 원하고 그것을 해결 받기 위해 몸부림친다.

하나님의 사랑 안에서 살지 못하는 사람들은 채워지지 않는 마음의 갈급함을 자신의 겉모습을 자랑하는 것으로 위로받고, 이것들로 본모습인 것처럼 포장한다.그리고 육신의 자랑 거리로 마음속의 갈급함을 채워보려고 한다.

이것은 철저하게 육신에게 속고 있는 행위이다. 내 안에 계신 예수를 자랑하고 있는가? 내 육신의 것들을 자랑하고 있는가?

지금 자신이 육신의 것들을 자랑하고 있다면 철저하게 속고 있는 자신의 믿음을 점검해 보라.

자신이 누군가를 미워하고 있는 것이 혹시 마음 편하지는 않는가? 육신이 미움이라는 어둠을 더 좋아한다면 결국 마음의 병을 잉태하고 심령이 상함으로 육신의 질병에 노출된다.

자신의 생각과 마음이 원하는 것에 민감하게 반응하고 육신이 원하는 것을 좇게 되면 결코 날마다 새로운 것으로, 좋은 것으로 우리에게 공급해 주시길 원하시는 하나님의 아가페 사랑은 볼 수 없다.

만질 수 없다.

누릴 수 없다.

나눌 수 없다.

천국의 열쇠는 예수이다.

천국의 열쇠는 그 어떤 것도 가능케 한다.

천국의 열쇠는 그 어떤 것도 열 수 있는 능력이 있다.

하나님은 우리에게 천국의 열쇠인 예수 그리스도를 주셨다.

천국의 열쇠를 받았음에도 왜 근심의 문제, 스트레스, 미움, 원망, 우울증에서 벗어나시 못하고 있는가? 왜 어둠의 문을 열지 못하고 신음하고 있는가?

내 안에 상처를 통해 역사하는 죄가 있기 때문이다. 상처를 통해 나를 죽이는 원수가 있기 때문이다. 원수가 나가고 하나님의 사랑이 회복되면 어두움은 더 이상 내 삶에서 역사하지 못한다. 방금까지 미움으로 울부짖던 마음이 거짓말처럼 평온해지고 근심으로 가득했던 마음이 평안이 되고 다툼의 삶이 화평의 삶이 된다.

아무리 미워하는 그 누가 있다 할지라도 어둠의 실체를 보고 인정하고 하나님의 아가페 사랑을 믿으면 미워했던 상대방이 사랑스러워 보인다.

(렘 32:27) 나는 여호와요 모든 육체의 하나님이라 내게 능치 못한 일이 있겠느냐

27절, 여호와는 말씀하시면 반드시 이루시고, 처음과 끝이요, 알파와 오메가이시다.

하나님이 주신 마음이 아닌 아픔이 가득한 마음으로 말씀을 순종하려고 하기 때문에 지치고 힘들다. 말씀을 기쁨으로 행할 수 없다.

자신의 생각으로 하나님의 사랑을 판단(제한)하면 안 된다. 육신의 눈이 아닌 믿음의 눈으로 보아야 한다. 그리고 하나님의 아가페 사랑을 믿으면 된다. 내 육신의 생각과 마음이 그리스도와 함께 죽으면 된다.

그리스도와 함께 죽기 위해서는 어떻게 해야 하는가?

말씀으로 내 마음(삶)을 비춰보아야 한다. 우리에게 주신 하나님의 말씀은 그냥 덮어놓고 믿는 것이 아니다. 실제로 내 안에서 그리스도의 형상을 보고 믿어야 한다. 하나님께서는 주의 모양으로 우리를 만드셨고, 믿는 자들 안에 형상을 이루어주셨다. 말씀을 믿는 자들은 자신 안에서 역사하시는 아가페 사랑을 보게 된다. 자신 안의 하나님의 형상이 아닌 어둠에 속고 있기 때문에 하나님의 사랑을 보지 못하고 있는 것이다. 그 안에는 모든 것이 있다.

(요 1:14) 말씀이 육신이 되어 우리 가운데 거하시매 우리가 그 영광을 보니 아버지의 독생자의 영광이요 은혜와 진리가 충만하더라

여호와 하나님께서 메시야를 보내주시기로 약속하셨다. 약속의 말씀이 실제가 되어 예수님께서 육신이 되어오셨다.

하나님의 말씀이 그리스도로 오셔서 순종하는 삶을 사셨다. 병자를 치료하신 것은 하나님의 말씀이 능력이 되어서 치료하신 것이다. 하나님은 말씀을 초월하지 않으신다. 말씀으로 치료하시는 것이다.

말씀이 영이요, 능력이다.

이 모든 것은 하나님의 말씀 사역이다. 말씀이 증거이다. 말씀이 육신이 되어 오셔서 그 말씀을 실제적으로 우리에게 보여주신 것이다. 십계명을 말씀으로 이루셨다.

말씀의 완성은 행함이다. 행위는 말씀과 아가페 사랑 안에서 나오는 행함이다. 믿음으로 행하지 않는 것은 그래서 다 죄인 것이다.

(롬 14:23) 의심하고 먹는 자는 정죄되었나니 이는 믿음으로 좇아 하지 아니한 연고라 믿음으로 좇아 하지 아니하는 모든 것이 죄니라

말씀은 실제이다. 믿고 행함으로 말씀이 실제가 되는 것이다. 세상이 줄 수 없는 평안을 주셨다고 말씀하신 것을 믿음으로 내 안에 평안을 누리는 것이 말

씀이 실제가 되는 삶이다.

하나님이 주신 평안과 그리스도의 향기가 내 안에 있어야 한다. 믿음으로 우리를 통해 말씀의 증거가 되게 하시는 것이다. 말씀을 믿는 자들의 삶에서는 그리스도의 향기가 나와야 한다. 그리고 그리스도의 편지가 되는 삶을 살아야 한다.

(요 2:20-21) [20] 유대인들이 가로되 이 성전은 사십 육 년 동안에 지었거늘 네가 삼일 동안에 일으키겠느뇨 하더라 [21] 그러나 예수는 성전 된 자기 육체를 가리켜 말씀하신 것이라

20-21절, 예수 그리스도는 하나님의 성전이다.

하나님의 성전이신 예수님은 이제 우리 안에 거하신다. 그가 우리 안에 거하심으로 보배로운 질그릇이 되는 것이다. 이 질그릇은 바로 나 자신을 뜻한다. 내가 곧, 하나님의 성전이다.

(고전 3:9) 우리는 하나님의 동역자들이요 너희는 하나님의 밭이요 하나님의 집이니라

(고후 6:16) 하나님의 성전과 우상이 어찌 일치가 되리요 우리는 살아계신 하나님의 성전이라 이와 같이 하나님께서 가라사대 내가 저희 가운데 거하며 두루 행하여 나는 저희 하나님이 되고 저희는 나의 백성이 되리라 하셨느니라

(히 3:6) 그리스도는 그의 집 맡은 아들로 충성하였으니 우리가 소망의 담대함과 자랑을 끝까지 견고히 잡으면 그의 집이라

아가페 사랑 안에서 사는 믿음의 자녀가 하나님의 밭이고, 집이며, 성전이다. 예수 그리스도께서 내 안에 거하심으로 성전이 된 것이다. 그릇은 무엇을 담느냐에 따라 쓰임새가 달라진다. 죄를 담으면 죄의 그릇이 된다. 마귀는 우리를

죄의 그릇으로 만들었다.

그러나 아가페 사랑은 우리를 하나님의 성전으로 만들어 주셨다.

우리는 하나님의 성전 된 삶을 살아야 한다. 보배로운 질그릇으로 사는 것이 당연하다. 예수님은 자신을 위해 울지 말고 너와 너희 자녀를 위해 울라고 하신다.

(눅 23:28) 예수께서 돌이켜 그들을 향하여 가라사대 예루살렘의 딸들아 나를 위하여 울지 말고 너희와 너희 자녀를 위하여 울라

하나님의 아가페 사랑 안에서 사는 믿음의 자녀는 성전 된 삶을 위해 울어야 한다. 내 육신의 형상의 모습이 죽었음을 믿고 그리스도의 형상을 이루는 삶을 살기 위해 울어야 한다.

우리 각자에게 주신 이 삶은 하나님의 사랑만 하기에도 얼마나 부족한 시간인가.

하나님께서 우리에게 허락하신 이 귀한 자녀의 삶을 지금 어떻게 사용하고 있는가? 아직도 싸우고, 다투고, 분쟁하고, 원망하고, 미워할 시간이 있는가?

우리에게 주어진 소중한 삶이 더 이상 마귀의 도구로 사용되어지지 않도록 애통하고 통곡해야 한다. 성전 된 삶을 살기 위해서는 내 안에 계신 주님(말씀)과 하나 된 삶을 살아야 한다. 말씀은 이제 우리 심령 안에 있다. 아브라함의 믿음으로 말미암아 말씀이 성령을 통해 임하게 된다.

안식일의 주인은 그리스도시다.

(마 12:8) 인자는 안식일의 주인이니라 하시니라

안식일의 주인인 주님이 내 안에 계심으로 인해 누릴 수 있는 것이다. 주님이 거룩하기 때문에 내가 거룩해지는 것이다. 주님이 평안이시기에 내 마음이 평안하다.

하나님과 하나 됨의 삶은 안식이다. 십자가의 사랑으로 우리를 하나님의 생명으로 살도록 하셨다. 그 안에서 하나님의 자녀 된 삶을 살아야 한다.

십자가에서 죽으심으로 우리에게 주신 이 은혜를 누리지 못하게 하는 원수가 있음을 믿음의 눈으로 보아야 한다. 미움을 주고 상처를 주는 그 사람이 원수가 아니라 그를 통해 미움으로 역사하는 정체를 보고 멸해야 한다. 자신을 사망으로 이끌고 가고 있는 원수의 도구로 사용되어서는 안 된다.

하나님을 믿는다고 고백하는 자가 왜 여전히 죄의 생명으로 살고 있는가? 왜 상처 속에서 헤어 나오지 못하는가?

"육신의 생각은 사망" (롬 8:6)

우리 안에는 육체의 형상(육신의 생명)과 그리스도의 형상(영의 생명)이 있다. 육체의 형상(육신의 생명) 속에서 나오는 생각은 죄의 생각들이다.

그리스도의 형상은 평안, 감사, 기쁨이다. 이것으로 사는 자들은 하나님의 생명 안에서 평안이 나온다. 아가페 사랑이 있기 때문이다.

육신의 형상에서는 죄 성이 나온다. 온갖 죄 성(미움, 다툼, 시기, 질투, 원망, 불평 등)은 하나님이 주신 것들을 보지 못하고 어둠으로 사로잡아 사망으로 이끌고 가는 마귀의 도구이다. 나에게 미움을 주고 상처를 주는 형상들은 하나님과 원수된 삶을 살게 하는 것들이다.

하나님은 우리를 죄의 형상과 상관없는 새 생명으로 낳아주셨다.

하지만 하나님의 말씀을 믿지 못하는 자들은 새 생명의 삶을 믿지 못하고 여전히 육신의 생각과 마음으로 자신을 죄의 포로 된 삶에 방치하고 있다. 육신의 생각들은 하나님과 원수다. 결국은 육신에서 나오는 것들이 하나님을 누리지 못하게 하는 원수인 것이다.

이것들은 하나님의 법, 생명의 성령의 법, 하나님의 아가페 사랑을 행할 수 없기 때문이다.

부모를 공경하면 복 주신다고 하니까 복 받으려고 부모를 공경하는 것인가? 예수를 믿으면 부자가 되고 축복을 주신다고 하니까 부자가 되고 싶고 축복이 받고 싶어 믿는 것인가? 하나님이 주신 믿음과 복음은 그렇지 않다. 하나님의 자녀는 새 생명으로 낳아주신 것에 대한 감사함으로 행하는 것이다.

복 받기 위해 행하는 것이 아니다. 육신의 생각과 마음으로 믿는 것이 아니다. 육신의 생각에서 나오는 것은 좋은 생각이든 나쁜 생각이든 하나님과 원수이다.

우리는 이제 육신의 생각에 사로잡혀 사는 자들이 아니다. 영의 생명으로 하나님이 주신 평안을 누리며 사는 하나님의 자녀이다.

(요 6:63) 살리는 것은 영이니 육은 무익하니라 내가 너희에게 이른 말이 영이요 생명이라

(롬 8:11) 예수를 죽은 자 가운데서 살리신 이의 영이 너희 안에 거하시면 그리스도 예수를 죽은 자 가운데서 살리신 이가 너희 안에 거하시는 그의 영으로 말미암아 너희 죽을 몸도 살리시리라

11절, 예수님께서 아가페 사랑으로 우리의 영을 살려주시는 것이다.

우리의 죽은 영이 살면, 우리 안에 있는 모든 더러운 것들은 죽게 되어있다. 왜 말씀을 믿지 못하고 우리를 사망으로 이끌고 가고 있는 육신의 것들을 놓아주지 않으려고 하는가?

우리는 보내지 않으려고 몸부림치고 있는 육신의 마음을 보아야 한다. 근심거리가 생기면 문제가 해결될 때까지 근심이 떠나지 않는 삶을 살고 있는가? 아니다. 모든 것을 이루시고 회복해 주신 하나님의 사랑은 근심 없는 평안을 이미 우리에게 이루어주셨다.

믿음은, 눈앞에 보이는 환경을 보는 것이 아니라 하나님께서 이미 이루어주신 것을 믿는 것이다. 회복해 주신 것을 믿는 것이다. 하나님의 자녀는 말씀을 믿는 삶을 산다. 육신의 것을 믿는 것이 아니라 보이지 않는 것을 믿음의 눈으로 보고 믿으며 생명의 삶으로 사는 것이다. 그리스도를 죽은 자 가운데서 살리신 하나님의 영이 우리를 살리심으로 말미암아 육신의 생각과 마음은 이미 십

자가에서 죽었음을 믿고 그리스도 형상의 삶을 사는 것이 믿음이다.

(눅 3:6) 모든 육체가 하나님의 구원하심을 보리라 함과 같으니라

6절, 모든 육체가 하나님의 구원하심을 본다.

근심이 변하여서 기쁨의 구원을 보는 것이다. 상처, 아픔, 미움, 다툼 이런 육신의 모든 것들을 치료하셨다. 하나님의 사랑이 어두움으로부터 회복시켜주신 것이다.

아픔, 상처로부터 우리를 구원하셨음을 보아야 한다. 예수님 안에 평안, 기쁨, 감사 성령의 열매가 있다. 그것을 믿음으로 보는 것이다.

이 구원을 보고 믿어야만 악한 자들 가운데서 역사하는 것들(근심, 걱정, 미움, 상처, 아픔)이 우리 안에서 역사하지 않는다. 하나님의 자녀는 육신 안에서 누리는 것을 행복이라고 하지 않는다. 자신 안에 이루어주신 하나님의 아가페 사랑을 행복이라고 한다. 하나님의 사랑을, 하나님의 구원을 호흡할 때마다 순간순간, 매일매일 보고 살기 때문이다.

구원은 날마다 내 안에서, 우리의 삶에서 보는 것이다.

(행 2:17) 하나님이 가라사대 말세에 내가 내 영으로 모든 육체에게 부어주리니 너희의 자녀들은 예언할 것이요 너희의 젊은이들은 환상을 보고 너희의 늙은이들은 꿈을 꾸리라

내 안에서 그리스도의 영이 나를 통하여 일하신다.

어떤 모습으로, 무엇을 하고 있느냐는 중요하지 않다. 하나님께서는 그리스도의 영 안에 있는 자를 통해 일하신다. 하나님은 귀한 도구로, 그릇으로 하나님이 쓰시고자 할 때 순종하는 믿음을 통해 일하신다. 그릇의 겉모습이 아닌 순종하는 마음을 귀하게 보신다. 하나님은 우리의 믿음을 통해 감히 상상할 수도

없을 만큼 놀랍도록 일하신다.

믿고 순종 할 때 나를 통해 일하시는 하나님을 볼 수 있다. 말씀을 믿지 않고, 큰 그릇이 되기만을 원하며, 부족한 것을 채워 달라고 떼쓰는, 육신의 생각으로 구하기 때문에 하나님께서 일하시지 않는 것이다. 하나님은 결코 육신의 형상 속에 사는 자들을 통해서는 일하시지 않는다. 아니, 하실 수 없다. 죄와 함께 거하실 수 없기 때문이다. 그리스도의 영이 임하면 주의 뜻대로 살게 된다. 이때부터 일하시는 하나님을 볼 수 있다.

(갈 5:17) 육체의 소욕은 성령을 거스리고 성령의 소욕은 육체를 거스리나니 이 둘이 서로 대적함으로 너희의 원하는 것을 하지 못하게 하려 함이니라

17절, 육체의 소욕, 성령의 소욕은 무엇인가?

육체의 형상과 소욕은 하나님의 원수이며 이것을 통해 일 하실 수 없다. 성령을 거스르는 것이기 때문이다. 그리고 성령의 소욕은 육체의 일을 할 수가 없다. 오직 주님의 일만 할 수 있다. 육체의 소욕에 사로잡힌 자가 아니라 성령의 소욕에 사로잡혀 성령이 원하는 일을 해야 한다.

자신의 행함이 육신의 일을 하고 하는지, 성령의 일을 하고 있는지 분별해야 한다.

하나님은 거창하거나 큰 것을 원하는 것이 아니다. 주님이 나에게 원하는 것이 무엇인가? 우리에게 원하시는 가장 큰 순종은 육신의 생각과 마음을 죽이는 것이다. 그래야만 주님이 원하시는 도구로 사용될 수 있다.

주님이 주신 마음으로 자신이 있는 자리, 주어진 시간, 믿음으로 행할 수 있는 것부터 행하길 원하신다.

하나님을 믿고 있지만 그분과는 전혀 상관없는 삶을 살고 있지는 않는지, 육체의 소욕에 사로잡힌 삶을 살고 있지는 않는지 분별할 수 있어야 한다. 내 모습(삶) 속에서 하나님과 원수된 것이 무엇인지 보아야 한다. 보고 인정하여 원수된 것이 죽었음을 믿어야만 그리스도의 형상으로 살 수 있다.

(갈 5:19-21) [19] 육체의 일은 현저하니 곧 음행과 더러운 것과 호색과 [20]우상 숭배와 술수와 원수를 맺는 것과 분쟁과 시기와 분냄과 당 짓는 것과 분리함과 이단과 [21]투기와 술 취함과 방탕함과 또 그와 같은 것들이라 전에 너희에게 경계한 것 같이 경계하노니 이런 일을 하는 자들은 하나님의 나라를 유업으로 받지 못할 것이요

19절, **육체의 일**은 하나님과 원수된 것이다.

(갈 5:24) 그리스도 예수의 사람들은 육체와 함께 그 정과 욕심을 십자가에 못 박았느니라

24절, 그리스도 예수의 사람들은 반드시 육신의 정욕과 욕심이 예수그리스도와 함께 죽어야 성령이 일을 하신다.(마 5:27-30)

육체의 소욕을 따라서 한 행위의 결과는?

악한 영은 육체의 소욕을 따라 행하게 하고, 하나님과 원수 된 삶을 살게 함으로 우리를 사망으로 이끈다. 하나님과 상관없는 삶, 곧 지옥의 삶이 되며 결국은 사망에 이르게 된다.

내 육체의 그릇은 육체의 소욕을 원한다.

그러나 육체의 소욕이 죽으면 주님이 나를 통해 일하시기 시작한다. 사망으로 끌고 가는 육체의 소욕은 이미 십자가에서 죽었음을 믿고 천국의 삶을 살아야 한다. 성령의 소욕으로 말미암아 그리스도의 형상을 이루며 사는 자녀들은 자신에게 주어진 모든 것들에 감사할 수 있는 은혜를 누린다. 먹을 것과 입을 것이 있는 것으로 족한 줄 아는 말씀이 실제가 되어 산다.

지금 주님이 우리를 향해 원하시는 것은?

이 시간, 이 모습 그대로 우리의 믿음이 성령의 소욕을 따라 순종하는 것, 주님은 이 믿음을 원하신다. 이 삶을 누리기 위해서 반드시 경건의 연습을 해야 한다.

(딤전 4:7-8) [7] 망령되고 허탄한 신화를 버리고 오직 경건에 이르기를 연습하라 [8] 육체의 연습은 약간의 유익이 있으나 경건은 범사에 유익하니 금생과 내생에 약속이 있느니라

경건의 연습을 통해 그리스도 예수 안에 있는 사랑이 내 안에서 빛으로 역사하여 어둠이 사라진다.

날마다 십자가에서 죽는 경건의 연습을 통해 시기, 질투, 아픔, 상처로 역사했던 어둠은 나와 전혀 관계할 것이 없게 된다.

내 안에 그리스도의 빛이 이미 임하신 줄 믿으면 주님이 일하시는 것이다.

(눅 11:35) 그러므로 네 속에 있는 빛이 어둡지 아니한가 보라

(요 8:12) 예수께서 또 일러 가라사대 나는 세상의 빛이니 나를 따르는 자는 어두움에 다니지 아니하고 생명의 빛을 얻으리라

“

예수께서 또 일러 가라사대 나는 세상의 빛이니
나를 따르는 자는 어두움에 다니지 아니하고
생명의 빛을 얻으리라

”

제3장
그릇

미련한 자들은 등을 가지되
기름을 가지지 아니하고 슬기
있는 자들은 그릇에 기름을
담아 등과 함께 가져갔더니
(마 25:3~4)

제3장
그릇

그릇은 무엇인가를 담기 위해 필요한 것이다. 주인은 어떤 그릇이냐에 따라 쓰임에 합당하게 사용한다. 고로 쓰임에 합당하지 않는 그릇은 사용하지 않는다.

(마 25:3-4) [3] 미련한 자들은 등을 가지되 기름을 가지지 아니하고 [4] 슬기 있는 자들은 그릇에 기름을 담아 등과 함께 가져갔더니

신랑을 기다린 열 명의 신부 중에 슬기 있는 다섯 명의 신부만 신랑을 맞을 수 있었다. 이유는 "**그릇에 기름을 담아 등과 함께**" 있었기 때문이다.

주인의 쓰임에 합당한 그릇은 기름(성령)이 항상 예비되어 있어야 한다.

(행 9:15) 주께서 가라사대 가라 이 사람은(바울) 내 이름을 이방인과 임금들과 이스라엘 자손들 앞에 전하기 위하여 택한 나의 그릇이라

주님은 바울 사도를 택한 그릇이라고 말씀하셨다. 주님께서 택한 그릇은 반드시 귀하게 쓰임 받는다. 가장 중요한 조건은 깨끗해야 한다.

그래서 주님은 먼저 그릇을 보혈로 깨끗하게 씻어주신다. 그리고 쓰임에 합당하게 준비된 그릇을 사용하신다. 겉모습이 아무리 화려하고 아름답게 치장된 그릇이더라도 속이 더럽고 쓰임에 합당하지 않는 그릇은 주님께서 사용하시지 않는다.

(롬 9:21-24) [21] 토기장이가 진흙 한 덩이로 하나는 귀히 쓸 그릇을 하나는 천히 쓸 그릇을 만드는 권한이 없느냐 [22] 만일 하나님이 그 진노를 보이시고 그 능력을 알게 하고자 하사 멸하기로 준비된 진노의 그릇을 오래 참으심으로 관용하시고 [23] 또한 영광 받기로 예비하신 바 긍휼의 그릇에 대하여 그 영광의 부요함을 알게 하고자 하셨을지라도 무슨 말 하리요 [24] 이 그릇은 우리니 곧 유대인 중에서 뿐 아니라 이방인 중에서도 부르신 자니라

귀히 : 티메

댓가, 지불된 돈, 혹은 귀중품, 위엄, 존귀

1) 가격, 값 2) 존경, 명예, 경의

천히 : 아티미아

1) 불명예, 굴욕, 치욕

(딤후 2:19-21) [19] 그러나 하나님의 견고한 터는 섰으니 인침이 있어 일렀으되 주께서 자기 백성을 아신다 하며 또 주의 이름을 부르는 자마다 불의에서 떠날지어다 하였느니라

(롬 10:13, 행 2:21) 누구든지 주의 이름을 부르는 자는 구원을 얻으리라 [20] 큰 집에는 금과 은의 그릇이 있을 뿐 아니요 나무와 질그릇도 있어 귀히 쓰는 것도 있고 천히 쓰는 것도 있나니 [21] 그러므로 누구든지 이런 것에서 자기를 깨끗하게 하면 귀히 쓰는 그릇이 되어 거룩하고 주인의 쓰심에 합당하며 모든 선한 일에 예비함이 되리라

쓰임에 합당한 그릇은 주인의 음성을 듣고 따른다. 이 세상의 소리에 귀를 기울이지 않고, 사람의 말에 좌지우지 하지 않는다. 주인의 뜻을 알지 못한 그릇은 자신이 원하는 그릇이 되기를 원한다. 어떤 그릇은 금 그릇만을 고집한다. 또는 은 그릇, 큰 그릇을 갈망한다. 혹은 모세를 좌, 우에서 도운 아론과 훌 같은 그릇이 되고 싶어한다.

주님의 마음과 상관없이 자신이 원하는 육신의 눈에 보기에 그럴듯한 큰 그릇, 금 그릇만을 고집하지만 정작 주님이 원하시는 필요에 순종할 그릇이 되어 있지 않으면 그 그릇은 주님이 사용할 수 없는 그릇이다.

주인의 음성을 못 듣는 자는 주인을 따를 수 없고 쓰임에 합당하게 사용될 수 없다. 귀한 그릇의 가장 큰 조건은 먼저 주인의 쓰임에 합당해야 한다. 주인이 원하는 곳에서 어떻게 쓰시든 원하는 대로 사용되는 그릇이 귀한 그릇이다.

주인이 작은 그릇이 필요할 때는 작은 그릇으로, 큰 그릇이 필요할 때는 큰 그릇으로, 나무 그릇이 필요할 때는 나무 그릇으로, 종이 그릇이 필요할 때는 종이 그릇으로 순종하는 그릇이 귀히 쓰임 받는 그릇이다. 곧, 주인의 쓰임에 합당한 그릇이다.

이렇게 주인의 쓰임에 합당한 그릇을 보배(예수)를 담은 질그릇이라고 한다.

(고후 4:7-10 공동) [7] 하나님께서는 질그릇 같은 우리 속에 이 보화를 담아 주셨습니다. 이것은 그 엄청난 능력이 우리에게서 나오는 것이 아니라 하나님께로부터 나온다는 것을 보여주시려는 것입니다. [8] 우리는 아무리 짓눌려도 찌부러지지 않고 절망 속에서도 실망하지 않으며 [9] 궁지에 몰려도 빠져나갈 길이 있으며 맞아 넘어져도 죽지 않습니다. [10] 이렇게 우리는 언제나 예수의 죽음을 몸으로 경험하고 있지만 결국 드러나는 것은 예수의 생명이 우리 몸 안에 살고 있다는 사실입니다.

보배(예수)를 담은 질그릇은 보배(예수)께서 책임지신다. 상하지 않도록, 깨지지 않도록 보호하신다. 왜냐하면 그분이 피값 주고 산 귀한 그릇이기 때문이다.

존귀하고 고귀하게 지켜주시고 인도하신다. 주님은 이 사실을 믿는 자들을 보배로운 질그릇이라고 말씀하신다. 그리고 이 사실을 믿는 자들 안에 예수 그리스도께서 거하심으로 말미암아 믿음의 자녀들은 보배로운 믿음을 소유하게 된다.

(마 13:44) 천국은 마치 밭에 감추인 보화와 같으니 사람이 이를 발견한 후 숨겨두고 기뻐하여 돌아가서 자기의 소유를 다 팔아 그 밭을 샀느니라

천국과 보화는 예수 그리스도이시다. 자신의 모든 소유를 다 팔아 밭을 산 자만이 천국을 소유할 수 있다. 밭을 산 자는 보화가 있는 밭을 소유한 자다. 아주 조금이라도 자신의 소유가 남아있다면 보화가 감추어져 있는 밭을 살 수 없다. 값이 맞지 않는다.

자신의 소유는 무엇일까?

(마 10:37) 아비나 어미를 나보다 더 사랑하는 자는 내게 합당치 아니하고 아들이나 딸을 나보다 더 사랑하는 자도 내게 합당치 아니하고

주님보다 더 사랑하는 것이 내 소유이다. 육신의 형상으로 만들어 낸 것들이 내 소유이다. 근심, 걱정, 염려, 스트레스(돈, 사업, 일자리, 명예, 권력, 자녀, 남편, 아내, 시댁, 친정, 노후 걱정), 불평, 원망, 미움, 상처, 아픔 등. 이 모든 것은 죄 된 육신에서 비롯된 욕심의 결과들이다. 자신의 모든(소욕) 것을 죽이고 내 안의 그리스도가 전부가 될 때 예수 그리스도 곧 천국은 내 것이 되어 누릴 수 있다.

이 사실을 믿을 때 비로소 보배를 담은 질그릇이 되는 것이다. 그러나 아직도 죄된 마음 안에 어두움(근심, 걱정, 염려, 미움, 두려움, 원망, 세상의 쾌락)이 가득 차 있다면 결코 이 사실이 믿어지지 않을 뿐더러 보배로운 질그릇도 될 수 없다.

“

천국은 마치 밭에 감추인 보화와 같으니
사람이 이를 발견한 후 숨겨두고 기뻐하여 돌아가서
자기의 소유를 다 팔아 그 밭을 샀느니라

”

제4장
입, 혀

오직 그 말씀이 네게 매우
가까워서 네 입에 있으며 네
마음에 있은즉 네가 이를 행할
수 있느니라
(신 30:14)

제4장
입, 혀

자신의 몸에 상처가 생겨 고름이 나오면 아무리 아파도 그 고름은 짜내야 한다. 수술이 필요하다면 해야 한다. 짜면서 생기는 아픔이 처절할지라도 고통을 감수하는 인내가 있어야 상처는 낫게 된다.

말씀 안에서 냉정하게 겸손하게 자신의 마음을 볼 수 있어야 한다. 하나님의 아가페 사랑이 내 안에 없다면 사랑을 볼 수 없도록 만드는 어둠을 직시하고 뼈를 깎는 아픔이 있다 할 지라도 마음에 난 상처의 고름을 짜내야 한다.

자기 연민의 늪에서 속히 나와야 한다. 하나님의 말씀을 성령의 음성으로 되새기지 않고 시험에 빠지는 것은 악한 영의 역사이기에 영원히 그 사망의 늪에서 빠져나올 수 없다. 아픔의 늪에 빠져있는 자들은 자신이 갖고 있는 상처가 너무 깊어 자신의 마음에 흡족하고 두둔해 주는 위로만 받고 싶어 하는 육신에 사로잡혀 있다.

그러나 예수를 믿는 자라면 육신을 즐겁게 하는 소리를 더 좋아하고 반응하고 있는 자신의 실체를 보아야 한다. 아직도 육신의 위로만을 원하고 감정 속에 붙잡혀 살고 있는 자신을 인정해야 한다.

지금 이 순간도 그럴 수밖에 없다고 핑계대고 있지는 않는가? 끝까지 버티고 싶은 육신의 생각과 마음을 죽이고 이미 회복해 주신 하나님의 아가페 사랑을 믿는 순간 성령께서 역사하신다. 성령의 음성으로 들려오는 순간 치료의 역사와 회복의 역사가 일어나고, 주님의 말씀이 들려온다.

그러나 자기연민에 갇혀 있으면 주님의 음성은 들을 수 없다. 왜냐하면 아픔과 상처로 얼룩진 자신을 진짜라고 믿고 상처와 아픔을 보호하기 위해 방어막을 만들어 놓아 그 안에서 나오려 하지 않기 때문이다.

그러나 하나님의 음성은 아픔 중에 있을 때 들을 수 있어야 한다. 어떤 환경과 상황에 있다 하더라도 하나님을 믿는 자라면 아픔을 오히려 하나님을 만나는 도구로 사용한다.

하나님을 향한 갈급함과 사모함은 육신의 아픔을 치료하고도 남는 사랑으로 역사하신다. 물론 자신의 아픈 상처로 인한 어둠을 인정하고 죽는 것은 쉬운 일이 아니다.

상처는 자기 사랑을 먹고 산다. 그러므로 자신을 부인하고 생각과 마음을 죽이는 일은 상상할 수 없는 고통, 죽을 것 같은 공포가 엄습하기도 한다. 상처로 인한 아픔을 경험했던 마음은 더 이상의 고통을 겪으려고 하지 않는다. 또한 주님의 사랑을 누리지 못하고 수많은 시간을 육신의 아픔 속에서 신음하며 살아간다. 십자가의 원수로 살아간다. 자신 안에 상처와 아픔에 갇혀 하나님의 사랑을 누리지 못하고 있는 것은 냉정하게 보면 교만이다. 자신의 아픔이 가장 중요하다고 생각하기 때문이다. 또 상처가 나는 것을 용납하지 않으려는 교만이다. 지독한 자기 사랑의 증거이다. 아픈 자신을 자기 스스로 보호하고 있는 것이다. 아픔을 정당화하고 그것을 지지해 주는 자들에게 의지하고 싶고 기대고 싶고 위로받고 싶어하는 것이 가장 큰 특징이다.

예)

쌀 씻은 물을 대야에 담아 놓으면 처음에는 뿌옇게 보인다.

어느 정도 시간이 지나면 뿌연 물이 맑아 보인다.

그러나 그 물은 맑은 물이 아니다.

겉으로는 맑게 보이지만 그 물밑은 찌꺼기로 가득하다.

누군가 그 물을 휘저으면 밑에 가라앉은 찌꺼기는 원래의 뿌연 물로 본색을 드러낸다. 이렇듯 자신의 어둠의 문제도 이렇게 착각하고 있는 사람이 많다. 밑에 가라앉은 것을 없어진 것으로 착각하고 있는 것이다.

밑에 가라앉아 있다가 올라오는 현상이 입술에서 나타난다. 아무리 자신을 믿음 있는 모습으로 포장을 해도 입술에서 표현하고 있다. 물론 더 심각한 사람은 타인 앞에서는 입술까지 포장한다. 그러나 근본적인 것이 있는 한 가족에게는 감출 수 없다. 상처와 아픔이 많은 사람들은 자기 보호본능이 광범위하다. 그리고 타인에게 쉽게 마음을 열어주지 않으며, 다른 사람을 이해하려고 하지도 않는나. 또 자신을 향해 하는 말이 아닌데도 불구하고 폭풍 같은 분노가 올라오기도 한다.

반응하는 그곳이 그 사람의 상처가 있는 곳이다. 상처가 많은 사람은 여러 가지 방법(행동과 입술)으로 나타난다. 하지만 더 심한 경우의 사람은 행동과 입술로도 표현하지 않고 포장(거룩, 직분, 거짓된 믿음)하는 사람이다. 속에 있는 것들이 나오지 않게, 들키지 않게 더욱 포장한다.

세상의 것(육신의 정욕, 안목의 정욕, 이생의 자랑)으로 자기 속에 있는 것들이 나오지 않게, 들키지 않으려고 필사적으로 포장한다. 그것은 자신을 너무 사랑하기 때문이기도 하고, 자신의 모습이 너무 싫어 인정하고 싶지 않아서 이기도 하다.

어떤 이유이든 악한 영은 이기심 혹은 콤플렉스를 통해 일한다. 자신도 모르게 거짓을 말하기도 한다. 거짓말을 한다는 것은, 숨기고 싶은 것이 있기 때문이다. 마귀는 거짓의 아비이다. 여기에는 어둠의 속성이 있다.

종합해보면 첫 번째, 내 입술에서 나오는 말, 두 번째, 자신을 포장, 세 번째, 거짓말이다.

이 세 가지를 통해 자신의 어둠을 보아야 한다. 이것들은 사람마다 조금씩은 다르지만 상처와 아픔으로 인해 나오는 것들이다. 자신 안에 있는 것을 보지 못하고 깨닫지 못하면 어둠은 절대 드러나지 않는다.

빛이 들어가면 어둠은 자동적으로 떠나게 되어있다. 떠나라고 해서 떠나는 것이 아니다.

빛이 자신 안에 거하고 있다는 사실을 믿으면 떠나게 되어있다. 자신 안에 있는 어둠은 자신의 것이 아니다. 이 말씀을 자신 안에 계신 성령의 음성으로 되새겨야 한다. 하나님께서는 이미 믿음의 자녀에게 모든 것을 주셨다.

그러나 열등감이 많은 사람들은 하나님의 은혜를 육신 안에서 찾으려고 한다. 하나님을 향한 갈급함보다도 사람들과의 관계를 통해서 자신의 존재를 인정받고 싶어 한다. 그래서 모임이나 교제에 열중하고 그것을 통해 만족해하고 위로받고 싶어 한다. 끊임없이 사람을 찾고 만남을 통해 자신의 부족함을 채우려 한다. 믿음으로 산다고 고백하면서도 하나님으로 인한 만족보다 사람으로 인한 만족을 더 갈급해하고 사모한다.

이것은 또 다른 우상 숭배이다. 하나님이 주신 은혜를 육체 안에서 찾으려고 하기 때문에 찾을 수도 없으며, 그 은혜를 맛볼 수도 없고 누리지도 못한다.

믿음의 자녀에게 주신 은혜를 어떻게 하면 누릴 수 있을지 사모함으로 기도해야 한다. 육신의 눈으로 보면 삶에는 부족함과 원망과 불평할 것들만 있다.

그러나 믿음의 눈으로 보면, 이미 하나님은 모든 것을 부족함 없이 믿음의 자녀에게 공급해 주셨다는 것을 알 수 있다. 이것이 하나님의 사랑인 것이다.

말씀 안에서의 주님은 어떤 분이신가?(고전 1:26-31)

육신 안에서는 많이 부족할 수 있다. 그러나 하나님의 사랑 안에서 본다면 풍성하게 부어주신 사랑이 보일 것이다. 우리는 주님 안에 모든 것이 있음을 보아야 한다. 믿음이 없이는 보지 못하고 누리지 못하기 때문이다. 은혜를 믿지 못하면 하나님의 사랑을 볼 수가 없다.

예수님께서는 더 이상 높아질 곳이 없는 분이시며 피조물을 창조한 분이다. 가장 높으신 분, 부족함이 없으신 분이 왜, 이 땅에 말씀이 육신이 되어 오셔서 사랑을 행하시며, 섬기는 모습을 보여주시는가?

그 이유는 단 한 가지, 믿음의 자녀를 사랑하시기 때문이다. 사랑하는 자에게 무엇을 아끼시겠는가? 믿음의 자녀는 사랑하는 자에게 주신 하나님의 사랑을 누리며 사는 것이지, 얻기 위해 사는 것이 아니다.

상처와 아픔, 콤플렉스가 많은 사람들은 늘 갈급하고, 부족하기 때문에 어린 아이와 같이 떼를 쓰기도 하고 울면서 달라고 한다. 그리고 채워지지 않는 육신의 마음으로 때론 하나님을 원망하며, 불평하기도 한다. 광야의 이스라엘 백성과 같이. 다람쥐 쳇바퀴 돌듯 늘 그 자리이다.

그럼에도 하나님은 아가페 사랑이시다. 믿음이 없는 자신을 애통해 할 때 주님은 만나주신다. 고아와 같이 내버려 두지 않으신다. 믿음 안에 있는 자는 반드시 지키시고, 보호하신다고 말씀하셨다. 믿음의 사람이 되기 위해서 울어야 하며, 가슴을 찢어야 한다.

믿을 때 반드시 능력이 나오고 믿음의 고백은 실제가 된다. 이러한 삶이 복음의 증인된 삶이다.

믿음은 정지되어 있는 것이 아니라 삶을 통해 주님의 일하심을 누리는 것이다. 모든 것을 회복해 주신 주님의 마음인 아가페 사랑으로 일하신다.

(눅 23:34) 이에 예수께서 가라사대 아버지여 저희를 사하여 주옵소서 자기의 하는 것을 알지 못함이니이다 하시더라 저희가 그의 옷을 나눠 제비 뽑을쌔

(행 7:60) 무릎을 꿇고 크게 불러 가로되 주여 이 죄를 저들에게 돌리지 마옵소서 이 말을 하고 자니라

사람의 뇌는 '주어(너, 우리)' 를 인식하지 못하고 '나' 만 인식한다고 한다. 입술로 하는 모든 고백과 표현이 자신에게 하는 것으로 뇌는 인식하는 것이다. 자신이 다른 사람을 미워하면 뇌는 다른 사람을 미워하는 것으로 인식하는 것이 아니라 자신을 미워하는 것으로 인식한다는 것이다.

미움, 근심, 걱정, 염려, 불만, 원망, 스트레스, 불안, 두려움 등 모든 것들은

자신 안에서 역사하고 있기 때문에 결국 질병에게 육체를 내어주는 것이다.

웃음 치료에서 보면 억지로 웃기만 해도 뇌는 기쁘고 즐거워 웃는 것으로 인식해 몸 안에 엔도르핀을 형성해 건강한 육체로 살 수 있다고 한다.

하물며 억지가 아닌 믿음으로 즐거움을, 기쁨을, 평안을 누린다면 그 가운데서 역사하는 힘은 얼마나 클까?

감히 상상할 수 없는 에너지(아가페 사랑)가 솟아 올라오게 될 것이다. 믿음의 자녀들은 이 에너지(아가페 사랑)를 누리며 살아야 한다.

(히 8:10) 또 주께서 가라사대 그 날 후에 내가 이스라엘 집으로 세울 언약이 이것이니 내 법을 저희 ①생각에 두고 저희 ②마음에 이것을 기록하리라 나는 저희에게 하나님이 되고 저희는 내게 백성이 되리라

하나님의 법은 아가페 사랑의 법이며 믿음의 자녀들 마음에 있다. 하나님의 법을 믿음의 자녀 마음에 새기셨기에 사랑의 법을 마음 안에서 보아야 한다.

믿음의 자녀 안에 기록된 말씀이 빛인 것이다. 하나님 사랑의 빛이 보여지면 자신 안에서 어둠으로 역사했던 것들은 더 이상 관계할 것이 없게 된다.

우리는 이 사실을 믿어야 한다. 하나님은 모든 것을 믿음의 자녀 안에 주셨다. 모세의 율법은 두 돌판에 주셨지만, 아가페 사랑의 빛은 성령을 통해 믿음의 자녀 마음 안에 새겨 주신 것이다.

그래서 하나님의 말씀은 그리스도의 마음으로 하나 되어 있어야 믿어지기 시작하는 것이다.

(요일 2:14) 아이들아 내가 너희에게 쓴 것은 너희가 아버지를 알았음이요 아비들아 내가 너희에게 쓴 것은 너희가 태초부터 계신 이를 알았음이요 청년들아 내가 너희에게 쓴 것은 너희가 강하고 하나님의 말씀이 너희 속에 거하시고 너희가 흉악한 자를 이기었음이라

믿음의 자녀는 흉악한 자를 이겼다고 말씀하셨다. 예수님께서 말씀으로 이긴 것이다. 믿음의 자녀 안에 누군가를 미워하고 근심하는 것들이 있다면 그것은 흉악한 자가 역사하는 도구이다. 흉악한 자가 역사하는 도구에서 해방될 수 있는 유일한 방법은 그리스도 안에 있는 말씀과 빛 그리고 믿음이다.

어떻게 이길 수 있는가? 이기게 해 달라고 기도한다고 해서 이기는 것이 아니라 주님께서 흉악한 자를 이기었다는 말씀을 믿는 것이다.

(요일 4:4) 자녀들아 너희는 하나님께 속하였고 또 저희를 이기었나니 이는 너희 안에 계신 이가 세상에 있는 이보다 크심이라

세상보다 크신 주님께서 믿음의 자녀 안에 거하심으로 늘 승리하는 복을 더하신다.

우리와 함께 계심을 말씀 안에서 보지 못하고 믿지 못하면 흉악한 자를 이기신 승리의 주님은 결코 누릴 수 없는 것이다.

(고후 3:3) 너희는 우리로 말미암아 나타난 그리스도의 편지니 이는 먹으로 쓴 것이 아니요 오직 살아 계신 하나님의 영으로 한 것이며 또 ①돌비에 쓴 것이 아니요 ②오직 육의 심비에 한 것이라

이 말씀이 지금 당신의 어느 곳에 새겨져 있는가? 생각 속에 있는가? 자신의 심령에 있는가?

말씀이 생각 속에 있는 사람들은 돌비에 새겨 주신 것을 육신으로 배워서 지식이 되어 생각 속에 있는 것이다. 그리고 지식으로 아는 것을 믿음으로 착각하고 산다.

그러나 말씀이 심비에 새겨진 사람은 말씀이 능력으로 나타난다. 자신 안에 어둠이 존재하면 삶에서도 어둠이 나올 수밖에 없게 된다. 그리고 그의 입술은 어둠을 말하기 시작한다.

그러나 자신 안에 주님이 계시면 그의 삶은 주님이 주신 사랑이 흐른다. 또한 그의 입술은 평안과 감사와 기쁨을 말한다.

주님의 말씀이 평안인 것이다.

1. 입의 권세

(신 30:14) 오직 그 말씀이 네게 심히 가까워서 네 입에 있으며 네 마음에 있은 즉 네가 이를 행할 수 있느니라

14절, 오직 말씀이 네 마음에 있고 네 입에 있다고 말씀하신다. 말씀이 믿음의 자녀 안에서 하나님 아가페 사랑으로 역사한다. 오직 말씀으로 사는 삶이 증거가 되어야 한다.

(롬 10:8) 그러면 무엇을 말하느뇨 말씀이 네게 가까와 네 입에 있으며 네 마음에 있다 하였으니 곧 우리가 전파하는 믿음의 말씀이라

8절, 이 믿음 안에서 전파되어야 한다. 믿음의 자녀가 사는 방법은 단 한 가지 밖에 없다. 오직 말씀으로, 말씀이 입술과 삶 속(행함)에서 보여지는 것이다.

(욥 37:2) 하나님의 음성 곧 그 입에서 나오는 소리를 들으라

2절, 이제 하나님의 음성은 마음에서 들려온다. 우리는 이 음성을 들어야 한다.

(잠 8:7) 내 입은 진리를 말하며 내 입술은 악을 미워하느니라

자신의 입에서 나오는 말이 진리의 말인지, 육신의 말인지 분별해야 한다. 입에서 나오는 말은 곧, 속에서 나오기 때문이다.

그러므로 입술의 고백을 보면 진리의 사람인지 육신의 사람인지 분별할 수 있다. 오직 의인은 자신 안에서 말씀하시는 말씀을 믿음으로 말미암아 살기 때문이다.

(엡 4:29) 무릇 더러운 말은 너희 입 밖에도 내지 말고 오직 덕을 세우는데 소용되는 대로 선한 말을 하여 듣는 자들에게 은혜를 끼치게 하라

(골 3:8) 이제는 너희가 이 모든 것을 벗어버리라 곧 분과 악의와 훼방과 너희 입의 부끄러운 말이라

(욥 27:4) 결코 내 입술이 불의를 말하지 아니하며 내 혀가 궤휼을 발하지 아니하리라

29절, 무릇 더러운 말은 너희 입 밖에도 내지 말라는 것은 자신 안에 더러움이 없으면 더러운 것이 입 밖으로 나오지 않는다는 이야기이다. 자신에게 있는 더러운 것이 해결되어야 입술이 불의를 말하지 않는다는 것이다. 입술로 고백되어지는 말을 통해 자신의 마음을 볼 수 있다.

마음과 상관없이 겉으로 보이는 행함을 통해 믿음을 보려하지 말고 철저히 자신의 입술의 고백과 마음의 더러운 것을 분별함으로 스스로 믿음을 점검해야 한다.

분별한 믿음으로 성령의 도우심을 간구해야만 성령의 도우심을 받을 수 있다.

(욥 31:30) 실상은 내가 그의 죽기를 구하는 말로 저주하여 내 입으로 범죄케 아니하였느니라

(욥 33:3) 내 말이 내 마음의 정직함을 나타내고 내 입술이 아는 바를 진실히 말하리라

욥은 하나님을 경외하는 자신을 저주하는 사람에게 똑같은 방식으로 나아가지 않았다.

이것은 그의 마음에는 저주하고자 하는 마음이 없음을 보여주고 있다.

욥은 구약의 사람이며, 그리스도가 오시기 전이기에 아직 죄가 있는 육신의 사람이었다. 그렇다면 당연히 더러운 것이 나가야 했음에도 불구하고 왜 나가지 않았는가?

온전히 하나님을 경외하고 악에서 떠난, 말씀으로 사는 자였기 때문이다.

(시 17:3) 주께서 내 마음을 시험하시고 밤에 나를 권고하시며 나를 감찰하셨으나 흠을 찾지 못하셨으니 내가 결심하고 입으로 범죄치 아니하리이다

(시 34:13) 네 혀를 악에서 금하며 네 입술을 궤사한 말에서 금할지어다

육신으로 사는 자는 혀와 입술을 사람을 죽이는 무기로 사용한다.

만약 자신이 어떤 한 사람으로 인해 받은 상처를 마음에 담고 살아가고 있다면 그 마음은 과연 몇 사람에게 상처를 주는 삶을 살고 있는 것일까?

아마도 헤아릴 수 없이 많을 것이다. 많은 사람에게 상처를 주었음에도 자신은 이 사실을 인지하지 못하고, 받은 상처만을 생각하며 미움과 원망으로 상처를 입히는 무기로 혀를 사용하고 있다. 받은 상처가 너무나 크고 아프기 때문에 자신이 아픈 것만 기억하는 것이다.

그래서 다른 사람에게 입술로, 행동으로 준 상처는 생각조차 하지 못하고, 상처를 준 적이 없다고 한다. 자신의 상처와 아픔 이외의 것에는 관심도 배려도 없기 때문에 아픈 자신만을 보호하고 싶은 것이다.

그러나 하나님의 말씀이 자신 안에서 비춰지면 상처 준 사람까지 품을 수 있는 사람이 된다.

자신의 아픔과 상처로 인한 마음이 열 사람, 백 사람에게 상처를 주고 있다는 사실을 인정해야 하고 이 사실을 통해 자신의 마음을 볼 수 있는 계기가 되기를 원한다.

자신은 상처를 주지 않았다고 하지만 마음 속에 있는 상처가 입술을 통해 나도 모르게 이야기(원망, 불평, 근심, 불안, 걱정, 스트레스, 미움)하고 있음을 기억하고, 주님이 주신 그리스도의 마음으로 치유와 회복의 은혜를 누려야 한다.

2. 입의 폐망

(욥 15:5-6) [5] 네 죄악이 네 입을 가르치나니 네가 간사한 자의 혀를 택하였구나 [6] 너를 정죄한 것은 내가 아니요 네 입이라 네 입술이 너를 쳐서 증거하느니라

자신은 그렇게 하고 싶지 않으나 속에 있는 것이 입술을 통해 많은 독설과 저주를 하게 한다. 어느 누가 자신의 입술로 죄악을 말하고 저주를 말하고 싶겠는가?

그러나 자신의 의지와 상관없이 가해진 어린 시절의 아픔과 상처로 인해 온전한 인격으로 성장하지 못한 미성숙한 성인은 그렇게 살 수 밖에 없는 것이다.

상처가 있는 마음 그대로 주님을 믿으면 아가페 사랑을 주신 주님을 만나지 못하고 누리지 못한다.

이제는 속히 그 올무에서 벗어나 평강과 기쁨으로 우리 안에 임하신 주님을 보고 믿고 누리길 소망한다.

진정으로 자신의 모습을 보고 싶다면, 육신으로 하는 자신의 행동, 행함으로만 보면 안 된다.

말씀을 통해 자신의 마음을 보아야 한다. 포장된 자신을 본모습인 것으로 착각하면 안 된다. 마음과 상관없이 포장된 자신이 나오고 있다면, 그리고 그럴 수밖에 없다고 변명하는 마음이 나온다면 지금 당장 하고 있는 모든 일에서 멈추고 빛 되신 주님의 말씀으로 자신의 마음을 조명해 보길 바란다.

그래야 그동안 입술로 죽이는 역할을 했던 자신을 인정하게 된다. 자신을 감추고 보호하려고 하는 그 육신의 생각과 마음이 죽지 않으면 결코 성령의 역사

는 일어나지 않는다.

(시 12:2-4) [2] 저희가 이웃에게 각기 거짓말을 말함이여 아첨하는 입술과 두 마음으로 말하는도다 [3] 여호와께서 모든 아첨하는 입술과 자랑하는 혀를 끊으시리니 [4] 저희가 말하기를 우리의 혀로 이길지라 우리 입술은 우리 것이니 우리를 주관할 자 누구리요 함이로다

이 세상에 자신의 입술을 주관할 자는 아무도 없다. 입술에서 나오는 말은 속에서 나오는 말이기 때문에 다스릴 사람이 없는 것이다. 입으로는 거룩을 외칠 수 있어도, 속은 변하지 않는다.

그러나 자신의 속이 다스려지면 입술은 변하게 되어있다.

(마 12:34) 독사의 자식들아 너희는 악하니 어떻게 선한 말을 할 수 있느냐 이는 마음에 가득한 것을 입으로 말함이라

바리새인들이 입술로는 하나님을 사랑하고 경외한다고 했지만 예수님은 그들을 향해 독사의 자식들이라고 하셨다.

그들의 마음이 거짓이었기 때문이다. 다시 말하면 하나님의 말씀이 그들 안에 없었던 것이다.

그들의 삶 속에는 하나님이 없었다. 그래서 예수님은 그들을 향해 독사의 자식이라고 하신다.

지금 그대의 마음은 어디를 향해 있는가? 그리스도인은 하나님의 말씀 안에 있어야 하고, 그 삶은 예수님을 닮은 삶이어야 한다는 것을 그대는 기억해야 할 것이다.

(마 15:8) 이 백성이 입술로는 나를 존경하되 마음은 내게서 멀도다

(마 15:17-19) [17] 입으로 들어가는 모든 것은 배로 들어가서 뒤로 내어 버려지는 줄을 알지 못하느냐 [18] 입에서 나오는 것들은 마음에서 나오나니 이것이야 말로 사람을 더럽게 하느니라 [19] 마음에서 나오는 것은 악한 생각과 살인과 간음과 음란과 도적질 과 거짓 증거와 훼방이니

입에서 나오는 것이야 말로 사람을 더럽게 한다. 말은 마음에서 나오는 것이기 때문이다. 그래서 마음을 보아야 한다.

현재 입술에서 고백(말)하는 것이 실제로 자신의 삶이요, 믿음이다. 입술에서 표현되는 것이 자신의 믿음을 이야기하는 것이다. 그래서 고백하는 것이 믿음인지 아니면 어둠인지 분별해야 한다. 말씀 안에서 자신의 어둠을 보아야 한다. 그래야 실체를 알게 되며, 정체가 들어난 어둠은 떠난다. 다른 방법은 없다.

그렇다면 어떻게 어둠을 보는가? 경건의 연습을 해야 하는데, 이것을 영적 전쟁이라고 한다. 많은 사람들이 영적 전쟁의 실체를 모르고 육신의 싸움만 하다가 지치고 쓰러진다.

영적 전쟁의 승리는 말씀 안에만 있다.

주님은 그 말씀을 믿는 우리를 승리하도록 하셨고, 아픔과 슬픔도 하나님의 말씀을 믿을 때 이기도록 하셨다.

그러므로 자나 깨나 우리 안에서 말씀하시는 주님의 음성을 듣고 믿을 때 영적 전쟁에서 날마다 승리할 수 있는 것이다.

말씀 안에 있는 위로와 치유를 믿고 누려야 한다. 악한 마음을 말씀과 빛 안에서 볼 수 있어야 한다.

인정할 수 없는 환경과 상황 때문에 원망과 불평으로 신음하고 있는가? 아니다. 상황이 이런 것은 악한 영에게 속아 어둠에 있기 때문이다. 자기 연민에 빠진 사람은 하나님의 사랑을 보지 못한다.

하나님은 말씀 안에서 위로해 주셨고, 어루만져 주셨으며, 회복시켜 주셨음을 믿어야 한다. 육신의 연민에 빠지지 말아야 한다.

거듭 이야기하지만 입술에서 나오는 것은 마음에서 나오는 것이다.

(롬 3:13-14) [13] 저희 목구멍은 열린 무덤이요 그 혀로는 속임을 베풀며 그 입술에는 독사의 독이 있고 [14] 그 입에는 저주와 악독이 가득하고

무덤은 죽음을 의미한다. 혀로 다른 사람을 죽이는 것을 말씀하고 있다. 자신의 말로 인해 사망 가운데 있는 사람들이 있을 수 있다.

그리스도의 마음이 되어있지 않으면 죽이는 것이 나올 수밖에 없고, 언제든지 어둠은 나오게 되어있다.

말씀 안에서 자신을 똑바로 보지 못하고 변명하는 순간 마귀는 역사한다. 어둠을 드러내지 않고 더욱 깊이 숨기기 위해서 그 때는 그럴 수밖에 없었다고, 지금도 이렇게 할 수밖에 없다고 내 잘못이 아니라고 항변하게 되는 것이다.

그럴수록 마음 안의 어두움은 더 깊은 수렁 속으로 우리를 밀어 넣고, 육신의 것들을 고백하게 한다. 이렇듯 고백할 때 자신 안의 어둠이 입을 통해 드러나고 있음을 인정해야 한다.

여기서부터 하나님의 역사가 시작되기 때문이다. 인정하지 않으면 하나님의 역사는 없다.

마귀는 끊임없이 자기 사랑을 빌미로 어둠을 합리화시켜 숨기려 한다.

그러나 믿음의 자녀는 부끄러움과 수치를 두려워하지 않고 주님 안에서 다 드러내야 한다. 그것은 결코 수치가 아니라 자신을 통해 일하시는 하나님의 영광을 볼 수 있는 감사인 것을 깨달아야 하는 것이다.

오히려 숨기고 어둠에 속고 있는 자신이 부끄러움이요 수치이다.

(유 1:16) 이 사람들은 ①원망하는 자며 ②불만을 토하는 자며 ③그 정욕대로 행하는 자라 ④그 입으로 자랑하는 말을 내며 이를 위하여 ⑤아첨하느니라

위의 말씀은 육신으로 사는 입술의 대표적인 모습이다. 삶 속에서 원하는 것이 채워지지 않으면 불평한다. 이스라엘 백성들이 출애굽했을 때 그들이 끊임없이 불평했던 것처럼 하나님을 원망하는 것이다.

그 결과 이스라엘 백성들은 광야에서 굶어죽은 사람은 단 한 사람도 없었지만 하나님을 원망하다 죽은 사람은 수없이 많았다. 입은 하나님을 찬양하면서 마음은 원망과 불평으로 가득하다면 그것 역시 죄인 것이다.

하나님은 우리의 중심을 보시기 때문이다.

오직 주님이 주신 마음 안에서 나오는 입술의 고백이 그리스도인의 믿음이다.

(약 3:1-12) [6] 혀는 곧 불이요 불의의 세계라 혀는 우리 지체 중에서 온 몸을 더럽히고 생의 바퀴를 불사르나니 그 사르는 것이 지옥 불에서 나느니라 [7] 여러 종류의 짐승과 새며 벌레와 해물은 다 길들므로 사람에게 길들었거니와 [8] 혀는 능히 길들일 사람이 없나니 쉬지 아니하는 악이요 죽이는 독이 가득한 것이라 [9] 이것으로 우리가 주 아버지를 찬송하고 또 이것으로 하나님의 형상대로 지음을 받은 사람을 저주 하나니 [10] 한 입으로 찬송과 저주가 나는도다 내 형제들아 이것이 마땅치 아니하니라 [11] 샘이 한 구멍으로 어찌 단 물과 쓴 물을 내겠느뇨 [12] 내 형제들아 어찌 무화과나무가 감람 열매를, 포도나무가 무화과를 맺겠느뇨 이와 같이 짠물이 단물을 내지 못하느니라

6절, **혀는 불의 세계다.**

8절, **혀는 길들일 사람이 없다.**

빛으로 조명하지 않으면 혀는 변화될 수 없음을 말씀하고 있다. 말씀의 빛으로 어둠을 조명하지 못하면, 입의 혀는 바뀔 수 없음을 알아야 한다. 빛 되신 말씀만이 자신의 혀를 변화시킬 수 있다.

좋은 설교가 자신의 혀를 변화시키는 것이 아니라 하나님의 아가페 사랑이 변화시키는 것이다.

9절, 어떻게 한 입으로 찬양하고, 한 입으로 저주할 수 있는가? 하나님의 자녀의 입술은 오직 찬송해야 한다. 저주가 나가는 것은 있을 수 없는 일이다.

한 신하가 두 임금을 섬길 수 없는 것처럼 하나님 자녀의 입술 또한 결코 두 임금을 섬길 수 없다.

3. 입술의 열매

(잠 18:20~21) [20] 사람은 입에서 나오는 열매로 하여 배가 부르게 되나니 곧 그 입술에서 나는 것으로 하여 만족케 되느니라 [21] 죽고 사는 것이 혀의 권세에 달렸나니 혀를 쓰기 좋아하는 자는 그 열매를 먹으리라

하나님의 자녀는 아가페 사랑이 자신의 열매임을 믿어야 한다. 믿을 때 그 입술에서는 사랑의 열매가 나온다. 입술도 하나님께서 열매로 창조하셨다. 창조하신 입술의 열매에는 평안, 평강, 감사, 영광이 있다.

하나님의 사랑이 있는 사람의 삶은 평안의 삶인데 이러한 삶이어야 입술의 열매도 평안이 나오기 때문이다.

그러나 믿음의 눈이 아닌 육신의 눈으로 보기 때문에 부족함, 미움, 다툼, 원망, 불평이 나오는 것이다.

하나님은 미움, 다툼을 창조하신 것이 아니다.

(사 57:19) 입술의 열매를 짓는 나 여호와가 말하노라 먼 데 있는 자에게든지 가까운데 있는 자에게든지 평강이 있을지어다 평강이 있을지어다 내가 그를 고치리라 하셨느니라

입술의 열매를 지으시는 하나님, 평강의 입술로 고쳐주신 하나님을 말씀하시고 계신다. 평강의 입술로 고쳐주신 하나님을 오늘 삶에서 얼마나 고백하고 있는가? 평강을 말하지 못하고 있는 자신의 입술을 상처 때문이라고 말하고 있는가? 여전히 못난 부모, 형제, 남편, 목사, 성도, 이웃 때문이라고 핑계대고 있는가? 하나님이 지으신 입술의 열매로 살지 못하도록 속이고 있는 거짓의 아비 궤계를 속히 보고 깨달아야 한다.

하나님은 평강의 열매와 감사의 열매 그리고 찬양의 열매를 받기 원하신다.

하나님의 자녀는 육신 안에서 무언가를 얻었기에 감사하는 입술이 아니다. 말씀으로 말미암아 하나님의 생명으로 고쳐주신 것에 대한 감사의 고백이 입술의 열매이다.

삶의 전부가 주님으로 인한 것임에 감사해야 한다.

주님께서는 다 고치시고 회복해 주셨기에 삶에서 감사를 고백하는 입술의 열매를 받기 원하신다.

그러나 마귀는 입술의 열매를 육신의 삶에서 맺게 한다. '긍정의 힘' 은 육신을 세뇌시키는 것이다. 육신의 생각과 입술을 변화시켜서, 모든 일에 긍정적으로 생각하면 삶이 변할 수 있다고 한다.

이것이 마귀의 방법이다. 자신의 육신적 생각을 변화시키고 노력한다고 해서 삶이 변화되는 것은 아니다. 하나님의 방법은 오직 말씀으로, 빛 되신 예수 그리스도의 말씀을 믿음으로 바꾸신 것을 누리는 것이다.

마귀는 지금도 끊임없이 생각을, 마음을 변화시키려고 한다.

그러나 하나님의 방법은 변화시키려고 하는 것이 아니라 육신의 생명에서 하나님의 생명으로 바꾸어 주시는 것이다.

하나님의 새 생명으로 다시금 믿음의 자녀를 낳아주시고 마음을 바꾸어주셨다. 이것을 보지 못하고 믿지 않는 자들의 생각을 마귀가 도구로 사용하고 있는 것이다.

하나님의 생명으로 낳아주신 것을 믿지 못하도록 속이고 있는 마귀의 궤계에 속아서 생각을 변화시키는 것이 믿음인 것처럼 현혹되지 말아야 한다. 육신의 것은 어떤 것으로도 바뀌지 않는다.

수 십 년 동안 예수님을 믿으면서 유명한 목사의 설교, 박사학위를 받은 학식있는 목사의 설교를 듣고 변하기 위해 몸부림쳤지만 여전히 변하지 않는 생각과 마음으로 살고 있지 않는가? 사람의 말과 가르침에 의해 변화될 수 있었다면 주님은 오실 이유가 없으셨다. 어떤 유명한 사람의 가르침과 교훈으로는 변할 수가 없다.

오직 내가 그리스도와 함께 죽어야만 바뀐다.(갈 2:20)

내 육신의 생각과 마음이 죽어야만 바뀐다.(갈 5:24)

하나님께서는 입술은 누구도 다스릴 수 없고 변화시킬 수 없다고 말씀하셨다. 그런데 마귀는 변화시킬 수 있다고 한다. 누구의 말에 귀를 기울이고 누구의 말을 믿고 있는가? 육신의 생각과 마음이 죽지 않는 한 하나님은 절대 역사하시지 않는다. '긍정의 힘' 은 마귀가 육신의 사람에게 역사하는 방법이다. 속지 말아야 한다.

그리스도의 말씀이 마음에 조명되고 육신의 생각과 마음이 죽는 순간, 빛은 역사한다. 하나님의 말씀을 믿고 그리스도와 함께 죽으면 회복해 주신 하나님의 평강과 사랑이 성령으로 말미암아 내 안에 흐를 것이다.

지금 고백되고 있는 입술의 말과 삶의 모습이 육신의 삶인지 하나님 자녀의 삶인지 분별할 수 있기를 바란다.

4. 입술을 지켜야 함

(시 141:3) 여호와여 내 입 앞에 파숫군을 세우시고 내 입술의 문을 지키소서

(잠 10:19) 말이 많으면 허물을 면키 어려우나 그 입술을 제어하는 자는 지혜가 있느니라

(잠 21:23) 입과 혀를 지키는 자는 그 영혼을 환난에서 보전하느니라

(잠 21:23 현대어) 입조심 하는 이, 말조심 하는 이, 어려운 일이 닥쳐도 아무런 염려가 없다.

내 입술의 말을 무엇으로 지킬 수 있는가? 노력하면, 훈련하면, 생각을 바꾸면 가능할까? 그 무엇으로도 지킬 수 없다.

오직 하나 하나님의 아가페 사랑으로 회복 된 심령으로만 가능하다.

“

여호와여 내 입 앞에 파숫군을 세우시고
내 입술의 문을 지키소서

”

제5장
죄란?

너희는 너희 아비 마귀에게서
났으니 너희 아비의 욕심대로
너희도 행하고자 하느니라 그는
처음부터 살인한 자요 진리가
그 속에 없으므로 진리에 서지
못하고 거짓을 말할 때마다 제
것으로 말하나니 이는 그가
거짓말쟁이요 거짓의 아비가
되었음이라
(요 8:44)

제5장
죄란?

십자가를 통해 모든 죄를 사해 주신 것을 믿는 하나님의 자녀는 죄에서 자유해야 한다. 그러나 마귀는 끊임없이 죄를 통해 하나님의 자녀 된 삶을 살지 못하도록 역사한다. 아직도 죄에서 자유하지 못하고 사는 자들은 철저하게 마귀에게 속임당하고 있는 것이다.

또한 마귀는 이단이나 다른 종교들도 언제나 죄의 문제로 접근하는데 이러한 악한 영들(이단)에게 속지 않으려면 죄에 대해 알아야 한다. 또 하나님의 선물인 구원과 믿음 외에는 다른 방법이 없음을 알아야 한다.

하나님께서는 성경을 통해 확실하고 분명하게 말씀하고 계신다. 그 말씀을 성령을 통해 믿어 더 이상 마귀의 궤계에 속으면 안 된다. 성경은 두 가지만을 이야기하고 있는데, 천국이 아니면 지옥, 참 선지자가 아니면 거짓 선지자, 예수가 아니면 나머지는 거짓이라는 것이다.

예수 안에 있으면, 거짓 선지자에 대한 영분별을 하며 예수님이 우리의 영을 회복시켜 주시기 위해 오셨다는 것을 믿게 된다. 그리고 이러한 사실을 믿을 때 분별이 되는 것이다.

그러나 육신 안에서 영을 분별하려는 자들은 결코 할 수 없다. 죄 가운데에서는 영적인 것을 분별할 수 없으며 구원받은 자만이 분별할 수 있기 때문이다.

치유의 본질은 나무의 가지(아픔, 근심, 미움, 상처, 두려움, 스트레스, 원망, 불평)를 자르는 것이 아니라, 뿌리를 썩게 하는 것이다. 그러므로 제거하는 방법을 알면 된다.

우리의 싸움은 혈과 육의 싸움이 아니다. 현상으로 나타나는(근심, 미움, 상처, 두려움, 스트레스, 원망, 불평=육적인)것과의 씨름이 아닌 영적 전쟁이다.

죄의 문제는 악한 영들이 육신으로 사는 사람들의 마음을 하나님의 마음으로 회복되지 못하도록 역사하고 있는 도구이다. 악한 영들의 역사(도구)를 믿음의 눈으로 분별하면 영적 전쟁에서 승리할 수 있다.

믿음 안에서 영이 회복되면 악한 영들이 죄의 도구로 자신을 속여 왔다는 것을 깨닫게 될 것이다.

1. 죄의 시작

성경에 최초의 범죄가 하늘들의 하늘, 곧 신의 하늘에서부터 시작되었다는 것을 알려주고 있다.

(신 10:14) 하늘과 모든 하늘의 하늘과 땅과 그 위의 만물은 본래 네 하나님 여호와께 속한 것이로되

(왕상 8:27) 하나님이 참으로 땅에 거하시리이까 하늘과 하늘들의 하늘이라도 주를 용납지 못하겠거든 하물며 내가 건축한 이 전이오리이까

하나님이 창조한 피조물들 중에는 천사가 있다.

① 가브리엘 천사장(하나님의 메신저)⇒ 단8:15-27, 9:20~27, 눅1:19,26.

② 미가엘 천사장(군장)⇒ 단10:12-14, 21, 12:1, 유9, 계12:7.

③ 루시퍼 천사장⇒ (KJV,루시엘)⇒ 사14:12 기름부음 받은 자(겔28:13-15)

(겔 28:6) 그러므로 나 주 여호와가 말하노라 네 마음이 하나님의 마음 같은 체 하였으니

6절, "네 마음이 하나님의 마음 같은 체"

하나님의 마음 같은 체 하고, 하나님과 자신을 똑같이 여기는 마음 그것이 마귀의 속성이고 죄이다. 여호와 하나님 한 분만이 스스로 계신 분이고, 전능자이시며, 하나님 외에 모든 것은 다 피조물이다.

천사의 위치는?(시 103:19-21)

(히 1:14) 모든 천사들은 부리는 영으로서 구원 얻을 후사들을 위하여 섬기라고 보내심이 아니뇨

14절, 하나님의 종이며, 부리는 영이고, 구원 얻을 후사들을 섬기는 위치이다.

천사가 종의 위치를 떠나 하나님의 마음이 되고자 했으며, 자신의 마음을 하나님과 같은체 했다. 바로 그가 사탄이자 마귀이다.

하나님은 이렇게 타락한 천사장 루시퍼와 천사들을 영원한 음부에 결박하셨다. 그곳이 흑암, 후에 지옥이 될 것이다.

음부와 흑암은 지금 어디인가?

(벧후 2:4) 하나님이 범죄한 천사들을 용서치 아니하시고 지옥에 던져 어두운 구덩이에 두어 심판 때까지 지키게 하셨으며

(유 1:6) 또 자기 지위를 지키지 아니하고 자기 처소를 떠난 천사들을 큰 날의 심판까지 영원한 결박으로 흑암에 가두셨으며

그 안에다 하나님은 보다 더 깊은 뜻과 섭리 가운데 천지만물을 창조하신

다.(창 1:1-2)

이렇게 창조된 에덴동산 안에서 아담과 하와가 하나님의 말씀이 아닌 마귀의 말에 순종한다.

(창 2:17) 선악을 알게하는 나무의 실과는 먹지 말라 네가 먹는 날에는 정녕 죽으리라 하시니라

(창 3:4) 뱀이 여자에게 이르되 너희가 결코 죽지 아니하리라

마귀의 말에 순종한 인간은 죄의 종이 되어 살게 된다. 이때부터 마귀가 세상의 임금이 되었다. 예수님께서도 마귀를 세상의 임금이라 인정하셨다.

(롬 6:16) 너희 자신을 종으로 드려 누구에게 순종하든지 그 순종함을 받는 자의 종이 되는 줄을 너희가 알지 못하느냐 혹은 죄의 종으로 사망에 이르고 순종의 종으로 의에 이르느니라

(벧후 2:19) 저희에게 자유를 준다 하여도 자기는 멸망의 종들이니 누구든지 진 자는 이긴 자의 종이 됨이니라

(눅 4:5-8) [5] 마귀가 또 예수를 이끌고 올라가서 순식간에 천하 만국을 보이며 [6] 가로되 이 모든 권세와 그 영광을 내가 네게 주리라 이것은 내게 넘겨준 것이므로 나의 원하는 자에게 주노라 [7] 그러므로 네가 만일 내게 절하면 다 네 것이 되리라 [8] 예수께서 대답하여 가라사대 기록하기를 주 너의 하나님께 경배하고 다만 그를 섬기라 하였느니라

6절, 하나님께서 내게 넘겨주신 것이라고 하고, 내(마귀)가 원하는 자에게 준다고 한다. 이 말은 거짓이 아니다.

마귀는 예수님이 하나님의 아들, 메시야임을 알아봤다. 마귀는 감히 예수님에게 거짓을 말할 수 없다. 그런데 어떻게 마귀가 예수님을 시험할 수 있었는가? 그 이유는 예수님께서 죄인의 형상인 육신을 입고 오셨기 때문이다.(롬 8:3, 빌 2:8, 히 2:14)

마귀는 예수님에게 세 가지의 시험을 했다.(눅4:1-13)

여기에서 두 번째 시험을 보면 마귀 자신에게 절하면 다 네(예수님)것이 되리라고 말했고 천하만국을 주겠다고 했다. 거짓의 아비 마귀라도 예수님 앞에서는 결코 거짓을 말할 수 없다. 이 말씀은 세상 임금이 마귀인 것을 확실하게 말해 주고 있는 것이다. 죄의 말에 순종하게 되면 그 누구를 막론하고 마귀의 종이 되어 사는 것을 뜻한다.(롬6:16, 벧후2:19)

그러나 예수님은 마귀의 시험에 관계할 것 없이 승리하셨다. 또한 예수님께서 마귀의 시험을 이기실 때 ①사람이 떡으로만 살 것이 아니요 하나님의 입으로 나오는 모든 말씀으로 살 것이라 하였느니라(마 4:4), ②주 너의 하나님을 시험치 말라 하였느니라(마 4:7), ③이에 예수께서 말씀하시되 사단아 물러가라 기록되었으되 주 너의 하나님께 경배하고 다만 그를 섬기라 하였느니라(마 4:10)라고 말씀하셨다.

지금 믿음의 자녀들은 마귀의 시험을 어떻게 이기고 있는가? 안타깝게도 시험을 이기는 승리의 삶보다는 세상의 말에 순종하고 타협하며 사는 자들이 너무 많다.

하나님의 자녀들은 말씀을 믿고 경배하며 주님 한 분만으로 만족하는 삶을 살아야 한다.

하나님보다 더 우선시(사랑) 하는 것이 우상이며, 마귀는 이 세상의 임금 이요 지배자이다.

(롬 6:23) 죄의 삯은 사망이요 하나님의 은사는 그리스도 예수 우리 주 안에 있는 영생이니라

에덴동산의 아담과 하와의 죄(마귀의 말에 순종함)로 말미암아 마귀는 세상의 지배자가 되어 역사하기 시작한다.

아담의 형상으로 태어난 자들 안에는 다 '죄'가 새겨져 있으며, 삶 자체가 근심, 걱정, 염려의 삶으로 살게 된다.

2. 죄의 결과

1)하나님의 영이 떠나게 된다.(요 6:63)

죄로 말미암아 하나님의 영이 떠나게 된다. 그러므로 영 안에서 공급됐던 아가페 사랑을 공급 받지 못하게 된다. 그래서 더 이상 영의 생명으로 살 수 없게 되는 것이다.

때문에 그로 인한 갈급함과 부족함을 육신의(육의 생명) 것들을 통해서 채우고자 몸부림친다. 이것은 마귀가 사망으로 이끌고 가는 방법에 속한다. 죄의 형상 가운데 사는 이들은 눈에 보이고 삶에서 느껴지는 것들로 하나님의 축복을 제한한다.

영의 생명이 아닌 육의 생명으로 믿는 것은 하나님의 축복을 볼 수도, 만질 수도, 누릴 수도 없다.(고전 2:9)

(요일 1:1) 태초부터 있는 생명의 말씀에 관하여는 우리가 들은 바요 눈으로 본 바요 주목하고 우리 손으로 만진 바라

죄가 있는 육의 생명은 하나님의 아가페 사랑을 알 수 없다. 풍성하게 공급해 주시지만 이것을 누릴 믿음이 없으므로 깨닫지 못하고 누리지 못한다.

죄 된 육신으로 하나님을 믿는 자들은 삶에서 얻어지는 것이 없으면 하나님의 사랑을 의심한다.(신 8:1)

하나님께서 이스라엘 백성들을 광야 40년간 불기둥과 구름기둥으로 보살피시고, 입혀주시고, 먹여주시고 재워주신 이유와 목적은 무엇이었는가? 말씀(아

가페 사랑)을 믿게 하기 위함이었다.

그러나 죄 가운데 있었던 이스라엘 백성들은 하나님의 마음과 말씀 그리고 사랑을 알지 못하고 믿지 못했다.(신 8:3-4)

끊임없이 하나님의 사랑을 공급해 주었지만 볼 수 없었던 이스라엘 백성들처럼 지금도 여전히 육신의 죄 가운데 사로잡혀 있는 자는 하나님의 아가페 사랑을 볼 수 없다.

하나님의 아가페 사랑은 무엇인가 ? 하나님 입에서 나오는 말씀이다. 그러기에 이 안에서 아가페 사랑을 보아야 한다.(요 14:15)

그러나 죄로 말미암아 하나님의 영이 떠나게 되어 사랑의 말씀을 믿을 수가 없게 되고 또한 행할 수도 없게 되었다. 하나님의 영이 떠난 죄 된 육신의 생명으로 하나님의 영인 하나님의 말씀을 믿으려고 하니 믿어지겠는가? 믿어지지 않는 것이 당연하다.

예수 그리스도께서 오신 것은 죄로 말미암아 떠난 하나님의 영(아가페 사랑)을 회복해 주고 살아계신 하나님의 말씀을 믿는 믿음을 주시기 위해서다.

죄된 육신의 문제가 해결되지 않아 죄 가운데 있는 자들은 하나님의 축복이 육신에 있지만 죄가 없는 하나님의 자녀는 축복의 결과가 육신이 아니라 믿음에 있는 것이다.

보화(예수)가 담겨져 있는 질그릇이 가장 큰 축복이다.

2)마귀의 더러운 욕심으로 변질된 육신의 종이 된다.

이 세상의 임금인 마귀가 결정적으로 사용하는 도구가 있다.

(약 1:13-15) [13] 사람이 시험을 받을 때에 내가 하나님께 시험을 받는다 하지 말지니 하나님은 악에게 시험을 받지도 아니하시고 친히 아무도 시험하지 아니하시느니라 [14] 오직 각 사람이 시험을 받는 것은 자기 욕심에 끌려 미혹됨이니 [15] 욕심이 잉태한 즉 죄를 낳고 죄가 장성한 즉 사망을 낳느니라

(요일 2:15-16) [15] 이 세상이나 세상에 있는 것들을 사랑치 말라 누구든지 세상을 사랑하면 아버지의 사랑이 그 속에 있지 아니하니 [16] 이는 세상에 있는 모든 것이 육신의 정욕과 안목의 정욕과 이생의 자랑이니다 아버지께로 좇아 온 것이 아니요 세상으로 좇아 온 것이라

더러운 욕심으로 변질된 자는 세상으로부터 오는 것들을 사랑할 수밖에 없고, 세상의 가치가 충족될 때 기뻐하고, 감사하며 그것을 하나님의 은혜라 여긴다.

양과 염소의 모습이 언뜻 보면 비슷해 보이지만 두 생명에서 나오는 본질이 다른 것처럼 하나님의 자녀의 삶과 그렇지 않은 삶의 모습은 전혀 다르다. 이 세상의 것을 좋아한다는 것은 마귀가 사용하는 도구(미끼)에 이미 넘어갔다는 것이다. 하나님의 말씀에 순종하는 삶이 아닌 육신의 세상(육신의 정욕, 안목의 정욕, 이생의 자랑)을 경배(세상에 항복)하는 삶과 세상을 사랑하는 삶을 사는 것이다.

죄 가운데 사는 이들의 모습을 보면 모두가 한결같이 육신의 정욕과 이생의 자랑에 가치를 두고 목표를 세우며 이것을 이루기 위해 자신의 인생을 바친다. 이렇게 사는 삶은 하나님으로부터 온 것이 아니다. 주님이 기뻐하시는 삶이 아니다.

그러나 죄 된 육신의 사람들은 이것을 너무나 사랑하며, 자신의 목숨까지도 걸고 지키려고 한다.

지금 하나님의 축복이라 믿고 있는 것(누리고 있는 물질, 건강, 시간, 남편, 자녀, 삶의 안락, 출세, 성공)이 혹시 세상으로부터 온 것인지 아니면, 하나님으로부터 온 것인지를 분별해야 한다.

(딤전 6:10) 돈을 사랑함이 일만 악의 뿌리가 되나니 이것을 사모하는 자들이 미혹을 받아 믿음에서 떠나 많은 근심으로써 자기를 찔렀도다

(딤후 3:2) 사람들은 자기를 사랑하며 돈을 사랑하며 자긍하며 교만하며 훼방하며 부모를 거역하며 감사치 아니하며 거룩하지 아니하며

(마 13:44) 천국은 마치 밭에 감추인 보화와 같으니 사람이 이를 발견한 후 숨겨두고 기뻐하여 돌아가서 자기의 소유를 다 팔아 그 밭을 샀느니라

44절, 천국인 보화가 밭에 감춰져 있는 사실을 알고 믿어 자신의 모든 소유를 다 팔아 그 밭을 산 것이다.(고전 3:9; 고후 6:16)

9질, 믿음의 자녀가 하나님의 밭이고 성선이며, 천국인 이 보화는 예수 그리스도이다. 이 보화를 얻기 위해서는 자신의 모든 소유를 다 팔아야 한다.

나의 소유는 무엇일까? 물질, 시간, 건강, 부모, 자녀, 정욕적인 것과 근심, 걱정, 염려, 불평, 미움, 시기, 질투, 스트레스, 우울증, 자존심 등 여러가지가 있을 것이다. 이러한 것들을 다 팔아야 보화가 감춰진 밭을 살 수 있다. 단 한 가지라도 팔지 않는다면 가격(조건)이 맞지 않아 살 수 없다. 지금 육신 안에서 누리고 있고, 갈등속에 있는 모든 것들은 나의 소유가 아니다. 내 소유는 보화가 감추어져 있는 밭이며, 내 안에 계신 주님만이 내 것이다. 그렇다면 밭에 감추인 보화(예수 그리스도) 안에는 무엇이 들어 있을까?

만약 이 보화를 보고 믿는다면 보화를 누리는 삶을 살게 되고 보지 못하고 믿지 않는다면 결코 누릴 수 없을 것이다. 세상으로부터 온 모든 것들은 내 것이 아니다. 이 사실을 성령으로 말미암아 믿는 확실한 믿음이 내 안에 있어야 한다.

하나님의 영이 회복되면 육신도 회복되며, 모든 저주와 질병도 떠나게 된다.

그러나 여전히 육신의 것을 사랑해서 팔지 않고 버리지 못하면 영원히 천국을 소유하지 못하고 누리지 못하게 될 것이다.

그렇다면 이 세상의 것인 육신의 정욕과 안목의 정욕 그리고 이생의 자랑에 사로잡히면 어떤 결과가 기다리고 있는가?

(눅 18:18-23) [18] 어떤 관원이 물어 가로되 선한 선생님이여 내가 무엇을 하여야 영생을 얻으리이까 [22] 예수께서 이 말을 들으시고 이르시되 네가 오히려 한 가지 부족한 것이 있으니 네게 있는 것을 다 팔아 가난한 자들을 나눠 주라 그리하면 하늘에서 보화가 네게 있으리라 그리고 와서 나를 좇으라 하시니 [23] 그 사람이 큰 부자인 고로 이 말씀을 듣고 심히 근심하더라

영생을 얻고 싶은 한 관원이 있었다. 이 사람의 마음에는 자신은 어려서부터 율법을 다 지켰다고 자신하는 것들이 존재했다.

하지만 예수님은 그에게 한 가지 부족한 것이 있다고 말씀하셨다. 결국 자신의 소유가 많았던 이 관원은 영생을 버리고 자신의 소유를 택하게 된다. 그는 천국을 소유하기에는 자신의 소유를 너무나 사랑하는 자였기에 영생을 받지 못한 것이다.

영생은 율법을 지켰다고 해서 받는 것이 아니라 철저하게 자신의 소유가 없어야 한다. 자신의 것을 다 팔고 믿음으로 보화가 감추어진 밭을 사는 자만이 영생을 얻는 것이다. 천국을 소유해야 천국을 누리는 것이며, 팔지 않고자 하는 죄된 육신의 마음이 결국 영생을 소유하지 못하도록 한다.

믿음으로 자신의 소유를 팔게 되면 천국은, 예수님은 내 것이 된다. (판다는 의미는 내 것이 아니라는 뜻이다)

(딤전 6:8) 우리가 먹을 것과 입을 것이 있은즉 족한 줄로 알 것이니라

아직 다 팔지않고 있는 것이 무엇인지 하나님의 아가페 사랑으로 보아야 한다.

3)부족함을 느낀다.

범죄하기 이전의 아담과 하와는 부족함을 몰랐지만 하나님의 말씀이 아닌 마귀의 말에 순종할 때부터 그들은 완전히 다른 삶을 살게 됐다.

자신들이 벗었음을 알게 되고 부족함을 느끼게 된것이다.

그래서 자신들 스스로 치마를 만들어 입게 된다.

창3:7⇒ 무화과나무 잎을 엮어서 치마를 만든다.

창3:10⇒ 벗었다고 함⇒ 왜?

마귀(부족함을 느끼는 자⇒ 하나님이 되려고 하는 자)의 속성이 나타남.

그렇기 때문에 마귀(세상 = 육신)에 속한 사람들은 부족함을 느끼며 살게 되고 만족하지 못한다.

마귀의 속성으로 변질된 것이다.

죄의 육체는 마귀의 속싱에 사로 잡히면 항상 부족함을 느끼게 되고, 이것을 채우기 위해 내적 · 외적으로 몸부림친다.

죄 된 육신으로 사는 자들에게 만족은 없다.(하나님의 영이 회복되기 전까지는)

(예)

자신의 집이 없고 월세로 사는 한 가정이 있었다. 이 가정의 간절한 바람은 월세가 아닌 전세로 사는 것이었다. 열심히 돈을 벌어 전세 집으로 이사하는 간절한 바람이 이루어졌다.

과연 간절한 바람을 이룬 이 가정은 만족할까?

절대 그렇지 않다. 또 작은 집이라도 좋으니 내 집 마련의 간절한 바람이 생길 것이다. 집을 산다 해도 그들의 부족함은 채워지지 않는다.

또 다른 소원(더 큰집, 좋은 자동차, 좋은 옷, 좋은 음식, 성공에 대한 열망)이 생기는 것이다.

죄 된 육신의 삶은 만족함이 없고 늘 부족함으로 허덕이는 삶을 산다. 이것이 죄의 속성이다. 육체가 부족함을 느낄 때부터 범죄는 시작됐다.

모든 범죄의 동기가 여기에 있다.

(딤전 6:6-8 현대인) [6] 그러나 만족하는 마음으로 경건하게 사는 사람에

게 신앙은 큰 유익이 됩니다. [7] 우리가 세상에 아무것도 가지고 오지않았으므로 아무것도 가지고 가지 못합니다. [8] 우리는 먹을 것과 입을 것이 있으면 그것으로 만족해야 합니다.

이 육신에서 벗어나려면 어떻게 해야 하는가? 하나님의 자녀는 이 세상에서 부귀와 영화를 누리면 안 된다는 것인가? 아니다. 결코 그렇지 않다. 믿음의 자녀들도 반드시 하나님이 주신 축복을 누려야 한다.

그렇다면 무엇이 다른가? 마음이 다르다. 이 세상의 부자는 있으면 있을수록 더 누리고 싶고 갖고 싶어 하는 마음이다.

그러나 하나님께서 주신 부요의 마음은 자신에게 있고 없고의 문제가 아니라 오늘 먹을 것과 입을 것이 있으면, 어떠한 환경과 상황에서도 족한 감사의 마음이 있다.

이 분별 또한 죄 된 육체 안에서는 할 수가 없고, 오직 믿음과 말씀 그리고 하나님의 영 안에서만 분별할 수 있다.

(히 13:5) 돈을 사랑치 말고 있는 바를 족한 줄로 알라 그가 친히 말씀하시기를 내가 과연 너희를 버리지 아니하고 과연 너희를 떠나지 아니하리라 하셨느니라

(마 6:30-31) 오늘 있다가 내일 아궁이에 던져지는 들풀도 하나님이 이렇게 입히시거든 하물며 너희일까보냐 믿음이 작은 자들아 그러므로 염려하여 이르기를 무엇을 먹을까 무엇을 마실까 무엇을 입을까 하지 말라

(살전 5:16-18) "항상 기뻐하라","쉬지 말고 기도하라", "범사에 감사하라"

하나님께서 주신 그리스도의 마음이 아니면 그 누구도 이 말씀처럼 살 수 없다.

4)두려움을 가지게 된다.

(창 3:10) 가로되 내가 동산에서 하나님의 소리를 듣고 내가 벗었으므로 두려워하여 숨었나이다

죄의 역사는 두려움으로부터 시작되고 모든 병과 저주의 원인도 두려움으로부터 온다. 죽기를 무서워함으로 일생에 매여 마귀의 종노릇을 하는 것이다.

(히 2:14-15) [14] 자녀들은 혈육에 함께 속하였으매 그도 또한 한 모양으로 혈육에 함께 속하심은 사망으로 말미암아 사망의 세력을 잡은 자 곧 마귀를 없이 하시며 [15] 또 죽기를 무서워하므로 일생에 매여 종노릇 하 는 모든 자들을 놓아주려 하심이니

여호와 하나님은 결코 두려운 분이 아니지만 죄 가운데 있는 이들에게 말씀은 두려움으로 들려올 수밖에 없다.

이스라엘 백성들은 여호와 하나님을 두려운 하나님으로 믿고 있었다. 죄가 말씀을 두려움으로 사로잡은 것이다. 지은 죄로 인해 법이 자신을 심판하기 때문에 두려운 것이다. 그러나 죄가 없으면 두려워 할 필요가 없고 역사할 수가 없다.

(요일 4:18) (생략)두려움에는 형벌이 있음이라 두려워하는 자는 사랑 안에서 온전히 이루지 못하였느니라

두려움에는 형벌이 있다고 한다. 왜 형벌이 있는가? 두려움에 있다는 것은 하나님의 사랑을 온전히 믿고 있지 않다는 증거이기 때문이다.

두려움은 하나님의 아가페 사랑을 온전히 이룰 수 없다.

예수님께서 육신을 입고 오심은 하나님의 자녀들을 마귀로부터 오는 두려움에서 해방시키기 위함이다.(히 2:16) 단, 아브라함의 믿음을 가져야 한다.

"오직 아브라함의 자손" 그들이 누구인가?

(갈 3:14) 이는 그리스도 예수 안에서 아브라함의 복이 이방인에게 미치게 하고 또 우리로 하여금 믿음으로 말미암아 성령의 약속을 받게 하려 함이니라

축복의 자녀에게 준비하신 하나님의 선물이다. 이 선물을 받을 자는 누구인가?

아브라함의 믿음 안에서 성령의 약속을 받은 자들이며 성령 세례받은 자들이다. 이들에게 하나님은 약속하셨다.

결코 악한 자가 두려움으로 역사하지 못한다는 것을.

(요일 4:18) 사랑 안에 두려움이 없고 온전한 사랑이 두려움을 내어쫓나니

지금 어떤 두려움(물질, 사업부도, 퇴사, 취업, 진학, 질병, 갈등, 미움, 상처 등)에 사로잡혀 있는가? 세상의 것으로 인한 두려움.(딤전 6:6-7)

악한 영은 두려움과 부족함으로 역사하여 병들게 하지만, 하나님 아가페 사랑은 두려움을 내어쫓으니 자신 안에 계신 주님을 만나야 한다.

5)외로움을 느낀다. ⇒ 우울증

죄 된 육체는 세상 모든 것을 다 가져도 외로움에서 벗어날 수 없다. 채워지지 않는 그 무엇인가가 있기 때문이다.

모든 인간은 영원을 사모하는 마음과 하나님을 사랑하고, 사랑을 받으려는 본능이 있다.

죄로 말미암아 하나님의 아가페 사랑이 떠난 자들은 그 사랑으로 채워지지 않는 부분을 육신의 노력으로 채우기 위해 발버둥 친다.

그러나 자신의 육신적인 노력으로는 결코 채울 수 없다. 육신을 입고 있는 3차원의 세계에 사는 이들이 하나님이 하시는 일을 어찌 다 알 수 있겠는가?

(전 3:11) 하나님이 모든 것을 지으시되 때를 따라 아름답게 하셨고 또 사람에게 영원을 사모하는 마음을 주셨느니라 그러나 하나님의 하시는 일의 시종을 사람으로 측량할 수 없게 하셨도다

또한 여호와의 궁정(성전 뜰 안)을 사모하는 마음도 있다. 그러나 죄 된 육신을 입은 자들은 들어갈 수가 없다.(시 84:2)

채워도 채워지지 않은 육신의 것을 어떤 이들은 이생의 자랑거리들로 채우기 위해 고군분투 한다. 하지만 채우면 채울수록 더해지는 외로움과 채우려고 해도 채워지지 않음으로 몸부림치게 된다. 때문에 그 어떤 것으로도, 그 무엇으로도 하나님과 예수 그리스도를 대신할 수 없다.

이 외로움을 온전히 이길 수 있는 유일한 방법은 무엇일까?

(엡 4:21-24) [21] 진리가 예수 안에 있는 것같이 너희가 과연 그에게서 듣고 또한 그 안에서 가르침을 받았을 진대 [22] 너희는 유혹의 욕심을 따라 썩어져 가는 구습을 좇는 옛 사람을 벗어버리고 [23] 오직 심령으로 새롭게 되어 [24] 하나님을 따라 의와 진리의 거룩함으로 지으심을 받은 새 사람을 입으라

23절, "오직 심령으로 새롭게 되어"

24절 현대인 성경에서는 "하나님의 모습대로 의와 진리의 거룩함으로 창조된 새 사람이 되십시오"로 기록되어 있다.

처음 하나님께서 창조하셨을 때의 모습(하나님의 형상의 모양)처럼, 새롭게 변화를 받아 진리의 복음(약 1:18, 고전 4:15)으로 낳았다는 사실을 믿을 때만 외로움으로부터 영원히 자유할 수 있다.

이 사실을 믿음으로 육신의 죄에 대한 종노릇에서, 부족함에서, 두려움에서, 외로움(우울증)에서 벗어날 수 있게 될 것이다.

제6장

영원히 사함 받지 못한 죄?

죄에 대하여라 함은 그들이 나를 믿지 아니함이요 (요 16:9)

제6장
영원히 사함 받지 못한 죄?

1. 죄의 본질: 마귀

모든 죄의 시작은 마귀에서부터 온다. 근심, 걱정, 염려, 스트레스, 우울증, 미움, 욕심은 마귀가 역사하는 육체 안에서 생기는 죄의 결과로 나타나는 현상들이다.

(요 8:44) 너희는 너희 아비 마귀에게서 났으니 너희 아비의 ①욕심을 너희도 행하고자 하느니라 저는 처음부터 ②살인한 자요 ③진리가 그 속에 없으므로 진리에 서지 못하고 거짓을 말할 때마다 제 것으로 말하나니 이는 저가 ④거짓말쟁이요 ⑤거짓의 아비가 되었음이니라

2. 영원히 사함을 받지 못한 죄(믿음 없음이 영원한 죄)

① 저희가 나를 믿지 아니함이요

(요 16:8-9) [8] 그가 와서 죄에 대하여 의에 대하여 심판에 대하여 세상을

> 책망하시리라 [9] 죄에 대하여라 함은 ①저희가 나를 믿지 아니함이요

율법(말씀)이 없어서 믿지 못한 것이 아니었다.

예수님께서 독사의 자식이라고 한 바리새인들은 율법의 선생이자 율법을 통달한 사람들이다. 그런데 왜 말씀이 육신이 되어 오신 예수님을 믿지 못했을까?(요1:14)

하나님의 말씀을 아브라함의 믿음으로 믿지 않고 육신의 지식으로 가르침을 받아 믿었기 때문이다. 이들은 말씀을 자신의 머리에 지식으로 쌓아놓고 가르치는 자였지 믿는 자들이 아니었다.

지식만 가지고 있던 그들은 메시야에 대해 이미 말씀으로 다 알려 주셨지만 그 말씀을 깨닫고 믿을 수 있는 아브라함의 믿음이 없었다. 예수님은 이들을 독사의 자식이라고 말씀하셨다.

이스라엘 백성들이 출애굽하여 광야에서 40년을 사는 동안 씨앗 하나를 땅에 심고 거두는 일이 없었음에도 불구하고 단 한 명도 굶어서 죽는 자가 없었지만, 여호수아와 갈렙을 제외한 모든 자들은 하나님의 말씀에 불순종하여 광야가 그들의 매장지가 되었다.

이는 곧 살아계신 하나님의 말씀을 믿게 하시고자 했던 주의 사랑을 깨닫지 못해서이다.

> (민 14:11) 여호와께서 모세에게 이르시되 이 백성이 어느 때까지 나를 멸시하겠느냐 내가 그들 중에 모든 이적을 행한 것도 생각하지 아니 하고 어느 때까지 나를 믿지 않겠느냐

> (민 14:28-29) [28] 그들에게 이르기를 여호와의 말씀에 나의 삶을 가리켜 맹세하노라 너희 말이 내 귀에 들린 대로 내가 너희에게 행하리니 [29] 너희 시체가 이 광야에 엎드러질 것이라 너희 이십세 이상으로 계수함을 받

은 자 곧 나를 원망한 자의 전부가

(신 8:2-3) [2] 네 하나님 여호와께서 이 사십년 동안에 너로 광야의 길을 걷게 하신 것을 기억하라 이는 너를 낮추시며 너를 시험하사 네 마음이 어떠한지 그 명령을 지키는지 아니 지키는지 알려 하심이라 [3] 너를 낮추시며 너로 주리게 하시며 또 너도 알지 못하며 네 열조도 알지 못하던 만나를 네게 먹이신 것은 사람이 떡으로만 사는 것이 아니요 여호와의 입에서 나오는 모든 말씀으로 사는 줄을 너로 알게 하려 하심이니라

도대체 하나님의 말씀을 믿는 자가 없다는 말씀이다.

(마 8:20) 예수께서 이르시되 여우도 굴이 있고 공중의 새도 거처가 있으되 오직 인자는 머리 둘 곳이 없다 하시더라

하나님의 말씀을 믿지 않는 자들에게는 반드시 믿지 않음에 대한 죄를 물으신다. 죄 사함을 받지 못하는 것이다.

이제 살아계신 하나님의 말씀은 성령으로 말미암아 믿음의 자녀들 안에서 말씀하고 계신다. 우리는 그 말씀을 듣고 믿어야 한다.

(히 8:10) 또 주께서 가라사대 그 날 후에 내가 이스라엘 집으로 세울 언약이 이것이니 내 법을 저희 생각에 두고 저희 마음에 이것을 기록하리라 나는 저희에게 하나님이 되고 저희는 내게 백성이 되리라

성령으로 말미암아 믿음의 자녀들 안에서 말씀하시는 하나님의 음성을 듣고 믿을 때 비로소 순종하고 행할 수 있다.

음성을 듣지 못하면 하나님의 말씀을 믿지 못하고, 여전히 이스라엘 백성들처럼 기록된 말씀으로 사람의 가르침과 육신의 눈으로 보고 들어 하나님을 믿

는다.

이들을 향해 "저희가 나를 믿지 아니함이요" 라고 말씀하시는 것이다.

② 정죄(심판의 근거)

(요 3:19-20) [19] 그 ②정죄(심판의 근거)는 이것이니 곧 빛이 세상에 왔으되 사람들이 자기 행위가 악하므로 빛보다 어두움을 더 사랑한 것이니라 [20] 악을 행하는 자마다 빛을 미워하여 빛으로 오지 아니하나니 이는 그 행위가 드러날까 함이요

정죄 : 크리시스

어원(기원): 결정(주제가 혹은 대상이, 위하여 또는 반대하여), 연루된 의미로 재판소(특별히 신의 율법),함축적으로 공의, 비난, 정죄, 단죄, 재판.(행 8:33)

1)분리, 절단, 분할

2)선택

3)판정, 판결

4)재판관의 단체

5)정의

"빛이 세상에 왔으되 사람들이 자기 행위가 악하므로 빛보다 어두움을 더 사랑한 것"

(요 9:5) 내가 세상에 있는 동안에는 세상의 빛이로라

(요 12:46) 나는 빛으로 세상에 왔나니 무릇 나를 믿는 자로 어두움에 거하지 않게 하려 함이로라

빛으로 오신 이유와 목적은 하나님의 자녀들을 더 이상 어둠 가운데 종노릇 하는 삶이 아닌 빛 가운데서 누리며 살게 하기 위해서다. 그런데 많은 이들은 빛으로 오신 예수님보다 어둠을 더 사랑한다.

빛 보다 어둠을 더 사랑한다는 것은 어떤 의미일까? 죄 가운데 역사하는 모든 것에 순종하는 것을 말한다. 마치 소돔과 고모라와 같은 것이다.

육신으로 사는 삶의 즐거움에 빠져 자신이 어두운 죄악에 있음을 보지 못하고 죄 된 삶에 취해 산다. 하나님의 사랑을 보지 못하고 육신의 달콤함에 빠져 사는 삶은 말씀에 귀를 막고, 눈이 멀어 마음의 문을 닫고 어두운 세상을 질주하는 브레이크 없는 자동차와 같다.

그런 육신의 달콤함에 빠진 삶은 끊임없이 그 이상의 것을 향한 갈급함으로 목마르게 한다. 브레이크 없는 자동차의 끝은 결국 사망이다. 끊임없이 솟구치는 육신의 갈급함은 목마름의 사망으로 자신을 끌고 가는 것이다.

이러한 육신의 욕구들은 육신의 정욕, 안목의 정욕, 이생의 자랑, 근심, 걱정, 염려, 미움, 스트레스 등으로 자신을 괴롭히고 어두운 싸움의 터널에서 벗어나지 못하게 하여 결국 예수 그리스도의 참 빛을 보지 못하도록 한다. 이 모든 것들은 어둠의 도구들이다.

(예)

예전에 TV에서 이런 뉴스를 본 적이 있다.

태국의 곰 사육 농장이 나왔는데 곰의 배에는 쓸개로 연결 된 호스가 있었다. 그곳을 통해 곰의 쓸개를 빼내고 있었던 것이다.

그리고 곰에게는 고통을 잊게 하기 위해 주먹만한 사탕 하나를 입에 물려주고 있었는데 그 곰은 사탕의 달콤함에 도취되어 몸에서 쓸개가 빠져 죽어가는 줄도 모르고 사탕 맛에 빠져 좋아하고 있었다.

그렇다. 마귀는 이렇게 육신의 사람들을 세상의 달콤함에 취하게 해 그들의 영혼을 갈취하고 있는 것이다.

지금 자신이 세상의 달콤함에 빠져 귀가 멀고, 눈이 멀어 마음의 문이 닫혀서 음성을 듣지 못하고 있다면 속히 회개하고 회복의 은혜 안으로 들어와야 한다.

보고 회개하면 빛 되신 하나님의 말씀은 아가페 사랑이시기에 빛 안에 거하여 모든 저주의 어둠에서 자유하게 해주시고 영원한 안식의 은혜로 인도해 주신다.

정죄는 하나님의 빛 된 아가페 사랑과 평안을 믿지 않는 것이다.

(요 14:27) 평안을 너희에게 끼치노니 곧 나의 평안을 너희에게 주노라 내가 너희에게 주는 것은 세상이 주는 것 같지 아니하니라 너희는 마음에 근심도 말고 두려워하지도 말라

③ 성령을 훼방(모독, 모욕, 중상, 비난, 조롱, 불경하게 하는 말, 악한 말)

(마 12:31-32) [31] 그러므로 내가 너희에게 이르노니 사람의 모든 죄와 훼방은 사하심을 얻되 ③성령을 훼방(모독, 모욕, 중상, 비난, 조롱, 불경하게 하는 말, 악한 말)하는 것은 사하심을 얻지 못하겠고 [32] 또 누구든지 말로 인자를 거역하면 사하심을 얻되 누구든지 말로 성령을 거역하면 이 세상과 오는 세상에도 사하심을 얻지 못하리라

(막 3:29) 누구든지 성령을 훼방하는 자는 사하심을 영원히 얻지 못하고 영원한 죄에 처하느니라 하시니

(눅 12:10) 누구든지 말로 인자를 거역하면 사하심을 받으려니와 성령을 거역하는 자는 사하심을 받지 못하리라

(눅 12:10 현대인) 누구든지 나를 욕하는 사람은 용서받을 수 있으나 성령님을 모독하는 사람은 용서받지 못할 것이다.

훼방 : 블라습헤미아

어원(기원): 본래적 의미로는 방해하다, 즉(함축적으로) 해롭게 하다, 해를 끼치다(막16:18), 상하게 하다, 해치다, 다치게 하다.

중상(특히 하나님께 대항하여), 악담, 조롱(막 14:64, 엡 4:31), 비방, 상처를 주는 말을 뜻한다.

성령을 훼방한다는 것은?

예수 그리스도께서 십자가에서 죽으심으로 모든 죄와 저주를 폐하시고 하나님의 아가페 사랑을 이루시고 완성하셨다.

그리고 이 사실을 믿는 하나님의 자녀에게 구원의 은혜를 베푸시고 영원히 임마누엘(하나 됨)의 은혜를 주신다.

이것이 성령 하나님의 일하심이다. 하나님은 믿음의 자녀안에서 예수님을 말씀하시고 예수님을 가르치시어(요14:26) 예수님을 보고 믿음으로 그리스도의 마음(고전2:12-16)을 가지도록 하셔서 아가페 사랑으로 영원히 하나 되어 하나님의 자녀들로 하여금 오직 예수(섬김, 사랑) 하는 삶을 살게 하신다.

(눅 12:12) 마땅히 할 말을 성령이 곧 그 때에 너희에게 가르치시리라 하시니라

(요 14:26) 보혜사 곧 아버지께서 내 이름으로 보내실 성령 그가 너희에게 모든 것을 가르치시고 내가 너희에게 말한 모든 것을 생각나게 하시리라

(고전 2:12-16) [16] 누가 주의 마음을 알아서 주를 가르치겠느냐 그러나 우리가 그리스도의 마음을 가졌느니라

예수 그리스도의 마음으로 사는 삶을 어둠의 도구들은 감히 건드리지 못한다. 또 성령 하나님은 예수 그리스도를 말씀하시고 가르치시어 그의 마음을 갖

게 하시고 예수 그리스도의 마음으로 사는 자들을 통해 일하신다.

성령을 훼방한다는 것은 이 사역을 부인하는 것이다.

(예)

죄된 육신을 입고 사는 사람이 어떻게 근심, 걱정, 염려, 스트레스, 미움, 육신의 정욕적인 것이 없이 살 수 있느냐고 반문하고, 사람이 죄를 짓지 않고 어떻게 사느냐고 항변한다. 또 말도 안 되는 얘기라고 조롱한다.

그러나 하나님의 말씀은?

(요일 5:18) 하나님께로서 난 자마다 범죄치 아니하는 줄을 우리가 아노라

(요 14:1) 너희는 마음에 근심하지 말라 하나님을 믿으니 또 나를 믿으라

(요 14:27) 평안을 너희에게 끼치노니 곧 나의 평안을 너희에게 주노라 내가 너희에게 주는 것은 세상이 주는 것 같지 아니하니라 너희는 마음에 근심도 말고 두려워하지도 말라

성령의 훼방은 죄 사하심이 없다.

누구의 말을 듣고, 믿고 순종하는가?

“

평안을 너희에게 끼치노니 곧 나의 평안을 너희에게 주노라
내가 너희에게 주는 것은 세상이 주는 것 같지 아니하니라
너희는 마음에 근심도 말고 두려워하지도 말라

”

제7장

십자가의 복음
(진리, 도, 사랑)

우리가 아직 죄인 되었을
때에 그리스도께서 우리를
위하여 죽으심으로 하나님께서
우리에 대한 자기의 사랑을
확증하셨느니라

(롬 5:8)

제7장

십자가의 복음

(진리, 도, 사랑)

하나님을 믿는 사람들에게 십자가는 어떤 의미로 다가올까? 또 예수님께서 우리에게 주신 십자가의 진정한 의미는 무엇일까?

많은 사람들은 십자가를 떠올리면 우리의 모든 죄를 사하시기 위해 당하셨던 아픔과 멸시 그리고 주님의 고난과 채찍을 가장 먼저 생각한다. 이것은 사실이다.

그러나 그것이 하나님께서 십자가의 죽음을 통해 우리에게 주시고자 했던 것의 전부는 될 수 없다. 하지만 마귀는 하나님 사랑의 본질을 축소하고 왜곡하여 믿는 자들로 하여금 진정한 구원을 보지 못하게 하고 십자가의 축복을 누리지 못하게 한다.

십자가의 본질은 하나님 생명의 본질인 아가페 사랑을 주시기 위한 것이다. 죄 된 육체에는 하나님 생명의 본질인 아가페 사랑을 주실 수 없기에 먼저 죄된 육체를 십자가에서 그리스도와 함께 죽이신 것이다. 그리고 부활의 새 생명으로 죄가 없는 육체에 하나님 생명의 본질인 아가페 사랑을 주시고 하나님과 하나 된 삶, 임마누엘의 삶을 살게 하셨다.(마 1:21-23)

이것이 바로 십자가의 핵심이며 비밀인 것이다.

하나님께서 사랑하는 자녀를 위해 준비하신 선물 중 가장 귀한 것이 바로 십자가이다. 전적인 은혜로 주신 구원의 선물인 십자가는 하나님 자녀들의 마음 깊은 곳에 늘 눈물이고 감사고 기쁨일 것이다.

또한 십자가를 통하지 않고서는 하나님의 아가페 사랑과 긍휼과 자비를 볼 수 없으며 행할 수도 없다는 것을 기억해야 한다.

① 십자가의 고난

아픔과 고통이 아니다.

십자가의 고난은 사랑이며 주님의 마음이다.(죄로 인해 누릴 수 없었던 아가페 사랑을 누리게 하고픈 마음) 또 사랑하는 자녀를 위한 하나님 사랑의 흔적이기도 하다.

그러므로 하나님을 사랑하는 자녀는 반드시 예수의 흔적이 있어야 한다.

또 이 십자가의 은혜를 누리는 것은 각자 자신의 믿음의 몫인 것을 깨달아야 할 것이다.

(갈 6:14) 그러나 내게는 우리 주 예수 그리스도의 십자가 외에 결코 자랑할 것이 없으니 그리스도로 말미암아 세상이 나를 대하여 십자가에 못 박 히고 내가 또한 세상을 대하여 그러하니라

(갈 6:17) 이 후로는 누구든지 나를 괴롭게 말라 내가 내 몸에 예수의 흔적을 가졌노라

(갈 6:17 현대어) (생략)내 몸에는 예수를 욕하는 자들에게 맞은 상처가 남아 있습니다. 이것이야말로 내가 그리스도의 노예라는 표적입니다.

② 십자가의 죽음

예수 그리스도께서 홀로 십자가에서 죽으신 것을 뜻하는 것이 아니라 죄가 있는 내 육체와 함께 죽은 것을 의미한다. 그러나 십자가의 도(진리), 복음을 알

지 못하고, 맛보지 못한 자는 예수 그리스도께서 자신의 죄를 위해 십자가에서 죽어 주셨다는 것만 믿는다. 그래서 이들은 예수 그리스도의 십자가 죽음과는 아무런 관계가 없는 것이다.(갈 5:24)

예수 그리스도의 십자가의 죽으심은 모든 죄인들을 위해 죽으신 것이 결코 아니다. 죄인 된 믿음의 자녀들을 위해 죽으신 것이다. 여기서 죄인 된 믿음의 자녀들의 믿음이란 죄인된 내 육체가, 그 안에 있는 정과 욕심이 그리스도와 함께 십자가에서 죽었다는 것을 믿는 것이다.(갈2:20; 5:24)

십자가의 은혜는 이 믿음으로 사는 자들에게 주신 하나님의 사랑이다.

③ 십자가의 사랑

하나님의 생명으로 모든 말씀을 이루시고 성취하심을 증거로 보여주시고 확증하신다. 그래서 우리는 십자가를 통해 하나님의 사랑을 볼 수 있고, 믿을 수 있다.

십자가를 통해 사랑을 볼 수 없는 자들은 입술로는 얼마든지 하나님 사랑을 외칠 수 있지만 그 속에는 하나님의 사랑이 없기 때문에 늘 갈급하고 허무하다.

하나님 생명의 본질인 아가페 사랑으로만 하나님과 하나 될 수 있고, 모든 믿는 자들(교회, 가정)과도 하나가 될 수 있다. 그래서 믿음의 자녀는 하나님의 생명도 함께 받았음을 보고 믿어야 한다.

바울 사도는 이 생명을 믿었기에 육신의 생명도 주님께 드릴 수 있다고 고백한 것이다.

(행 20:24) 나의 달려갈 길과 주 예수께 받은 사명 곧 하나님의 은혜의 복음 증거하는 일을 마치려 함에는 나의 생명을 조금도 귀한 것으로 여기지 아니하노라

④ 십자가의 복음(도, 진리)

하나님 나라의 비밀이며, 이것을 깨달아 하나님 나라를 소유하고 살며 죽을

영혼이 살아난다. 십자가 도(진리)의 복음을 믿지 않는다면 하나님 나라의 비밀을 알 수도 없고, 맛볼 수도 없으며, 당연히 들어갈 수도 없게 된다.

(눅 17:20-21) [20] 바리새인들이 하나님의 나라가 어느 때에 임하나이까 묻거늘 예수께서 대답하여 가라사대 하나님의 나라는 볼 수 있게 임하 는 것이 아니요 [21] 또 여기 있다 저기 있다고도 못하리니 하나님의 나라는 너희 안에 있느니라

하나님 나라의 비밀을 맡은 자(고전4:1)는 십자가의 복음을 전하는 자이며, 이 복음을 믿는 자는 죽을 몸도 살아나게 된다.(롬8:11)

(롬 8:11) 예수를 죽은 자 가운데서 살리신 이의 영이 너희 안에 거하시면 그리스도 예수를 죽은 자 가운데서 살리신 이가 너희 안에 거하시는 그의 영으로 말미암아 너희 죽을 몸도 살리시리라

⑤ 십자가의 믿음

예수 그리스도께서 죄인들(죄인 된 나)을 위해서 홀로 십자가에서 죽으신 것이 아니라 죄인된 내 육체가 죄인 된 육체 안에 있는 정과 욕심이 그리스도와 함께 십자가에서 죽었음을 믿는 믿음이다.(갈2:20; 5:24)

모든 죄는 죄 된 육체를 통해 역사한다.

(요일 3:8) 죄를 짓는 자는 마귀에게 속하나니 마귀는 처음부터 범죄함이니라

예수님께서 사셨던 것처럼 죄가 없는 육체는 죄를 지을 수 없다.

(요일 3:9) 하나님께로서 난 자마다 죄를 짓지 아니하나니 이는 하나님의 씨가 그의 속에 거함이요

믿음의 자녀들은 자신의 죄된 육체안에 있는 정과 욕심이 그리스도와 함께 십자가에서 죽었음을 믿는 것이다. 그리고 부활하신 주님과 함께 새 생명 가운데 부활하였음을 믿는 것이며, 이 믿음을 통해 성령안에서 오신 주님이 믿음 가운데 있는 자들 안에 거하고 계심을 믿는 것을 뜻한다.

⑥ 십자가의 축복

내 안에 그리스도가 사시는 것이다. 내 죄 된 육체가 그리스도와 함께 십자가에서 죽어 성령 안에서 오신 주님이 내 안에 하나님의 생명으로 오실 수 있다. 그래서 내가 사는 것은 내가 사는 것이 아니라 내 안에 그리스도께서 사시는 것이다.(갈2:20)

십자가의 축복은 믿음의 자녀로 하여금 예수 그리스도와 함께 사는 것이다. 곧, 임마누엘의 이름으로 오신 이유와 목적이시다.

1. 세례(침례)요한이 먼저 이 땅에 온 이유와 목적

십자가를 통해 하나님 생명의 본질인 사랑을 누리기 위해서는 예수 그리스도보다 먼저 세례요한을 이 땅에 보내신 이유와 목적, 그리고 세례요한이 예수님에게 세례(침례)한 이유를 알아야 한다.

1) 세례(침례)요한은 주의 길을 예비하기 위해서 먼저 보냄을 받았다.(마 3:3)

(사 40:3) 외치는 자의 소리여 가로되 너희는 광야에서 여호와의 길을 예비하라 사막에서 우리 하나님의 대로를 평탄케 하라

(말 3:1) 만군의 여호와가 이르노라 보라 내가 내 사자를 보내리니 그가 내 앞에서 길을 예비할 것이요 또 너희의 구하는 바 주가 홀연히 그 전에 임하리니 곧 너희의 사모하는 바 언약의 사자가 임할 것이라

(마 17:9-13) [9] 저희가 산에서 내려올 때에 예수께서 명하여 가라사대 인자가 죽은 자 가운데서 살아나기 전에는 본 것을 아무에게도 이르지 말라 하시니 [10] 제자들이 묻자와 가로되 그러면 어찌하여 서기관들이 엘리야가 먼저 와야 하리라 하나이까 [11] 예수께서 대답하여 가라사대 엘리야가 과연 먼저 와서 모든 일을 회복하리라 [12] 내가 너희에게 말하노니 엘리야가 이미 왔으되 사람들이 알지 못하고 임의로 대우하였도다 인자도 이와 같이 그들에게 고난을 받으리라 하시니 [13] 그제야 제자들이 예수의 말씀하신 것이 세례 요한인 줄을 깨달으니라

주의 길을 예비 한다는 것은 천국 복음을 전할 수 있는 길을 준비한다는 것이다.

2) 세례(침례)요한은 여자가 낳은 자 중에 가장 큰 자로 보냄을 받았다.

아담의 씨로 태어 난 모든 죄인 된 육체의 대표로 세례요한을 보냈다는 말씀이다.(창5:3) 세례요한이 모든 죄인들의 대표가 되어 세례를 통해 하나님의 뜻을 행한 것이다.

(마 11:11) 내가 진실로 너희에게 말하노니 여자가 낳은 자 중에 세례 요한보다 큰 이가 일어남이 없도다 그러나 천국에서는 극히 작은 자라도 저보다 크니라

그리고 이 일을 이루시기 위해 구약에서 먼저 그림자로 보여주셨는데, 제사장이 백성들의 죄를 짐승에게 전가시키는 모습이다.

이것은 세례요한이 예수 그리스도에게 세례를 하는 것의 그림자로 보여주신 것이다.

3) 모든 선지자와 율법의 예언한 것의 마침이다.

(마 11:13) 모든 선지자와 및 율법의 예언한 것이 요한까지니

선지자는 하나님으로부터 말씀을 받아서 백성들에게 선포하는 자이다.

고로 하나님께서 사람을 통해 말씀을 선포하시는 것은 이제 끝났음을 말씀하신 것이다. 율법을 통해 예언 된 하나님의 모든 말씀이 육신이 되어 메시야로 오셨기에 세례(침례)요한으로 마쳐진다. 예언 된 하나님의 말씀을 메시야가 오심으로 이루시고, 이제는 직접 하나님께서 그의 자녀들에게 말씀하시는 것이다.(고후 3:3)

(롬 10:8) 그러면 무엇을 말하느뇨 말씀이 네게 가까와 네 입에 있으며 네 마음에 있다 하였으니 곧 우리가 전파하는 믿음의 말씀이라

4)세례(침례)요한의 세례(예수님에게 모든 죄를 전가하는 세례(침례)).

①자신의 죄를 자복하고 죄인임을 시인하는 세례(침례)이다.

(마 3:6) 자기들의 죄를 자복하고 요단강에서 그에게 세례를 받더니

아담의 죄의 씨로 태어난 사람들은 모두 죄인이다. 그런데 그들은 율법을 다 지켰다는 착각 속에 자신들이 죄인임을 깨닫지 못했다. 그들을 향해 세례(침례)요한은 외친다.

(마 3:2) 회개하라 천국이 가까왔느니라 하였으니

(마 3:7) 요한이 많은 바리새인과 사두개인이 세례 베푸는 데 오는 것을 보고 이르되 독사의 자식들아 누가 너희를 가르쳐 임박한 진노를 피하라 하더냐

그럼에도 깨닫지 못하는 자들을 향해 세례(침례)요한은 독사의 자식이라고 말한다. 이 말씀을 듣고 깨달은 자들은 자신이 죄인임을 시인하고 메시야, 그리스도를 기다린다. 죄인임을 시인하는 자는 세례(침례)요한의 세례를 받고, 후에 성령의 세례 역시 받게 된다.

② 모든 죄인의 죄 된 육체를 전가하는 세례(침례).(마 11:11)

세례(침례)요한이 예수님에게 세례(침례)한 이유이다. 세례(침례)요한의 세례(침례)는 죄인이 자신의 죄를 자복하고 받는 세례(침례)이다.(마 3:6) 여기서 하나의 의문점이 있다면 예수님께서는 죄가 없으신 분이신데 왜 세례(침례)요한에게 세례(침례)를 받으셨을까?

그 이유는 세례(침례)요한이 예수님에게 세례(침례)를 함으로 하나님과 의(하나 됨)를 이룰 수 있는 길이 열리기 때문이다.

(마 3:13-15) [13] 이때에 예수께서 갈릴리로서 요단강에 이르러 요한에게 세례를 받으려 하신대 [14] 요한이 말려 가로되 내가 당신에게 세례를 받아야 할 터인데 당신이 내게로 오시나이까 [15] 예수께서 대답하여 가라사대 이제 허락하라 우리가 이와 같이 하여 모든 의를 이루는 것이 합당하니라 하신대 이에 요한이 허락 하는지라

요한의 세례(침례)가 하나님의 예정 속에 있는 비밀이셨으며, 그를 통해 모든 인류의 죄 된 육체를 어린 양인 그리스도에게 전가시키는 것이다. 그리스도께서 죄 있는 육신의 모양으로 오신 이유가 여기에 있는 것이다.

죄 있는 육신의 모양으로 오셔야 죄 된 육체를 전가할 때 죄를 담을 수 있게 된다.

(롬 8:3) (생략)자기 아들을 죄 있는 육신의 모양으로 보내어(생략)

(빌 2:8) 사람의 모양으로 나타나셨으매 (생략)

죄는 죄 된 육체에서 나온다. 그곳이 아니면 나올 수 없다.

세례(침례)요한의 세례는 죄 된 내 육체를, 정과 욕심을, 죄인 된 세상(나)의 죄를 예수님에게 전가시킨 세례이다.

(갈 5:24) 그리스도 예수의 사람들은 육체와 함께 그 정과 욕심을 십자가에 못 박았느니라

그래서 그리스도 예수의 사람들은 죄 된 육체가 십자가에서 그리스도와 함께 죽었음을 믿는 것이다.

③모든 죄인의 죄 된 육체를 전가할 때 함께 전가 된 것은?

a.세상(나)의 죄 된 육체를 전가시켰다.

(사 53:4-6) [4] 그는 실로 우리의 질고를 지고 우리의 슬픔을 당하였거늘 우리는 생각하기를 그는 징벌을 받아서 하나님에게 맞으며 고난을 당한다 하였노라 [5] 그가 찔림은 우리의 허물을 인함이요 그가 상함은 우리의 죄악을 인함이라 그가 징계를 받음으로 우리가 평화를 누리고 그가 채찍에 맞음으로 우리가 나음을 입었도다 [6] 우리는 다 양 같아서 그릇 행하여 각기 제 길로 갔거늘 여호와께서는 우리 무리의 죄악을 그에게 담당시키셨도다

(요 1:29) 이튿날 요한이 예수께서 자기에게 나아오심을 보고 가로되 보라 세상 죄를 지고 가는 하나님의 어린양이로다

그리스도에게 내 죄를 전가시킴으로 인해 그리스도는 죄인 아닌 죄인이 되셨다. 아담의 형상으로 태어난 죄 된 육체와 정욕 그리고 이생의 자랑까지 전가되었고, 마귀로 말미암아 온 이 세상의 모든 죄를 그리스도께서 친히 담당하셨다.

b.우리의 저주를 전가시켰다.

(신 21:22-23) [22] 사람이 만일 죽을 죄를 범하므로 네가 그를 죽여 나무 위에 달거든 [23] 그 시체를 나무 위에 밤새도록 두지 말고 당일에 장사하여 네 하나님 여호와께서 네게 기업으로 주시는 땅을 더럽히지 말라 나무에 달린 자는 하나님께 저주를 받았음이니라

(갈 3:13 현대인) 그리스도께서는 우리를 위해 십자가에 달려 저주를 받으심으로 우리를 율법의 저주에서 구해 주셨습니다. 성경에도 나무에 달린 사람마다 저주를 받은 자입니다.' 라고 기록되어 있습니다.

(벧전 2:24) 친히 나무에 달려 그 몸으로 우리 죄를 담당하셨으니 이는 우리로 죄에 대하여 죽고 의에 대하여 살게 하려 하심이라 저가 채찍에 맞음으로 너희는 나음을 얻었나니

십자가의 죽음은 저주이다. 모든 죄 된 육체를 대신해서 그리스도께서 저주를 받은 것이다.

다시 말해 죄는 저주이며 그래서 죄인은 저주 아래 있는 것이다.

c.허물을 전가시켰다.

(엡 2:1) 너희의 허물과 죄로 죽었던 너희를 살리셨도다

허물(Transgression) 스스로 알면서 반항하는 의지 및 행위를 의미하는 것으로써 범죄 또는 죄악을 의미한다.

죄 된 육신 안에서 살았던 육신의 정욕과 이생의 자랑, 염려의 삶은 허물이다.

d.가난을 전가시켰다.

(고후 8:9) 우리 주 예수 그리스도의 은혜를 너희가 알거니와 부요하신 자로서 너희를 위하여 가난하게 되심은 그의 가난함을 인하여 너희로 부요케 하려 하심이니라

가난 : 프토큐오
거지가 되다, 즉(함축적으로)가난하게 되다, 구걸하다.

온전한 하나님 안에 있는 것(보화)을 누리지 못함이 가난이며, 하나님 안에 있는 모든 것을 누리는 것이 부요이다.
다시 말해 보화를 누리는 것이다.

e.질병을 전가시켰다.

(마 8:17) 이는 선지자 이사야로 하신 말씀에 우리 연약한 것을 친히 담당하시고 병을 짊어지셨도다 함을 이루려 하심이더라

육신의 질병과 마음의 질병은 귀신의 역사를 의미한다. 죄 된 육체 안에서 역사하는 귀신의 역사를 끊는 것이다.

죄 된 육체로부터 오는 모든 저주와 허물은 물론 가난과 질병까지도 그리스도께 전가되었다. 이 모든 것들은 다 마귀로부터 온 것이다.
예수님은 세상의 죄(나의 죄)를 지고 가는 어린 양이셨기에 핍박과 조롱과 고통과 고난을 당할 수밖에 없었던 것이다. 내가 감당해야 할 내 고난을 예수님이 친히 담당하신 것이다. 세상의 모든 죄(나의 죄)로 인한 고난의 시작이다.
세례요한의 세례로 인해 예수님이 공생애 삶을 사실 때 죄인 된 나는 예수님

안에 있었다. 죄가 없으신 예수님께서 조롱과 멸시 그리고 고난을 받으실 수밖에 없었던 이유가 바로 여기에 있다.

예수 그리스도께서는 죄가 없으셨지만 내 죄(저주)가 예수 그리스도 안에 있었기에, 죽음으로 내 죄(저주)를 담당해 주신 것이다. 그래서 이 사실을 성령으로 말미암아 믿는 믿음의 자녀는 이제 죄와 저주가 없고 자유하다.

우리는 이제 더 이상 조롱과 근심, 걱정 속에 신음하며 살아서는 안 된다. 이미 모든 것을 이루어주셨음에도 십자가의 죽으심으로 온전히 이루어주신 은혜가 믿어지지 않고 왜곡된 신앙생활을 하는 많은 사람들은 육신의 저주에서 나오는 모든 것(조롱, 핍박, 멸시, 고난, 저주, 질병, 근심, 걱정)이 있는 삶을 살면서도 자신의 믿음에 대해 더 이상의 간절함이 없다. 그래서 자신이 온전한 믿음 가운데 있다고 자부하게 되며, 철저히 마귀의 거짓에 속고 있다.

이제 더 이상 속아서는 안 된다. 모든 것을 이루시고 회복해 주신 것을 믿는 자녀에게 있는 고난은 이제 오직 예수 그리스도로 인한, 천국 복음을 전하기 위한 고난 밖에는 없을 것이다.

(골 1:24) 내가 이제 너희를 위하여 받는 괴로움을 기뻐하고 그리스도의 남은 고난을 그의 몸된 교회를 위하여 내 육체에 채우노라

(롬 8:17-18) [17] 자녀이면 또한 후사 곧 하나님의 후사요 그리스도와 함께 한 후사니 우리가 그와 함께 영광을 받기 위하여 고난도 함께 받아야 될 것이니라 [18] 생각건대 현재의 고난은 장차 우리에게 나타날 영광과 족히 비교할 수 없도다

예수 그리스도의 천국복음을 전하기 위해 받는 고난은 마음의 상함이 없다. 예수님 안에는 죄가 없으므로 마음이 상할 수 없기 때문이다. 모든 죄와 저주에서 해방된 하나님의 자녀들 역시 이제 죄와 저주가 없기에 그 어떤 핍박과 조롱이 있다 할지라도 마음이 상하지 않는다.

그러나 너무나 많은 이들이 이 사실을 알지 못하고 속는 삶을 산다. 예수를 믿는 믿음의 삶을 살면서도 상처와 아픔 근심과 걱정이 늘 삶 속에 아우성치고 있다. 너무나 안타까운 현실이다. 하나님이 주신 것을 알지 못하고 믿지 못하는 그들의 믿음 때문이다.

그렇다면 하나님을 사랑하는 하나님의 자녀는 어떤 믿음을 가져야 하는가? 아브라함의 믿음이 있어야 한다. 하나님께서 아브라함을 믿음의 조상으로 세우고 그의 자손으로 우리를 부르신 것은 바로 아브라함의 믿음으로만 하나님께서 주신 새 생명의 삶을 누릴 수 있기 때문이다.

이미 육신의 죄 가운데서 역사하는 육신과 안목의 정욕 그리고 이생의 자랑은 죽고, 무덤에 장사지냈다는 사실을 믿어야 한다. 예수님 십자가에서 죽으실 때, 죄의 생명을 가지고 있었던 피를 한 방울도 남김없이 쏟으신 것이다.(요 19:34)

십자가의 사랑으로 이루어주신 것을 믿으면 결코 흔들리지 않게 된다.

그런데 왜 우리 안에서 죄가 나오고, 상처, 염려, 스트레스가 나오는가? 하나님의 사랑을 믿는 것이 아닌 자신의 노력으로 제거해 보려고 몸부림 치고 있지는 않는가? 하나님의 방법은 육신으로 노력하는 것이 아니다. 이미 이루시고 회복해 주신 하나님의 사랑을 성령의 음성으로 듣고 말씀을 믿을 때 육신의 죄에서 나오는 모든 것으로부터 자유하는 삶을 산다.(롬 1:17)

이것은 오직 믿음으로만 가능하다. 믿음 안에 있으면 절대로 육신의 현상이나 환경으로 인해 내 마음이 요동치거나 흔들리지 않는다.

마귀(죄)가 역사하는 권능은 율법이다. 하나님의 말씀을 자신의 말로 바꿔서 속인다.

(고전 15:56) 사망의 쏘는 것은 죄요 죄의 권능은 율법이라

(창 2:17) 선악을 알게 하는 나무의 실과는 먹지 말라 네가 먹는 날에는 정녕 죽으리라 하시니라

(창 3:4) 뱀이 여자에게 이르되 너희가 결코 죽지 아니하리라

하나님의 말씀은 "네가 먹는 날에는 정녕 죽으리라" 하셨다.

그러나 마귀는 하나님의 말씀을 자신이 원하는 결과를 만들어 내기 위한 말로 바꾸어 사망으로 이끌었다. 또한 믿음이 올라갈 때가 있으면 내려갈 때도 있다고 속삭이기도 한다.

하지만 믿음은 독수리 날개 치며 오르는 것처럼 올라갈 뿐 결코 내려가지 않는다. 자신의 육신의 생각과 마음으로 믿는 믿음이 요동하는 것이다.

육신을 입고 살면서 어떻게 근심, 걱정, 염려 없이 살 수 있느냐고 비꼬기도 한다. 그러나 하나님은 결코 그렇게 말씀하지 않으셨다.(요 14:1)

이렇게 하나님의 말씀과는 전혀 다른 말, 믿음이 아닌 말로 하나님의 자녀를 현혹시키고 있는 것이다.

(고전 13:11) 내가 어렸을 때에는 말하는 것이 어린 아이와 같고 깨닫는 것이 어린 아이와 같고 생각하는 것이 어린 아이와 같다가 장성한 사람이 되어서는 어린 아이의 일을 버렸노라

(엡 4:13) 우리가 다 하나님의 아들을 믿는 것과 아는 일에 하나가 되어 온전한 사람을 이루어 그리스도의 장성한 분량이 충만한 데까지 이르리니

그리스도인의 믿음은 그리스도의 장성한 분량까지 자라는 것이다.

④ 예수님은 모든 죄인의 죄(죄 된 육체)가 예수님에게 전가 된 후부터 비로소 천국복음을 전파한다.

(마 4:17) 이 때부터 예수께서 비로소 전파하여 가라사대 회개하라 천국이 가까 왔느니라 하시더라

(마 4:23) 예수께서 온 갈릴리에 두루 다니사 저희 회당에서 가르치시며 천국 복음을 전파하시며 백성 중에 모든 병과 모든 약한 것을 고치시니

(눅 16:16) 율법과 선지자는 요한의 때까지요 그 후부터는 하나님 나라의 복음이 전파되어 사람마다 그리로 침입 하느니라

예수님이 오시기 이전에는 천국복음을 전할 수 없었다. 그가 천국이시기 때문이다. 그렇기 때문에 천국 된 예수님이 오셔서 천국복음을 전하기 시작하시는 것이다.

2. 십자가의 진리

예수 그리스도께서 십자가의 죽음을 통해서 행하신 두 가지 결과는 첫째 폐하셨고 둘째 이루시고, 성취하셨다. 폐하시고, 이루시며, 성취하신 곳이 십자가이다.

하나님을 믿는 자녀들은 예수님께서 십자가를 통해 무엇을 폐하시며, 이루시고, 성취하셨는지 꼭 보고 알고 믿어야 한다. 십자가의 진리를 믿을 때 폐하시고 이루시고 성취하시는 은혜가 임하는 것이다.

그렇다면 무엇을, 어떻게 믿어야 하는가?

(고전 1:18-25) [18] 십자가의 도(진리)가 멸망하는 자들에게는 미련한 것이요 구원을 얻는 우리에게는 하나님의 능력이라 [19] 기록된 바 내가 지혜 있는 자들의 지혜를 멸하고 총명한 자들의 총명을 폐하리라 하였으니 [20] 지혜 있는 자가 어디 있느뇨 선비가 어디 있느뇨 이 세대에 변사가 어디 있느뇨 하나님께서 이 세상의 지혜를 미련케 하신 것이 아니뇨 [21] 하나님의 지혜에 있어서는 이 세상이 자기 지혜로 하나님을 알지 못 하는 고로 하나님께서 전도의 미련한 것으로 믿는 자들을 구원 하시기를 기뻐하셨도다

[22] 유대인은 표적을 구하고 헬라인은 지혜를 찾으나 [23] 우리는 십자가에 못 박힌 그리스도를 전하니 유대인에게는 거리끼는 것이요 이방인에게는 미련한 것이로되 [24] 오직 부르심을 입은 자들에게는 유대인이나 헬라인이나 그리스도는 하나님의 능력이요 하나님의 지혜니라 [25] 하나님의 미련한 것이 사람보다 지혜 있고 하나님의 약한 것이 사람보다 강하니라

구원을 얻는 하나님의 자녀에게 십자가는 능력이다. 진리는 하나님의 말씀이요(요17:17), 성령이며(요16:13), 예수 그리스도(요14:6)시고, 여호와 하나님(시31:5)이시다. 성령 안에서 오신 주님이 내 안에서 하나님의 말씀을 증거하는 것이 곧 십자가의 진리이다.

18절, "십자가의 도(진리)가 멸망하는 자들에게는" 십자가 진리의 말씀을 모르는 자들은 이 믿음이 없고 멸망한 자들이다. 그들에게 구원은 없다. 구원은 십자가의 믿음에서 나온다.

예수님께서 나를 위해 십자가에서 죽으심을 믿기만 하면 구원이라고 생각만 하면 되는 것이 아니다. 말씀을 통해 더 깊은 영적비밀과 십자가의 비밀을 볼 수 있어야 한다. 십자가의 구원을 어떻게 말씀하고 계시는가?

19절, "기록된 바 내가 지혜 있는 자들의 지혜를 멸하고 총명한 자들의 총명을 폐하리라" 지혜와 총명은 모세 율법과 사람의 가르침을 통해 배우는 교훈 즉, 육신의 지혜에서 나오는 것이다.

하나님의 말씀은 모세나 선지자와 같은 사람의 가르침을 받고 배워서 알 수 있는 것이 아니다. 죄 된 육체가 그리스도와 함께 죽지 않은 육신의 사람들은 주님의 마음도, 십자가의 비밀도 알 수 없다.

그래서 하나님은 사람으로부터 가르침을 받는 육신의 지혜와 총명을 멸하시겠다고 말씀하신다.

(갈 3:23-26) [23] 믿음이 오기 전에 우리가 율법 아래 매인 바 되고 계시될 믿음의 때까지 갇혔느니라 [24] 이같이 율법이 우리를 그리스도에게로

인도하는 몽학 선생이 되어 우리로 하여금 믿음으로 말미암아 의롭다 함을 얻게 하려 함이니라 [25] 믿음이 온 후로는 우리가 몽학선생 아래 있지 아니하도다 [26] 너희가 다 믿음으로 말미암아 그리스도 예수 안에서 하나님의 아들이 되었으니

몽학선생, 한국어 사전에서 "蒙學(어릴몽, 배울학)" 을 "어린 아이의 공부" 라 한다. 즉, 초등학교 교사로 비유한다. 율법을 초등학교 교사로 비유하고 있는 것이다. 율법은 우리를 생명과 진리 되시는 그리스도에게로 인도하는 선생님의 역할을 한다. 이를 통해 시람들의 가르침을 받고 산다고 해서 구원을 얻는 것이 아니다.

죄된 육체 안에서 율법의 행위로는 의인이 될 수 없다고 말씀하셨다. 율법의 말씀을 통해 생명과 진리는 오직 예수 그리스도에게 있음을 깨달아야 한다.

자신 안에 십자가에 대한 확실한 믿음을 성령으로 말미암아 고백하는 것이 진짜 구원이다.

20절, '지혜 있는 자가' , 21절, '하나님의 지혜' 사람들에게서 가르침을 받아 믿는 것이 아니라 말씀을 성령의 음성으로 되새겨 믿어야 한다.

하나님께서 우리에게 주시는 지혜는 이 세상의 지혜(초등학문=율법)로는 결코 알 수 없는 것이다.

21절 현대인 성경에는 "하나님은 세상 사람들이 그들의 지혜로는 자기를 알지 못하게 하시고 오히려 그들의 눈이 어리석게 보이는 전도의 말씀으로 믿는 사람을 구원하려 하셨습니다." 라고 기록되어 있다. 육신(세상의 지혜)으로는 하나님의 지식과 지혜를 알 수 없도록 하신 것이다. 세상의 지혜와 세상의 지식으로 믿는 믿음은 모양은 낼 수 있지만 참 믿음은 될 수 없다.

육신 안에서 기록된 율법(의문)으로 믿는 가운데 받은 체험과 첫 사랑도 오래 지속되지 못한다. 예수를 믿은 지 몇 십 년이 되었어도 여전히 자신 안에 채워지지 않는 갈급함과 공허함이 있게 된다.

그럴 수밖에 없는 이유는 사람의 가르침과 교훈, 육신(율법) 안에서 믿고 있

는 믿음의 결과이기 때문이다.

육신의 지혜 있는 자, 학식이 많은 자, 큰 능력이 있다고 소문난 자, 자신의 잣대로 존경할만한 자, 그들의 말을 듣고 보고 하나님의 말씀보다 더 신뢰하고 우선시 한다. 즉, 육신의 사람들이 그들의 우상이 되는 것이다.

죄 된 육신으로 사는 자들은 하나님의 말씀보다 눈으로 보이는 사람의 말을 듣고, 믿고 사는 것에 더 민감하게 반응하고 훨씬 더 편하게 생각한다. 그래서 그들의 말을 하나님의 말씀보다 더 신뢰를 한다.

이렇게 믿는 믿음은 죄인 된 결과의 모습인 것이다.

(예)

하나님 말씀: 정녕 죽으리라.(창 2:17)

뱀(마귀, 사람)의 말: 죽지 않으리라.(창 3:4)

하나님 말씀: 하나님을 믿는 자는 근심하지 않는다.(요 14:1)

뱀(마귀, 사람)의 말: 육신을 입고 살면서 어떻게 근심 없이 살 수 있는가?

그렇게 살 수 없다.

하나님 말씀: 하나님의 자녀는 죄를 짓지 않는다.(요일 3:9)

뱀(마귀, 사람)의 말: 육신을 입고 살면서 어떻게 죄를 짓지 않고 살 수 있는가? 그렇게 살 수 없다.(요일 3:8)

지금 자신이 하나님의 말씀을 믿고 순종하고 있는지 사람(마귀, 육신에 속한 자)의 말에 순종하고 있는지 분별해야 한다. 모든 이단의 공통점은 사람의 말을 듣고 믿고 따르게 한다.

그러나 하나님의 자녀는 사람의 말을 따르는 것이 아니다. 하나님께서는 친히 하나님을 알 수 있는 지혜를 주셨다. 믿는 자들에게 주신 하나님의 가장 큰 축복(지혜)은 천국복음을 믿는 믿음을 주신 것이다.

천국 복음을 우리 안에 계시는 성령의 가르침으로 믿으면 영원히 변하지 않는다. 그래서 성령의 인도하심을 위해 기도해야 한다.

진리의 말씀을 믿는 사람만 구원을 받을 수 있는 것이다.

(고전 1:22) 유대인은 표적을 구하고 헬라인은 지혜를 찾으나

(고전 1:22 현대어) 유대인들에게는 이 말이 어리석게만 들릴 것입니다. 그래서 그들은 선포된 말씀이 진실이라면 그것을 증명할 수 있게 하늘의 표징을 보이라고 요구합니다. 또한 다만 자기들의 철학으로 해석할 수 있고 눈앞에 보이는 것만을 믿는 헬라인들에게도 이 말은 미련하게 들릴 것입니다.

유대인은 육신의 눈에 보이는 표적을 원했고 헬라인은 자신들의 학식과 철학으로 이해하고 받아들일 수 있는 것만을 믿었다. 십자가의 진리는 그들에게 미련하고 어리석고 거리끼는 것이었다.

그러나 하나님의 자녀는 십자가에 못 박힌 그리스도가 능력이요 구원이다. 이것은 하나님의 지식과 지혜이다.

하나님의 자녀는 세상의 지식과 지혜로 믿는 것이 아니라, 하나님의 지혜와 은혜로 믿는 믿음을 소유한 자들이다.

(고전 2:8) 이 지혜는 이 세대의 관원이 하나도 알지 못하였나니 만일 알았더면 영광의 주를 십자가에 못 박지 아니 하였으리라

8절, "이 세대의 관원" 이 세상의 통치자들은 십자가의 지혜를 알지 못했다. 만일 이들이 하나님의 지혜를 알았다면 예수 그리스도를 십자가에 못 박지 않았을 것이다. 무지가 영광의 주를 십자가에 못 박은 것이다.

십자가의 원수는 지혜(예수 그리스도)를 알지 못하며, 십자가의 사랑을 믿지 못하는 자들이다.

혹시 예수를 믿는다고 고백하는 당신도 십자가의 사랑을 알지 못하여 아직도 여전히 예수 그리스도를 십자가에 못 박는 무지의 삶을 살고 있지는 않는가?

민약 그렇다면 십자가의 사랑을 알지 못하고 누리지 못하고 사는 삶이 십자가의 원수된 삶인 것을 깨달아야 할 것이다.

1)첫째는 십자가로 폐하셨다.

무엇을 폐하셨는가?

전가 된 모든 것을 폐하신다.

①죄 된 육체를 폐하신다.

세례요한의 세례를 통해 전가 된 모든 것을 폐하시는 것이다.

죄가 나오는 근원인 죄된 육체가 죽게 되면 죄는 더 이상 나오지 않는다. 죄된 육체를 폐하시고 죄가 없는 부활의 새 생명을 믿음의 자녀들에게 주신다.

(마 4:23) (생략)모든 병과 모든 약한 것을 고치시니

⇒ 모든 것이 고쳐지면 더 이상 죄에게 종노릇하지 않는다.

23절, "예수께서(중략) 모든 약한 것(아픔, 체질)을 고쳐주셨다." 원수로 인해 생긴 연약한(상처, 아픔) 것으로 체질화가 되어 있다.

"모든 약한 것(아픔, 체질)". 약한 것은 죄 된 육체를 통해 생긴 아픔, 체질화된 육신을 말한다.

예를 들어, 어린 시절 알코올 중독자인 아버지 밑에서 늘 폭행과 욕설과 다툼으로 얼룩진 모습을 보고 자란 사람의 마음은 그 부분에 연약한 체질이 된다. 그래서 술을 먹고 주사를 부리거나, 욕하고, 싸우는 사람을 보면 자신도 모르게 분노가 치밀고 화가 난다. 또 어린 시절 가난의 아픔 속에 자란 사람은 성인이 되어서도 물질의 문제에서 자유하지 못하고 그 부분에 얽매어 있다. 물질로 인한 아픔이 체질화 된 것이다.

자신 안에 상처나 아픔으로 인해 허약한 체질이 된 이것을 다른 말로 표현하면 콤플렉스 또는 자존심이라고 한다. 이들은 자신의 내면(상처, 아픔)을 보호하기 위해 육신의 겉모습으로 포장된 삶을 산다. 마귀는 빛 되신 주님의 말씀을

믿지 못하게 하는 도구로 이것들을 사용한다. 곧 상처와 아픔으로 생긴 콤플렉스와 자존심은 마귀가 사용하는 강력한 어둠의 도구이다. 필자는 마귀가 사용하는 강력한 도구에 갇혀 사는 사람을 참으로 많이 보았다.

그런데 그들에게는 한 가지 공통점이 있다. 한결같이 자신이 갖고 있는 콤플렉스 혹은 자존심이 마귀(악의 영들)가 역사하는 강력한 어둠임을 인지하고 못하고 있고, 심각성을 전혀 깨닫지 못한다. 자신의 그런 모습을 극히 정상적이라고 생각하고 혹시 누군가 자신의 콤플렉스를 건드려 안에서 폭발하는 분노에 대해서도 지극히 당연하게 받아들인다.

오히려 자신의 아픔을 건드린 상대방을 원망하고 불평한다. 이런 삶은 하나님을 믿지 않는 자(죄의 형상으로 태어난 자)들에게는 지극히 당연한 삶이다.

그러나 십자가에서 우리의 모든 죄를 사해주시고 회복해 주신 하나님 자녀의 삶에서는 있어서도 안 되고, 있을 수도 없는 삶이다. 이미 이 아픔, 체질까지도 예수님이 고쳐주셨기 때문이다.

그러면 어디에서 언제 고쳐주셨을까.

(롬 6:6) 우리가 알거니와 우리 옛 사람이 예수와 함께 십자가에 못 박힌 것은 죄의 몸이 멸하여 다시는 우리가 죄에게 종노릇하지 아니 하려 함이니

6절, 우리가 알거니와 옛 사람이 아직 죄인되어 있을 때, 2000년 전 예수 그리스도께서 십자가에 못 박혀 죽으심으로 우리의 모든 죄와 저주를 멸하셨다. 하지만 이 사실을 믿지 않으면 여전히 죄 가운데 있는 옛 사람이다. 옛 사람은 십자가의 도를 믿지 않고 죄 된 육체의 모습으로 사는 자이다.

그러나 2000년 전 예수 그리스도께서 죽으실 때 이미 우리의 옛 사람과 죄 된 육체가 함께 죽었다. 이 사실을 성령의 음성으로 되새겨 믿을 때 우리는 고쳐주신 주님을 누리는 것이며 십자가의 도, 진리를 믿을 때 비로소 새 사람을 입는 것이다.

지금 이 시간 내 모든 죄가 세례요한의 세례를 통해 그리스도에게 전가되었다는 사실을 믿고, 내 모든 죄와 정과 욕심과 체질과 질병과 가난과 저주까지

그리스도께서 죽으실 때 함께 죽었음을 믿는 것이다. 그리고 그리스도께서 부활하실 때 나도 그리스도 안에서 새 사람으로 부활했음을 믿는 것이다.

이 믿음을 성령 안에서 고백할 때 내 모든 상처와 아픔 그리고 허약한 체질(콤플렉스, 자존심)까지도 고침을 받는 것이다. 이것은 말이 아니라 실제며 내 삶이 된다.

십자가로 폐하신 것은 죄 된 육체에서 나오는 질병과 저주, 모든 약한 것이다.

그리고 정말 중요한 사실이 있다.

아담의 씨로 태어난 죄 된 육신의 형상의 모양인 우리가 그리스도와 함께 죽는 것이다.(갈 5:24)

(갈 2:20) 내가 그리스도와 함께 십자가에 못 박혔나니 그런즉 이제는 내가 산 것이 아니요 오직 내 안에 그리스도께서 사신 것이라 이제 내가 육체 가운데 사는 것은 나를 사랑하사 나를 위하여 자기 몸을 버리신 하나님의 아들을 믿는 믿음 안에서 사는 것이라

죄 된 육체 안에는 마귀로부터 온 정과 욕심이 있다.

이것은 마귀가 역사하는 도구인데 이것까지 죽는 것이다. 육신의 정욕과 안목의 정욕 그리고 이생의 자랑도 육신에서 나오는 것이다. 죄 된 육신에서는 끊임없이 욕심이 잉태하고 죄를 낳는다.

마귀는 육신의 사람들을 통해서 이 땅에서 잘 먹고 잘 살며 출세하는 것을 하나님의 축복이라고 속인다. 하나님이 우리에게 진정으로 주시고자 했던 영적 축복을 보지 못하게 된다. 마귀는 죄 된 육체의 욕심을 통해 하나님의 사랑을 왜곡하도록 역사한다.

믿음의 자녀들은 예수 그리스도를 통해 죄에서 나오는 욕심의 통로 자체가 이미 죽었다. 그들의 축복은 성령 안에서 오신 주님이 자신 안에 계심으로 그분으로부터 공급된 모든 (아가페 사랑, 평강, 감사, 기쁨 등) 것을 누리는데 있다.

(갈 6:12-13 현대인) [12] 겉치레만을 일삼는 사람들이 여러분에게 억지로 할례를 받으라고 강요하고 있습니다. 그들이 이렇게 하는 단 한 가지 이유는 그리스도의 십자가로 인한 핍박을 피하기 위한 것입니다. [13] 할례를 받은 사람들이 자기들도 율법을 지키지 않으면서 여러분이 할례받기를 원하는 것은 여러분이 여러분의 육체를 자랑하도록 하려는 것입니다.

12절, 육체의 모양을 나타내려고 하는 자들. 육신의 겉치레를 좋아하는 사람들이 할례를 받으라고 강요하는 이유는 십자가로 인한 그리스도의 핍박을 피하려고 하는 것이다. 할례를 행했다는 이유(율법을 다 지키고 산다고 자부)로 자신의 할 일을 다 했다고 합리화하며 그리스도로 인한 고난(자신의 육신의 생각과 마음을 죽이는 것=그리스도의 마음으로 사는 것)을 받으려고 하지 않는다. 자신의 죄된 육신에서 나오는 욕심을 죽이고 싶지 않아서 그러는 것이다.

육신의 정욕과 안목의 정욕, 이생의 자랑 안에서 사는 것이 편하기 때문이다. 그리고 체질화(죄) 된 육신으로 즐기고 있는 것들이 더 좋기 때문에 그리스도로 인한 핍박을 받고 싶어 하지 않는다. 삶에 안일함과 편안함을 주고 그 안일함 속에서 벗어나지 못하도록 하는 것이 마귀가 역사하는 방법이다.

혹시 우리 안에 육신의 정욕과 안목의 정욕 그리고 이생의 자랑으로 인한 행복이 있다면, 그것이 마귀가 사용하고 있는 강력한 도구임을 알아야 한다. 체질화 된(죄 된) 육체는 반드시 그리스도와 함께 죽어야 하는 것이다. 예수 그리스도는 죄로 체질화된 육체를 폐하러 오셨다.

그러므로 십자가의 진리를 믿는 믿음의 자녀는 이미 폐한 육신의 것을 자랑하는 것이 아니라 오직 예수, 내가 죽은 십자가를 자랑해야 한다.

이 사실을 믿는 믿음이 능력인 것이다. 육신의 말을 듣고 믿는 것이 아니라 말씀을 믿는 믿음이어야 한다. 확실하게 말씀을 통해 성령의 음성을 듣고 가르침을 받아서 믿어야 한다.

그래야만 오직 믿음으로 육신의 생각과 마음이 죽는다. 이 말씀을 믿는 믿음을 내 안의 성령께서 주신다.

이것이 하나님의 자녀에게 준 선물 예수 그리스도이다.

(고전 1:24) 오직 부르심을 입은 자들에게는 유대인이나 헬라인이나 그리스도는 하나님의 능력이요 하나님의 지혜니라

(골 2:3) 그 안에는 지혜와 지식의 모든 보화가 감취어 있느니라

(골 2:3 현대어) 이 그리스도 안에 모든 능력과 아직 알려지지 않은 지혜와 지식의 보화가 그대로 감추어져 있습니다.

"그 안에는" 그리스도를 말씀하시는 것이다.

말씀을 믿는 믿음 안에서는 성령의 음성이 들려오기 시작한다. 그러나 죄 된 육신의 체질(육신의 생각과 마음)이 죽지 않으면 들리지 않는다.

말씀 안에서 믿음으로 죽으면 자동적으로 성령의 음성이 들려오고, 보이게 된다. 또 임마누엘의 이름으로 오신 주님과 하나 되어 그분의 음성을 듣고 사는 삶을 산다. 이것을 믿는 것이 하나님의 지식과 지혜이다.

하나님을 육신의 노력과 세상의 지식, 지혜로 만나고, 믿으려고 하면 결코 만날 수 없고 믿을 수 없다.

(엡 2:1-19) [1] 너희의 허물과 죄로 죽었던 너희를 살리셨도다 [2] 그 때에 너희가 그 가운데서 행하여 이 세상 풍속을 좇고 공중의 권세 잡은 자를 따랐으니 곧 지금 불순종의 아들들 가운데서 역사하는 영이라 [3] 전에는 우리도 다 그 가운데서 우리 육체의 욕심을 따라 지내며 육체와 마음의 원하는 것을 하여 다른 이들과 같이 본질상 진노의 자녀이었더니 [4] 긍휼에 풍성하신 하나님이 우리를 사랑하신 그 큰 사랑을 인하여 [5] 허물로 죽은 우리를 그리스도 예수 안에서 살리셨고(너희가 은혜로 구원을 얻은 것이라) [6]

또 함께 일으키사 그리스도 예수 안에서 함께 하늘에 앉히시니 [7] 이는 그리스도 예수 안에서 우리에게 자비하심으로써 그 은혜의 지극히 풍성함을 오는 여러 세대에 나타내려 하심이니라 [8] 너희가 그 은혜를 인하여 믿음으로 말미암아 구원을 얻었나니 이것이 너희에게서 난 것이 아니요 하나님의 선물이라 [9] 행위에서 난 것이 아니니 이는 누구든지 자랑치 못하게 함이니라 [10] 우리는 그의 만드신 바라 그리스도 예수 안에서 선한 일을 위하여 지으심을 받은 자니 이 일은 하나님이 전에 예비하사 우리로 그 가운데서 행하게 하려 하심이니라 [11] 그러므로 생각하라 너희는 그 때에 육체로 이방인이요 손으로 육체에 행한 할례당이라 칭하는 자들에게 무할례당이라 칭함을 받는 자들이라 [12] 그 때에 너희는 그리스도 밖에 있었고 이스라엘 나라 밖의 사람이라 약속의 언약들에 대하여 외인이요 세상에서 소망이 없고 하나님도 없는 자이더니 [13] 이제는 전에 멀리 있던 너희가 그리스도 예수 안에서 그리스도의 피로 가까워졌느니라 [14] 그는 우리의 화평이신지라 둘로 하나를 만드사 중간에 막힌 담을 허시고 [15] 원수 된 것 곧 의문에 속한 계명의 율법을 자기 육체로 폐하셨으니 이는 이 둘로 자기의 안에서 한 새 사람을 지어 화평하게 하시고 [15 현대인] 그들을 원수로 만들었던 계명의 율법을 예수님이 자신의 육체적인 죽음으로 폐지하신 것은 유대인과 이방인을 자기 안에서 하나의 새로운 백성으로 만들어 화목하게 하고 [16] 또 십자가로 이 둘을 한 몸으로 하나님과 화목하게 하려 하심이라 원수 된 것을 십자가로 소멸하시고 [16 현대인] 또 십자가로 그들의 적개심을 죽이고 둘을 한 몸으로 만들어 하나님과 화해시키기 위한 것입니다. [17] 또 오셔서 먼 데 있는 너희에게 평안을 전하시고 가까운 데 있는 자들에게 평안을 전하셨으니 [18] 이는 그로 말미암아 우리 둘이 한 성령 안에서 아버지께 나아감을 얻게 하려하심이라 [19] 그러므로 이제부터 너희는 외인도 아니요 나그네도 아니요 오직 성도들과 동일한 시민이요 하나님의 권속이라

1절, 긍휼에 풍성하신 하나님의 사랑이 허물과 죄로 죽었던 우리를 그리스도

예수 안에서 살리셨다.

2절, 육신의 생각과 마음으로 세상에 빠져 죄 된 육신이 원하는 것을 하며, 하나님과 원수 된 삶을 산 것이다.

3절~6절, 우리의 옛 사람이 죽어야 하나님 은혜의 선물인 구원을 받는 것이다.

7절, 하나님의 자비하심으로 다시 살아난 은혜의 지극히 풍성한 삶을 나타내며 살아야 한다.

10절, "우리는 그의 만드신 바라" 무엇으로 어떻게 만드셨는가? 십자가의 은혜로, 진리의 복음으로(약 1:18, 고전 4:15) 우리를 다시 만드셨다. 우리의 죄와 허물 즉, 우리의 옛 사람을 죽이시고, 새 생명으로 다시 살리셨다.

그 이유는 그리스도 안에서 선한 일(그리스도인의 삶)을 위하여 다시금 지으심을 받은 것이다. 이것이 십자가의 사건이요, 우리를 향한 하나님의 선물이요, 은혜이다.

11절, "**너희는 그 때에 육체로 이방인이요**" 이방인은 유대인이 아닌 예수를 믿기 이전의 옛 사람을 말한다. 본질상 진노의 자녀인 이방인이다.

12절, 그 때에 우리는 예수 그리스도를 알지도, 믿지도 못했다. 이스라엘 사람들과 같이 약속을 받은 자도 아니었기 때문에 세상에서 소망도 없고, 하나님도 없는 삶이었다.

13절, 그리스도와 멀리 있던 우리가 십자가로 말미암아 주님과 하나가 되었다. 우리는 이제 더 이상 옛 사람이 아니다.

14절, 15절, 하나가 될 수 없게 했던 이 벽을 주님과 하나 되게 하시기 위해서, 그리스도의 육체로 폐하신 것이다. 우리를 주님과 하나가 되지 못하게 한 것이 무엇인가? 바로 죄이다. 죄로부터 온 모든 것이 주님과 하나 되지 못하도록 하는 것이다.

우리를 사랑하신 주님은 하나 되지 못하도록 하는 이 모든 것들을 십자가에서 폐하신 것이다. 그런데 아직도 내 삶에 이 죄 된 육신의 모습이 살고 있다면 자신의 믿음을 점검해야 한다. 이렇게 사는 삶은 곧 하나님과 원수된 삶이기 때문이다.

예수님께서 이 땅에 오신 이유는?(마 1:21) 자기 백성을 죄에서 구원하시기 위해서이다.

예수님께서 이 땅에 오신 목적은?(마 1:23) 임마누엘, 하나님이 우리와 함께 계시기 위함이다. 하나님과 함께 할 수 있는 것은 생명의 본질인 아가페 사랑으로만 함께 할 수 있다. 그래서 죄 된 육체를 죽이는 것이다.

죄 된 육체에 함께 거하실 수 없기 때문이다. 죄 된 육체가 죽고, 죄가 없는 육체 안에서 하나님 생명의 본질인 아가페 사랑으로 함께하는 것이다. 그리스도께서 오신 가장 큰 목적은 하나님의 생명의 본질인 아가페 사랑을 주시기 위해서다.

이것을 이루시고 성취하시기 위해 그리스도께서 오신 것이다. 십자가의 죽음을 통해 죄 된 육체를 폐하시고 이미 이루시고 회복해 주신 하나님의 아가페 사랑으로 하나가 된 자들이 하나님의 자녀이다.

(요 17:21) 아버지께서 내 안에 내가 아버지 안에 있는 것같이 저희도 다 하나가 되어 우리 안에 있게 하사 세상으로 아버지께서 나를 보내신 것을 믿게 하옵소서

②의문에 속한 계명의 율법을 폐하신다. ⇒ 모세 율법.

(마 11:13) 모든 선지자와 및 율법의 예언한 것이 요한까지니

성경에서 말하는 의문이란? 문자로 써서 주신 계명 곧 모세의 율법을 말한다.

출31:18, 34:28 ⇒ 고후3:7, 롬7:6(의문=율법) 곧 율법은 죄 된 육체(정신⇒생각과 마음)에 주신, 죄 된 육체와 상관된 계명이다.(히7:16)

아담과 하와의 죄로 말미암아 그 씨로 태어난 자들은 모두 죄 된 육체이며, 이들은 죄 된 육신의 생각과 마음으로 산다.

하나님은 죄로 인해 육신의 생각과 마음으로 살 수밖에 없는 그들(옛 사람)에게 천사를 통하여 율법을 주시는 것이다.

(행 7:53) 너희가 천사의 전한 율법을 받고도 지키지 아니하였도다 하니라

시내산에서 계명을 돌비에 써서 모세에게 주신다.

천사를 통해 돌비에 써서 모세에게 주신 율법(계명)을 육신의 눈으로 보고 육신의 생각과 마음으로 믿고 육신의 입으로 백성들에게 가르치고 선포했다.

이스라엘 백성들은 육신의 귀로 듣고 육신의 생각과 마음으로 받아 율법을 지키며 살기 위해 몸부림쳤다.

죄 된 육신의 생각과 마음으로 말씀을 지키며 의롭고 거룩하고 선하게 살기 위해, 자신의 생각과 마음을 변화시키기 위해 노력하는 것이다.

그러나 이제는 의문(율법, 롬7:6)으로 살면 곧 육신으로 살면, 그는 죽게 된다.

왜냐하면, 15절 폐하신다고 말씀하셨기 때문이다.

(엡 2:15) 원수 된 것 곧 의문에 속한 계명의 율법을 자기 육체로 폐하셨으니 이는 이 둘로 자기의 안에서 한 새 사람을 지어 화평하게 하시고

(엡 2:15) 그들을 원수로 만들었던 계명의 율법을 예수님이 자신의 육체적인 죽음으로 폐지하신 것은 유대인과 이방인을 자기 안에서 하나의 새로운 백성으로 만들어 화목하게 하고

다시 말해 이제는 사람의 명과 가르침을 좇아 살면 안 된다.

(골 2:8) 누가 철학과 헛된 속임수로 너희를 노략할까 주의하라 이것이 사람의 유전과 세상의 초등학문을 좇음이요 그리스도를 좇음이 아니니라

육신의 사람들을 통해 가르침을 받는 모든 학문(유전과 의문, 모세 율법을 포함)은 모두 세상의 초등학문이다. 세상의 초등학문으로 배워 믿는 것이 종교이다.(대제사장, 서기관, 바리새인)

육신적인 사람의 가르침을 받아 믿는 것이 바로 종교인인 것이다.

하나님이 모세를 통해 돌비에 써서 주신 모세 율법은 하나님 사랑, 이웃 사랑의 법이다.

그러나 죄가 있는 육신의 사람들은 하나님 사랑, 이웃 사랑의 법을 볼 수도 없고, 깨달을 수도 없다. 모세 율법을 통해서 자신이 죄인임을 깨닫고 자신의 육신적 생각과 마음으로는 사랑의 법을 행할 수 없음을 깨달아야 한다. 자신이 죄인이기에 하나님의 법을 행할 수 없음을 깨닫고 아브라함의 믿음으로 그리스도를 기다리는 삶을 살아야 하는 것이다.

그러나 세상의 관원들(세상의 지혜, 지식)은 자신들도 이 법을 지키지 못하면서 기록된 의문을 가지고 육신으로 지키며 살도록 가르쳤다. 그래서 한 부자(관원) 청년은 여짜오되 이것은 내가 어려서부터 다 지키었나이다라고 이야기 한다.(눅 18:21) 어려서부터 이 율법을 다 지켰기 때문에 영생을 얻은 것으로 착각하고 있는 것이다. 그러나 율법을 육신으로 지켰다고 해서 영생을 얻는 것은 아니다.

육신의 생각과 마음으로 율법을 지켜서 의롭고 선하게 살려고 하는 자들을 향해 예수님은 이렇게 말씀하신다.

(마 15:8) 이 백성이 입술로는 나를 존경하되 마음은 내게서 멀도다

문자로 기록된 율법(하나님의 계명)을 모세 율법이라고도 하며 기록된 의문이라 한다. 문자로 기록된 율법(하나님의 계명)을 육신의 생각과 마음으로 또는 율법의 행위로 지키려고 하는 것을 십자가에서 폐하신 것이다.

죄된 육체가 죽고, 새 생명으로 다시 태어난 믿음의 자녀는 하나님 사랑의 법을 육신의 마음이 아닌 그리스도의 마음으로 지킬 수 있게 된다. 아니, 지키기 위해 노력하는 것이 아니라 저절로 지켜지게 된다.

(요 13:34) 새 계명을 너희에게 주노니 서로 사랑하라 내가 너희를 사랑한

것같이 너희도 서로 사랑하라

그리스도의 마음으로 믿는 믿음은 하나님이 우리를 사랑한 것 같이 사랑하는 마음이다.

십자가를 통해서 죄 된 육신의 모든 것을 폐하신 하나님은 이제 하나님의 아가페 사랑을 알고 믿어 마음으로 행하는 믿음만 받으신다.

(골 2:8-15) [8] 누가 철학과 헛된 속임수로 너희를 노략할까 주의하라 이것이 사람의 유전과 세상의 초등학문을 좇음이요 그리스도를 좇음이 아니니라 [9] 그 안에는 신성의 모든 충만이 육체로 거하시고 [10] 너희도 그 안에서 충만하여졌으니 그는 모든 정사와 권세의 머리시라 [11] 또 그 안에서 너희가 손으로 하지 아니한 할례를 받았으니 곧 육적 몸을 벗는 것이요 그리스도의 할례니라 [12] 너희가 세례로 그리스도와 함께 장사한 바 되고 또 죽은 자들 가운데서 그를 일으키신 하나님의 역사를 믿음으로 말미암아 그 안에서 함께 일으키심을 받았느니라 [13] 또 너희의 범죄와 육체의 무할례로 죽었던 너희를 하나님이 그와 함께 살리시고 우리에게 모든 죄를 사하시고 [14] 우리를 거스리고 우리를 대적하는 ②의문에 쓴 증서를 도말하시고 제하여 버리사 십자가에 못 박으시고

(골 2:14 개정) 우리를 거스르고 불리하게 하는 법조문으로 쓴 증서를 지우시고(생략)

(골 2:14 한글킹) 우리를 거스리고 우리를 대적한 손으로 쓴 법령을 지워 버리고(생략)

(골 2:15) 정사와 권세를 벗어버려 밝히 드러내시고 십자가로 승리하셨느니라

⇒ 죄 된 육신에 준 모세 율법, 곧 글로 기록된 의문은 십자가의 죽음으로 폐하시고 다시 그리스도의 사랑으로 마음에 새겨 주시는 것이다.

14절, "**의문(법조문, 손)**에 쓴 증서를 도말하시고" 의문은 기록된 모든 문서를 일컫는데 성경책도 의문에 포함된다.

(갈 3:13) 그리스도께서 우리를 위하여 저주를 받은 바 되사 율법의 저주에서 우리를 속량하셨으니 기록된 바 나무에 달린 자마다 저주 아래 있는 자라 하였음이라

(눅 1:68) 찬송하리로다 주 이스라엘의 하나님이여 그 백성을 돌아보사 속량하시며

속량(贖良) : Redeem
적(敵)이나 죄의 속박 하에 있는 포로 또는 노예를 속전(댓가)을 주고 되사서 자유롭게 하는 일의 뜻이 있다.

속량은 하나님께서 스스로 대가를 치르셔서 하나님의 자녀들을 죄의 굴레에서 자유롭게 하신다는 뜻이다. 다시 말하면 예수 그리스도께서 십자가의 죽으심을 통해 자녀들을 속량하심으로 자유케 했다는 것이다.

성경책, 율법이 하나님의 말씀인데 말씀이 폐하신 의문이 되지 않게 하려면 내가 그리스도와 함께 십자가에서 죽어야 한다. 내 생각(세상의 지식과 지혜, 철학)이 죽고, 성령께서 내 안에 기록된 말씀으로 믿어야 하는 것이다.

(히 8:10) 또 주께서 가라사대 그 날 후에 내가 이스라엘 집으로 세울 언약이 이것이니 내 법을 저희 생각에 두고 저희 마음에 이것을 기록하리라 나는 저희에게 하나님이 되고 저희는 내게 백성이 되리라

이제는 성령께서 친히 내 심령에 기록해 주신 말씀을 믿어야 하며, 성령으로 오신 그리스도께서 지금 내 안에 계신다는 것을 믿어야 한다.

"죄 된 육체 안에서 나오는 모든 것을 폐하신다", "의문에 속한 계명의 율법을 폐하신다" 이 두 가지를 폐해야 그리스도와 비로소 한 몸을 이루고 화평의 삶을 누릴 수 있다.

(엡2:16-17) [16] 또 십자가로 이 둘을 한 몸으로 하나님과 화목하게 하려 하심이라 원수 된 것을 십자가로 소멸하시고 [17] 또 오셔서 먼 데 있는 너희에게 평안을 전하시고 가까운데 있는 자들에게 평안을 전하셨으니

(골 1:20) 그의 십자가의 피로 화평을 이루사 만물 곧 땅에 있는 것들이나 하늘에 있는 것들을 그로 말미암아 자기와 화목케 되기를 기뻐하심이라

(요 14:27) 평안을 너희에게 끼치노니 곧 나의 평안을 너희에게 주노라 내가 너희에게 주는 것은 세상이 주는 것 같지 아니하니라 너희는 마음에 근심도 말고 두려워하지도 말라

평안을 주시기 위해서 예수 그리스도는 십자가에서 죽으시고, 다시 살아나시어 우리 안에 평안으로 역사하고 계신다. 세상이 주는 것 같지 않는 평안이 지금 우리 안에 있는 것이다.

이를 소유한 마음이 십자가의 도를 믿는 믿음의 증거이다.

주님이 주신 평안이 없으면, 여전히 죄 가운데서 세상의 것들로 인해 근심을 하거나 혹은 그것들로 인해 기뻐한다.

지금 자신 안에서 고백하는 기쁨, 감사, 평안의 이유는 무엇인가? 자신의 마음의 고백을 들어보라.

(빌 3:18) 내가 여러 번 너희에게 말하였거니와 이제도 눈물을 흘리며 말하

노니 여러 사람들이 그리스도 십자가의 원수로 행하느니라

십자가의 원수가 누구인가?

죄 된 육신으로 노력해서 하나님의 의를 이루고자 하는 것은 예수 그리스도의 십자가의 죽음과 하나님의 아가페 사랑을 욕보이는 것이다.

(롬 14:23) 의심하고 먹는 자는 정죄되었나니 이는 믿음으로 좇아 하지 아니한 연고라 믿음으로 좇아 하지 아니하는 모든 것이 죄니라

오직 의인은 믿음으로 말미암아 행하는 것이다. 그런데 혹시 자신의 행함이 믿음이 아닌 육신의 체면이나 직분, 혹은 복을 받기 위해 억지로 하는 것이라면 말씀을 깊이 묵상해 보기를 바란다.

십자가의 원수는 죄 된 육신의 생각과 마음이 죽지 않고 행하는 것이다. (빌 3:18)

죄 된 육신 안에서 나오는 모든 더러운 것은 이미 예전에 그리스도와 함께 십자가에서 죽었다. 그런데 여전히 내 입과 삶에서 더러운 것이 나온다면 아직 육신의 생각과 마음이 죽지 않았다는 것을 고백하는 것이다.

십자가의 도를 믿지 않고 있음을 의미한다.

(예)

"지렁이를 밟으면 왜 꿈틀대는가?" 라고 물으면 어떤 이는 아파서 그렇다고 답한다. 그것도 맞는 말이다.

그러나 지렁이가 꿈틀대는 진짜 이유는 살아 있기 때문이다. 죽지 않았기 때문이다. 제대로 죽이지 않았기 때문에 꿈틀대는 것이다.

아직도 자신 안에 원망과 불평과 미움이 꿈틀대고 있다면 그것은 아직 십자가에서 그리스도와 하나 되어 온전히 죽지 못했기 때문이다. 죄된 육신의 생각과 마음이 살아있기 때문이다.

냉정하다고 말하고 싶은가? 육신의 생각과 마음으로는 냉정하다고 할 수 있지만 영적으로는 온전히 죽는 것(십자가의 죽음)이 하나님의 지식과 지혜이기에 냉정한 것이 아니다.

그리스도와 하나 되어 죽어야만 하나님의 아가페 사랑을 누릴 수 있기 때문이다.

죽은 것은 결코 다시 살아날 수 없다. 십자가에서 폐하신 것은 다시 살아나지 않는다. 아직 자신이 그리스도와 함께 죽지 않고 살아있는 것이 무엇인지 믿음 안에서 꼭 보아야 한다.

한 번 폐하신 것은 다시 살아날 수 없으며, 다시 폐하시지 않기 때문에 그리스도께서 십자가로 폐하신 이 저주를 자신의 삶에서 다시 살리지 말아야 한다.

그래서 믿음의 자녀는 그리스도와 함께 십자가에서 죽는 경건의 연습을 해야 한다.

(딤전 4:7) 망령되고 허탄한 신화를 버리고 경건에 이르도록 네 자신을 연단하라

(갈 3:1-14) [1] 어리석도다 갈라디아 사람들아 예수 그리스도께서 십자가에 못 박히신 것이 너희 눈 앞에 밝히 보이거늘 누가 너희를 꾀더냐 [2] 내가 너희에게 다만 이것을 알려 하노니 너희가 성령을 받은 것은 율법의 행위로냐 듣고 믿음으로냐 [3] 너희가 이같이 어리석으냐 성령으로 시작하였다가 이제는 육체로 마치겠느냐 [4] 너희가 이같이 많은 괴로움을 헛되이 받았느냐 과연 헛되냐 [5] 너희에게 성령을 주시고 너희 가운데서 능력을 행하시는 이의 일이 율법의 행위에서냐 듣고 믿음에서냐 [6] 아브라함이 하나님을 믿으매 이것을 그에게 의로 정하셨다 함과 같으니라 [7] 그런즉 믿음으로 말미암은 자들은 아브라함의 아들인 줄 알지어다 [8] 또 하나님이 이방을 믿음으로 말미암아 의로 정하실 것을 성경이 미리 알고 먼저 아브라함에게 복음을 전하되 모든 이방이 너를 인하여 복을 받으리라 하였으니 [9] 그러므로 믿음으로 말

미암은 자는 믿음이 있는 아브라함과 함께 복을 받느니라 [10] 무릇 율법 행위에 속한 자들은 저주 아래 있나니 기록된 바 누구든지 율법 책에 기록된 대로 온갖 일을 항상 행하지 아니하는 자는 저주 아래 있는 자라 하였음이라 (갈 3:10 현대인) 율법을 지켜서 구원받으려는 사람은 모두 저주 아래 있습니다. 그것은 율법책에 기록된 모든 것을 항상 지키지 않는 사람은 누구든지 저주를 받을 것이다.' 라고 성경에 기록되어 있기 때문입니다.

가정해 보라. 죽은 시체가 돌아다닌다면 얼마나 끔찍하며, 썩은 냄새가 얼마나 진동하겠는가?

이미 십자가에서 죽은 내 죄 된 육신의 생각과 마음이 여전히 죽지 않고 살아 움직인다면 삶의 현장에서는 얼마나 끔찍한 냄새가 진동하고 있겠는가?

당신의 본질은 그리스도의 향기이자 하나님의 축복인 것을 기억하라.

③ 모형(그림자)의 성전을 폐하신다.

성전(聖殿) : Temple

하나님을 예배하기 위해 세운 건축물이며 성경에 있어서 성전은 거의 예루살렘 성전에 대해 언급되어 있다.

예루살렘에는 성서시대를 통하여 세 성전이 있었다.

제1성전은 솔로몬의 성전(Solomon's Temple)으로서 제1성전(First Temple)으로 말해진다.

제2성전은 스룹바벨의 성전(Zerubbabale's Temple)으로서 제2성전(Second Temple)으로 말해진다.

제3성전은 헤롯의 성전(Herod's Temple)으로서 이것은 헤롯이 제2성전을 증수(增修)한 성전이다.

제4성전은 에스겔이 묘사한 이상적 성전(Ezekiel's Temple)

(막 15:34, 37-38) [34] 제 구시에 예수께서 크게 소리지르시되 엘리 엘리

> 라마 사박다니 하시니 이를 번역하면 나의 하나님 나의 하나님 어찌하여 나를 버리셨나이까 하는 뜻이라 [37] 예수께서 큰 소리를 지르시고 운명하시다 [38] 이에 성소 휘장이 위로부터 아래까지 찢어져 둘이 되니라

예수 그리스도께서 십자가에서 죄 된 육체와 함께 죽으심으로 모형의 성전도 무너지게 된다.

> (요 2:19-21) [19] 예수께서 대답하여 가라사대 너희가 이 성전을 헐라 내가 사흘 동안에 일으키리라 [20] 유대인들이 가로되 이 성전은 사십 육년 동안에 지었거늘 네가 삼일 동안에 일으키겠느뇨 하더라 [21] 그러나 예수는 성전된 자기 육체를 가리켜 말씀하신 것이라

구약의 성전(성막)은 하나님의 궤(하나님의 이름=예수) 위에서 주를 만나고 하나님의 이름(예수)으로 지식과 지혜를 말씀하시고 명하시기 위한 장소였다.(골 2:3)

> (출 25:21-22) [21] 속죄소를 궤 위에 얹고 내가 네게 줄 증거판을 궤속에 넣으라 [22] 거기서 내가 너와 만나고 속죄소 위 곧 증거궤 위에 있는 두 그룹 사이에서 내가 이스라엘 자손을 위하여 네게 명할 모든 일을 네게 이르리라

예수 그리스도께서 십자가에서 죽으심으로 이제는 무너진 성전(모형, 그림자)에서는 하나님을 만날 수 없다.

그러나 이 사실을 믿지 못하고 여전히 구약의 성전에서 하나님을 만난 것처럼 교회건물을 성전이라 믿고 화려하게 치장해 그 곳에서 하나님을 만나기 위해 몸부림 치는 사람들이 있다.

그러나 십자가의 죽음을 통해 이제는 우리를 성전삼고 우리 안에 와 계신 주님을 믿어야 한다.

여전히 구약의 성전과 같이 교회를 성전이라고 믿고 있는 것은 잘못된 것이

다. 이제 하나님의 성전은 그리스도를 머리로 사는 믿음의 자녀들 자신이 성전임을 기억해야 한다.

2) 둘째는 **십자가로 이루시고, 완성하시며, 성취하셨다.**

언약(약속)의 말씀을 십자가의 사랑으로 완성하심이 하나님의 증거이다. 십자가를 통해서 하나님께서 말씀하시고자 하는 뜻을 빛으로 나타내는 것이다.

십자가의 사랑으로 하나님은 모든 것을 이루셨으며, 이것은 곧 아가페 사랑의 증거이다.

또 하나님 생명의 본질은 아가페 사랑인데 말씀(성경)에서 하나님 아가페 사랑의 궁극적인 목적은 '영혼 구원' 이다.

(벧전 1:9) 믿음의 결국 곧 영혼의 구원을 받음이라

영혼 구원은 하나님 생명의 본질인 사랑을 믿음의 자녀에게 주시기 위한 것이다.

즉, 하나님께서 영혼 구원을 믿음의 자녀에게 주시기 위해서 모든 죄를 사해주시는 것이다.

결국 십자가로 이루시고 성취하심은 하나님 본질이신 아가페 사랑을 주시는 것인데 이것이 십자가의 비밀이요, 능력이다.

하지만 하나님 아가페 사랑을 받고 있다고 하면서도 구원의 확신이 없다면 그것은 제대로 주님의 사랑을 알지 못하는 것이다.

하나님 아가페 사랑은 '구원' 의 확신 속에 믿음으로 행해진다. 만약 구원의 확신이 없으면 믿음의 행위도 할 수 없는 것이다.

믿음 없이 하는 행위는 하나님께서 받지 않는다.

(마 7:21) 나더러 주여 주여 하는 자마다 천국에 다 들어갈 것이 아니요 다만 하늘에 계신 내 아버지의 뜻대로 행하는 자라야 들어가리라

하나님의 사랑을 받은 믿음의 자녀는 모든 죄에서 해방이 되었다는 사실을 믿어야 한다. 우리 마음 안에 구원에 대한 확실한 믿음이 있어야 하는 것이다.

모든 죄와 율법의 저주에서 구원해 주셨음을 믿어야 한다. 그래야만 믿음 안에서 하나님의 사랑을 볼 수 있다.

그러나 아가페 사랑을 보지 못하면 하나님의 사랑과 십자가의 구원이 믿어지지 않는다.

죄 된 육신의 지식과 지혜로 하나님과 십자가의 사랑은 볼 수 없다.

(예)

낮 12시에 밖에 나가면 해가 떠 있다. 그 시간은 당연히 해가 떠 있는 시간이기 때문이다. 하지만 낮 12시인데도 해가 보이지 않을 때가 있다.

왜냐하면 구름이 해를 가리고 있기 때문이다. 해가 보이지 않는다고 해가 없는 것은 아니다. 단지, 잠시 구름에 가려져 있을 뿐이다. 구름이 걷히면 반드시 해는 그 자리에 떠 있을 것이다.

지금 구원의 확신이 없고, 하나님의 아가페 사랑을 느끼지 못하고, 자신 안에 평강과 기쁨이 없다고 해서 하나님의 아가페 사랑이 없는 것은 아니다. 이미 하나님은 믿는 우리에게 주셨다. 주신 모든 은혜를 어둠(구름)에 가려 아직 보지 못하고 있을 뿐이다.

그래서 우리는 주신 것을 보지 못하고 누리지 못하는 자신의 믿음에 대해 애통하며 가슴을 찢는 기도가 있어야 한다.

(마 5:4) 애통하는 자는 복이 있나니 저희가 위로를 받을 것임이요

애통하는 자에게 위로(아가페 사랑, 영혼구원, 십자가의 은혜, 평안, 기쁨)해 주시는 하나님의 은혜를 우리는 맛보아야 한다. 그리고 자신의 마음 깊은 곳에 하나님의 사랑을 보지 못하도록 구름으로 가로막고 있는 것이 무엇인지 믿음의 눈으로 보아야 한다.

곧, 근심의 구름과 걱정의 구름 등 마귀가 역사하는 어두움의 구름들, 자신의 마음 안에 가득 차 있는 구름(어두움)의 정체를 꼭 보아야 한다. 마귀는 이 구름(어두움)들을 통해 하나님의 사랑을 보지 못하고 믿지 못하게 하기 때문이다.

근심과 염려의 종이 되어 구원의 은혜를 영원히 맛보지 못하게 하여 사망으로 이끌고 가는 것은 마귀의 궤계이다.

하나님의 자녀는 반드시 주께서 우리에게 주신 구원과 아가페 사랑을 성령을 통하여 보고 믿으며 고백할 수 있어야 한다.

(고후 13:5) 너희가 믿음에 있는가 너희 자신을 시험하고 너희 자신을 확증하라 예수 그리스도께서 너희 안에 계신 줄을 너희가 스스로 알지 못하느냐 그렇지 않으면 너희가 버리운 자니라

(고후 13:5 표준) 여러분은 자기가 믿음 안에 있는지를 스스로 시험하여 보고, 스스로 점검해 보십시오. 여러분은 예수 그리스도께서 여러분 가운데 계시다는 것을 알지 못 합니까? 모르면 여러분은 실격자입니다.

하나님의 자녀는 자신이 믿음 안에 있는지 시험하여 확실한 증거를 내어놓아야 한다. 또한 하나님의 자녀는 예수 그리스도께서 자신 안에 계신 것을 스스로 알 수 있다.

이것을 알 수 있는 방법은 자신이 믿고 있는 구원의 확신과 그 안에 있는 하나님의 아가페 사랑과 십자가의 은혜를 통해서 깨닫는 것이다.

(요 14:1) 너희는 마음에 근심하지 말라 하나님을 믿으니 또 나를 믿으라

(요 14:27) 평안을 너희에게 끼치노니 곧 나의 평안을 너희에게 주노라 내가 너희에게 주는 것은 세상이 주는 것 같지 아니하니라 너희는 마음에 근심

도 말고 두려워하지도 말라

(살전 5:18) 범사에 감사하라 이는 그리스도 예수 안에서 너희를 향하신 하나님의 뜻이니라

(딤전 6:8) 우리가 먹을 것과 입을 것이 있은즉 족한 줄로 알 것이니라

하나님의 말씀을 성령을 통하여 마음으로 믿어 그것이 입술의 고백을 통해 증거 되는 삶을 살아야 한다.

주님이 말씀하신 것을 믿고 그것이 실제가 되어 사는 삶이 그리스도께서 내 안에 계신 것을 보여주는 확실한 증거의 삶이다. 이러한 삶을 살아야 한다. 그러지 못하는 자는 버리운 자라 말씀하셨다.

이미 우리에게 새 언약의 일꾼으로의 삶을 주셨는데 축복을 믿지 못하고 왜 우리는 마귀의 속삭임에 넘어가 종의 삶을 살고 있는가? 왜 우리를 생명으로 인도하시는 말씀에는 귀를 기울이지 않는가?

말씀은 반드시 이뤄진다는 것을 알아야 하며, 곧 그것이 진리임을 기억해야 한다.

(마 6:30) 오늘 있다가 내일 아궁이에 던지우는 들풀도 하나님이 이렇게 입히시거든 하물며 너희 일까보냐 믿음이 적은 자들아

육신의 환경을 보고 하나님의 은혜를 판단하는 어리석은 자가 되어서는 안 된다. 믿음과 마음의 눈으로 하나님의 사랑을 보아야 하는 것이다.

나는 구원의 은혜로 인해 지금 행복하고, 평안한가? 아니면 육신 안에서 무엇인가 채워지고 만족을 누리고 있기에 행복하고 평안한가? 늘 말씀을 되새기면서 자신을 성찰해야 한다. 말씀 안에서 자신의 믿음(마음)을 볼 수 있어야 하는 것이다.

마귀는 철저하게 육신의 연약함을 건드리기 때문이다. 하지만 우리의 영은 건드릴 수 없다.

마귀는 세상의 임금이다. 그래서 세상의 것을 무기로 우리를 근심과 염려 속에서 살게 한다. 이러한 육신의 삶에서 오랜 세월 육신의 마음안에 자리잡고 오는 것이 결국 쓴 뿌리가 되는 것이다. 또 이것은 삶의 여정에서 자신도 감당할 수 없는 쓴 물을 내게 된다.

아직 자신 안에 쓴 뿌리가 있다면 그는 세상에 속해있는 자다. 하지만 늦지 않았다. 이 쓴 뿌리는 영원하지 않기 때문이다. 내 안에 십자가의 사랑으로 구원의 은혜를 주신 하나님을 믿기만 한다면 쓴 뿌리는 바람 불면 날아가는 먼지처럼 내 안에서 사라질 것이다.

하나님께서는 아가페 사랑으로 십자가로 완성하시어 믿음의 자녀들에게 회복의 은혜를 주시고 주와 하나 되어 살게 하셨다.

이 모든 것을 십자가로 이루시고, 완성하시며, 성취하신 것이다.

(롬 5:8) 우리가 아직 죄인 되었을 때에 그리스도께서 우리를 위하여 죽으심으로 하나님께서 우리에게 대한 자기의 사랑을 확증하셨느니라

(요 3:16) 하나님이 세상을 이처럼 사랑하사 독생자를 주셨으니 이는 저를 믿는 자마다 멸망치 않고 영생을 얻게 하려 하심이니라

하나님의 사랑을 십자가의 죽으심을 통해 확실한 증거로 보여주신다. 그래서 우리는 십자가를 통해 이것을 깨달을 수 있는 믿음이 있어야 한다.

이렇게 회복해 주신 하나님의 아가페 사랑은, 이 세상 그 누구도 무엇도 믿음의 자녀들을 그리스도의 사랑에서 끊을 수 없다.

(롬 8:35-39) [35] 누가 우리를 그리스도의 사랑에서 끊으리요 환난이나 곤고나 핍박이나 기근(굶주림)이나 적신(헐벗음)이나 위협(위험)이나 칼이

랴 [36] 기록된 바 우리가 종일 주를 위하여 죽임을 당케 되며 도살할 양 같이 여김을 받았나이다 함과 같으니라 [37] 그러나 이 모든 일에 우리를 사랑하시는 이로 말미암아 우리가 넉넉히 이기느니라 [38] 내가 확신하노니 사망이나 생명이나 천사들이나 권세자들이나 현재 일이나 장래 일이나 능력이나 [39] 높음이나 깊음이나 다른 아무 피조물이라도 우리를 우리 주 그리스도 예수 안에 있는 하나님의 사랑에서 끊을 수 없으리라

"아무 피조물이라도 우리를 우리 주 그리스도 예수 안에 있는 하나님의 사랑에서 끊을 수 없으리라" 그 어떤 피조물도 믿음의 자녀를 예수 안에 있는 하나님의 사랑에서 끊을 수 없다. 우리를 향한 하나님의 사랑은 변함없이 동일 하지만 가지인 우리가 포도나무이신 주님에게 붙어 있지 않은 것이 문제이다.

구약의 여호와 하나님께서 말씀하신 것을 다 이루셨다. 신약의 예수님께서도 다 이루셨다.

예수님께서 십자가에서 운명하시기 전 마지막 말씀은 "다 이루었다" 셨다.

(창 2:1) 천지와 만물이 다 이루어지니라

(마 5:17-18) [17] 내가 율법이나 선지자나 폐하러 온 줄로 생각지 말라 폐하러 온 것이 아니요 완전케 하려 함이로다 [18] 진실로 너희에게 이르노니 천지가 없어지기 전에는 율법의 일점일획이라도 반드시 없어지지 아니하고 다 이루리라

(요 19:30) 예수께서 신 포도주를 받으신 후에 이르시되 다 이루었다 하시고 머리를 숙이니 영혼이 떠나가시니라

예수 그리스도께서 다 이루신 것은 구약의 여호와 하나님께서 독생자 아들

예수 그리스도를 통해 약속(언약)하신 말씀을 이루신 것이다. 즉, 백성의 모든 죄를 사하고(구원의 약속), 임마누엘(하나님과 하나 됨의 삶)하시겠다는 약속을 예수 그리스도께서 십자가의 죽음을 통해 다 이루신 것이다.

이것이 하나님 생명의 본질인 아가페 사랑의 완성이며, 성취이다.

(요 14:15) 너희가 나를 사랑하면 나의 계명을 지키리라

하나님을 사랑하는 자녀들은 반드시 주의 계명을 지켜야 한다.

(요 13:34) 새 계명을 너희에게 주노니 서로 사랑하라 내가 너희를 사랑한 것 같이 너희도 서로 사랑하라

새 계명은? 서로 사랑하라는 것이다. 예수님께서 우리를 사랑하신 것처럼 우리도 똑같이 사랑하는 것이다.

그러므로 하나님이 우리를 사랑하신 것을 보지 못하고 알지 못하면 서로 사랑하라는 새 계명을 지킬 수 없다.

반드시 하나님이 주신 아가페 사랑을 자신 안에서 보고 믿고 그 사랑을 나눠야 한다. 하나님께 받은 사랑은 자신 안에 있어야 한다.

그리고 하나님이 주신 아가페 사랑을 보여 주고 나눠주는 삶을 살아야 한다.

(롬 13:10) 사랑은 이웃에게 악을 행하지 아니하나니 그러므로 사랑은 율법의 완성이니라

이제는 율법의 강령을 지키는 것이 아니라 하나님이 주신 아가페 사랑을 행하는 것이다.

(마 10:42) 또 누구든지 제자의 이름으로 이 소자 중 하나에게 냉수 한 그릇

이라도 주는 자는 내가 진실로 너희에게 이르노니 그 사람이 결단코 상을 잃지 아니하리라 하시니라

3) 구체적으로 십자가로 이루시고, 성취하신 결과

① 하나님의 아가페 사랑을 이루심(참조- 제8장 하나님의 아가페 사랑)

하나님의 생명의 본질인 아가페 사랑으로 아담을 창조했다. 그러나 말씀을 믿지 않고 마귀의 말에 순종한 죄로 인해 아담에게서 하나님의 아가페 사랑이 떠나게 된다.

하지만 말씀이 육신이 되어 오신 예수 그리스도께서는 우리의 모든 죄와 허물을 십자가에서 죽음으로 말미암아 하나님의 아가페 사랑을 회복시키셨다.(창 2:7)

(요일 4:16) 하나님이 우리를 사랑하시는 사랑을 우리가 알고 믿었노니 하나님은 사랑이시라 사랑 안에 거하는 자는 하나님 안에 거하고 하나님도 그 안에 거하시느니라

② 하나님의 말씀을 이루심

아담과 하와가 하나님의 말씀을 믿지 않고 마귀의 말에 순종함으로 죄가 들어오고 아담의 씨로 태어난 모든 사람들은 하나님의 말씀을 죄가 있는 육신의 생명으로 믿는다.(창 5:3)

이스라엘 백성들의 모습을 보면 분명하다.

a. 신뢰하지 못한 자

(민 13:31-33) [31] 그와 함께 올라갔던 사람들은 가로되 우리는 능히 올라가서 그 백성을 치지 못하리라 그들은 우리보다 강하니라 하고 [32] 이스라엘 자손 앞에서 그 탐지한 땅을 악평하여 가로되 우리가 두루 다니며 탐지한 땅은 그 거민을 삼키는 땅이요 거기서 본 모든 백성은 신장이 장대한 자들

이며 [33] 거기서 또 네피림 후손 아낙 자손 대장부들을 보았나니 우리는 스스로 보기에도 메뚜기 같으니 그들의 보기에도 그와 같았을 것이니라
(민 14:27) 나를 원망하는 이 악한 회중을 내가 어느 때까지 참으랴 이스 라엘 자손이 나를 향하여 원망하는 바 그 원망하는 말을 내가 들었노라

(민 14:32) 너희 시체는 이 광야에 엎드러질 것이요

하나님을 신뢰하지 못한 자들의 모습이다. 이미 주께서 그 땅을 주시겠다고 약속하신 말씀보다 자신들의 눈앞에 보이는 거대한 그들을 두려워했다. 육신의 환경과 현상을 통해 두려움을 주어 하나님의 말씀을 믿지 못하게 하는 마귀의 역사인 것이다.

두려움에는 형벌이 있다. 두려움에 있다는 것은 하나님의 사랑을 온전히 믿고 있지 않다는 것이다.(요일 4:18) 그러므로 두려움에는 형벌이 있다.

아담도 선악과를 먹은 후 두려워서 숨었다고 고백한다.(창 3:10)

하나님의 아가페 사랑은 두려움을 내어 쫓는다고 말씀하셨다.

(요일 4:18) 사랑 안에 두려움이 없고 온전한 사랑이 두려움을 내어 쫓나니 두려움에는 형벌이 있음이라 두려워하는 자는 사랑 안에서 온전히 이루지 못하였느니라

이스라엘 백성이 40년간 광야에서 살아야 했던 것은 말씀을 믿지 않은 결과다. 하나님은 40년의 광야 생활을 통해 이스라엘 백성이 말씀을 믿지 않은 결과를 깨달아 알기를 원하시고 그들이 주님의 뜻에 순종하기를 바라셨다.

그리고 40년의 광야 여정가운데 말씀을 이루시는 하나님의 사랑을 보고 온전히 말씀으로 살게 하기 위해서다. (신 8:2-3)

(마 4:4) 예수께서 대답하여 가라사대 기록되었으되 사람이 떡으로만 살 것

이 아니요 하나님의 입으로 나오는 모든 말씀으로 살 것이라 하였느니라

b. 순종하는 자

(수 5:15~6:1-5)) [15] 여호와의 군대 장관이 여호수아에게 이르되 네 발에서 신을 벗으라 네가 선 곳은 거룩하니라 여호수아가 그대로 행하니라 [1] 이스라엘 자손들로 인하여 여리고는 굳게 닫혔고 출입하는 자 없더라 [2] 여호와께서 여호수아에게 이르시되 보라 내가 여리고와 그 왕과 용사들을 네 손에 붙였으니 [3] 너희 모든 군사는 성을 둘러 성 주위를 매일 한 번씩 돌되 엿새 동안을 그리하라 [4] 제사장 일곱은 일곱 양각나팔을 잡고 언약궤 앞에서 행할 것이요 제 칠일에는 성을 일 곱번 돌며 제사장들은 나팔을 불 것이며 [5] 제사장들이 양각나팔을 길게 울려 불어서 그 나팔 소리가 너희에게 들릴 때에는 백성은 다 큰 소리로 외쳐 부를 것이라 그리하면 그 성벽이 무너져 내리리니 백성은 각기 앞으로 올라갈 지니라 하시매

"네 발에서 신을 벗으라" 여호수아가 가지고 있는 육신의 생각과 경험을 내려놓고 온전히 하나님의 말씀에 순종하라는 것이다. 이 말씀 역시 육신의 생각과 마음으로는 도저히 이해가 가지 않는 말씀이다. 하나님은 전쟁의 승패는 탁월한 작전과 무기와 병사가 아니라 여호수아 육신의 지식과 지혜 그리고 경험과 상식이 모든 것을 포기하고 온전히 하나님의 말씀에 순종하기를 원하신다. 철옹성과 같은 여리고성은 여호수아의 순종을 통해 무너진 것처럼 말이다.

여호수아는 자신의 생각과 마음이 아닌 하나님이 말씀하신 것에 순종하여 여리고성의 전투를 통해 하나님의 일하심을 본다. 하나님의 자녀는 말씀에 온전히 순종하는 자이다.

주께서는 자신의 모든 권리를 내려놓을 수 있는 믿음을 원하신다. 권리를 내려놓은 자는 자신의 뜻대로 살 수 없다. 죄 된 육신이 죽었음을 믿는 자가 하나님 자녀가 되는 것이다.

하나님은 말씀하시면 반드시 이루시고 성취하시는 여호와 하나님이시다. 말씀이 육신이 되어 오셔서 하나님의 말씀을 예수 그리스도의 십자가의 죽으심으로 완전히 이루셨다.(요 1:14)

죄로 인해 하나님의 말씀을 믿는 믿음이 없고, 순종할 수 없으며, 하나님을 기쁘게 할 수 없었던 믿음을 다시 회복시키신 것이다.

그리고 아브라함의 믿음으로 하나님을 기쁘게 하는 삶을 살게 하셨다.

(요 12:44) 예수께서 외쳐 가라사대 나를 믿는 자는 나를 믿는 것이 아니요 나를 보내신 이를 믿는 것이며

(롬 10:4) 그리스도는 모든 믿는 자에게 의를 이루기 위하여 율법의 마침이 되시니라

③ 하나님의 성전을 완성하시고, 무너진 하나님의 성전을 바로 세우심.

(요 2:19) 예수께서 대답하여 가라사대 너희가 이 성전을 헐라 내가 사흘 동안에 일으키리라

모형(그림자)의 옛 성전은 실체의 성전이 오면 물러나야 하며 무너져야 한다.

예수 그리스도께서 하나님의 성전으로 오셔서 모형(그림자)의 성전을 십자가로 허무시고 온전한 성전(예수 그리스도)을 세우심으로 말씀을 믿는 자녀들로 하여금 하나님의 온전한 성전을 완성하셨다.

(요 2:21) 그러나 예수는 성전된 자기 육체를 가리켜 말씀하신 것이라

(마 26:61) 가로되 이 사람의 말이 내가 하나님의 성전을 헐고 사흘에 지을 수 있다 하더라 하니

그래서 생명의 본질인 아가페 사랑의 말씀을 믿는 자녀들에게 사랑과 생명의 말씀을 그리고 하나님의 성전을 회복해 주시는 것이다.

그리고 회복된 성전(성전 된 자) 안에서 주님은 만나주시고, 말씀하시며 가르치신다. 그 말씀을 믿음으로 그리스도인의 삶(주님의 마음, 그리스도의 옷, 향기, 냄새)을 살게 하신다.(요 14:26, 고전 2:16, 갈 3:27, 고후 2:14-15)

(엡 2:21-22) [21] 그의 안에서 건물마다 서로 연결하여 주 안에서 성전이 되어 가고 [22] 너희도 성령 안에서 하나님의 거하실 처소가 되기 위하여 예수 안에서 함께 지어져 가느니라

하나님의 성전 된 믿음의 자녀들 안에서 신령한 만남(예배)이 시작된다. 이것이 영적 예배요, 하나님이 받으시는 산 제사이다.

(벧전 2:5) 너희도 산 돌같이 신령한 집으로 세워지고 예수 그리스도로 말미암아 하나님이 기쁘게 받으실 신령한 제사를 드릴 거룩한 제사장이 될지니라

(요 4:24) 하나님은 영이시니 예배하는 자가 신령과 진정으로 예배할지니라

(롬 12:1) 그러므로 형제들아 내가 하나님의 모든 자비하심으로 너희를 권하노니 너희 몸을 하나님이 기뻐하시는 거룩한 산 제사로 드리라 이는 너희의 드릴 영적 예배니라

4. 결론

십자가로 율법을 폐하심은 분명한데 아래의 말씀들 때문에 혼란을 일으키고 있는 듯하다 .

① 앞에서도 언급한 바와 같이 죄(마귀의 속성)는 육신을 통해 역사한다.

구약의 바리새인, 제사장, 장로들은 죄 된 육신으로 열심히 노력하면 의롭고, 거룩하며, 선한 하나님의 말씀(모세 율법, 의문)을 지킬 수가 있다고 가르쳤다.

그러나 율법을 주신 하나님의 뜻은 죄 된 육체로는 말씀을 지킬 수 없음을 깨닫고 그리스도를 기다리라는 것이었다.

그리스도(메시야)가 오셔서 죄 된 육체는 죽이고, 말씀(모세 율법)을 지킬 수 있는 죄 없는 육체로 말씀을 지켜 의롭고, 거룩하고 선한 그리스도인의 삶을 살 수 있는 새 생명을 주셨다는 사실을 성령을 통해 믿는 자들에게 주시기 위한 하나님의 사랑이었다.

그래서 죄 된 육체로 하나님의 말씀을 지켜서 의롭고, 거룩하고 선하게 살려고 했던 죄된 육체와 함께 십자가에서 죽으셨던 것이다.

(엡 2:15) 원수 된 것 곧 의문에 속한 계명의 율법을 자기 육체로 폐하셨으니 이는 이 둘로 자기의 안에서 한 새 사람을 지어 화평하게 하시고

(골 2:14) 우리를 거스리고 우리를 대적하는 의문에 쓴 증서를 도말하시고 제하여 버리사 십자가에 못 박으시고

(딤후 1:10) 이제는 우리 구주 그리스도 예수의 나타나심으로 말미암아 나타났으니 저는 사망을 폐하시고 복음으로써 생명과 썩지 아니할 것을 드러내신지라

(고전 15:56) 사망의 쏘는 것은 죄요 죄의 권능은 율법이라

(히 10:9) 그 후에 말씀하시기를 보시옵소서 내가 하나님의 뜻을 행하러 왔나이다 하셨으니 그 첫 것을 폐하심은 둘째 것을 세우려 하심이니라

(히 8:13) 새 언약이라 말씀하셨으매 첫 것은 낡아지게 하신 것이니 낡아지

고 쇠하는 것은 없어져가는 것이니라

② "율법을 폐하느뇨 그럴 수 없느니라 도리어 율법을 굳게 세우느니라"

"내가 율법이나 선지자나 폐하러 온 줄로 생각지 말라 폐하러 온 것이 아니요 완전케 하려 함이로다"

"율법의 일점일획이라도 반드시 없어지지 아니하고 다 이루리라"

이 말씀은 모세 율법을 지키라는 말씀이 아니다.

성령 안에서 오신 그리스도의 말씀과 복음을 믿음으로 그리스도 안에서 새 생명으로 하나님의 말씀을 이루는 삶을 주신 것이다.(약1:18, 고전4:15)

성령 안에서 새 생명으로 낳은 믿음의 자녀는 죄가 없는 육체이기 때문에 하나님의 말씀을 주님의 마음(아가페 사랑)으로 지킬 수 있다.

즉, 두 돌판에 주었던 옛 계명은 하나님을 사랑하고 이웃을 사랑하라는 것이었지만, 성령을 통해 심령에 주신 새 계명은 내가 너희를 사랑 한 것 같이 너희도 서로 사랑하라는 것이다.(요13:34)

(롬 3:31) 그런즉 우리가 믿음으로 말미암아 율법을 폐하느뇨 그럴 수 없느니라 도리어 율법을 굳게 세우느니라

(마 5:17-20) [17] 내가 율법이나 선지자나 폐하러 온 줄로 생각지 말라 폐하러 온 것이 아니요 완전케 하려 함이로다 [18] 진실로 너희에게 이르노니 천지가 없어지기 전에는 율법의 일점 일획이라도 반드시 없어지지 아니하고 다 이루리라 [19] 그러므로 누구든지 이 계명 중에 지극히 작은 것 하나라도 버리고 또 그같이 사람을 가르치는 자는 천국에서 지극히 작다 일컬음을 받을 것이요 누구든지 이를 행하며 가르치는 자는 천국에서 크다 일컬음을 받으리라 [20] 내가 너희에게 이르노니 너희 의가 서기관과 바리새인보다 더 낫지 못하면 결단코 천국에 들어가지 못하리라

(갈 5:14) 온 율법은 네 이웃 사랑하기를 네 몸같이 하라 하신 한 말씀에 이루었나니

(롬 13:10) 사랑은 이웃에게 악을 행치 아니하나니 그러므로 사랑은 율법의 완성이니라

이제 믿음의 자녀는 하나님의 말씀을 지키기 위해 노력하는 것이 아니라 하나님의 은혜로 우리를 사랑한 것 같이 사랑하는 삶을 살아야 한다.

마음에 육신의 정욕과 안목의 정욕, 이생의 자랑의 것들이 보이면 말씀을 통해 믿음을 점검해 봐야 한다. 또 믿음이 없는 자신을 위해서 울어야 한다.

예수께서 돌이켜 그들을 향하여 가라사대 예루살렘의 딸들아 나를 위하여 울지 말고 너희와 너희 자녀를 위하여 울라. (눅 23:28)

(롬 13:9) 간음하지 말라 살인하지 말라 도적질하지 말라 탐내지 말라 한 것과 그 외에 다른 계명이 있을지라도 네 이웃을 네 자신과 같이 사랑하라하신 그 말씀 가운데 다 들었느니라

네 이웃과 형제를 주님의 마음(아가페 사랑)으로 사랑하면 모든 율법을 이미 다 지켰다고 하시는 것이다.

그러나 세상의 것들을 사랑하는 자는 하나님을 사랑할 수 없다. 부자가 율법을 지킨 것은 하나님을 사랑해서가 아니라 자기만족 즉 율법을 지켜서 의롭게 되고자 했던 것처럼 말이다. 즉, 자신을 드러내기 위한 것이다.

(요일 2:7-11) [7] 사랑하는 자들아 내가 새 계명을 너희에게 쓰는 것이 아니라 너희가 처음부터 가진 옛 계명이니 이 옛 계명은 너희의 들은 바 말씀이거니와 [8] 다시 내가 너희에게 새 계명을 쓰노니 저에게와 너희에게도 참된 것이라 이는 어두움이 지나가고 참 빛이 벌써 비췸이니라 [9] 빛

가운데 있다 하며 그 형제를 미워하는 자는 지금까지 어두운 가운데 있는 자요 [10] 그의 형제를 사랑하는 자는 빛 가운데 거하여 자기 속에 거리낌이 없으나 [11] 그의 형제를 미워하는 자는 어두운 가운데 있고 또 어두운 가운데 행하며 갈 곳을 알지 못하나니 이는 어두움이 그의 눈을 멀게 하였음이니라

이 세상으로부터 온 육신의 것으로 인해 자신의 영적인 눈이 멀어 있지는 않는지 분별해야 한다. 이것은 곧 하나님의 은혜이기도 하다.

그러나 버려진 자들은 영원히 보지 못하고 죽어가게 된다.

십자가는 예수님께서 내 죄를 위해서 죽어주신 것이다. 더불어 내 죄 된 육체와 정과 욕심이 그리스도와 함께 죽는 것이다.

(갈 2:20) 내가 그리스도와 함께 십자가에 못 박혔나니 그런즉 이제는 내가 산 것이 아니요 오직 내 안에 그리스도께서 사신 것이라 이제 내가 육체 가운데 사는 것은 나를 사랑하사 나를 위하여 자기 몸 을 버리신 하나님의 아들을 믿는 믿음 안에서 사는 것이라

십자가는 율법을 폐하심과 동시에 율법의 완성이다.

5. 나의 십자가

예수님은 각자 자신의 십자가가 있다고 말씀하시며, 자기 십자가를 지고 예수님을 따르라고 하신다. 그래야만 예수님의 제자가 될 수 있기 때문이다.

(마 10:38) 또 자기 십자가를 지고 나를 좇지 않는 자도 내게 합당치 아니하니라

(마 16:24) 이에 예수께서 제자들에게 이르시되 아무든지 나를 따라 오려거든 자기를 부인하고 자기 십자가를 지고 나를 좇을 것이니라

(눅 14:27) 누구든지 자기 십자가를 지고 나를 좇지 않는 자도 능히 나의 제자가 되지 못하리라

그렇다면 예수님께서 말씀하신 자기 십자가는 어떤 십자가일까. 예수님께서 죄 된 육체와 함께 모든 죄와 저주 그리고 가난과 질병과 환란과 핍박과 고난을 다 끝내 주신 십자가. 이 십자가가 나의 십자가인 것이다. 세상의 모든 죄와 저주가 없는 나의 십자가를 지고 예수님을 따르라고 말씀하는 것이다. 세상의 모든 죄와 저주가 없는 십자가를 지고 예수님을 따르니 얼마나 가볍고 편할까.

그러나 하나님의 사랑을 모르는 자들은 세상의 죄와 저주가 있는 십자가를 지고 예수님을 따라야 하는 것으로 오해하고 있다. 예수님께서 말씀하신 자기 십자가는 이 세상의 죄와 저주가 있는 십자가를 말씀하신 것이 아니다. 나의 십자가는 더 이상 무거운 것이 아니다.

주님이 이루어주신 축복과 은혜를 모르고 아직도 세상의 죄와 저주의 무거운 십자가를 지고 예수님을 따르고 있으니 얼마나 힘들고 무겁겠는가? 세상의 죄와 저주의 십자가를 지고 따르기에 눈물 없이는 못 가는 것이다.

그러나 이제는 눈물의 십자가가 아닌 세상의 죄와 저주가 없는 감사와 평안의 십자가를 지고 예수님을 따르라 한다.

(예)

세상의 삶을 살다 보면 근심과 좌절 그리고 절망의 문제들이 찾아올 수 있다. 이런 것들이 자신에게 찾아 올 때 어떤 믿음을 고백해야 하는가?

예수 그리스도께서 이미 모든 저주를 끝내고 내게 주신 평안과 감사의 십자가를 지고 따르는 예수님의 제자는 그것과는 상관없는 평강을 누리게 된다.

현상과 환경에서 주는 육신의 생각과 마음을 십자가에 못 박고 평안의 십자

가를 주신 것을 믿으며 이것을 지고 주님을 따르는 것이다. 이 사실을 믿고 육신의 것들에게 떠나라고 명하면 사라지게 되어 있다.

(마 11:28-30) [28] 수고하고 무거운 짐진 자들아 다 내게로 오라 내가 너희를 쉬게 하리라 [29] 나는 마음이 온유하고 겸손하니 나의 멍에를 메고 내게 배우라 그리하면 너희 마음이 쉼을 얻으리니 [30] 이는 내 멍에는 쉽고 내 짐은 가벼움이라 하시니라

수고하고 무거운 짐을 지고 있는 사람이 혹시 있는가? 그렇다면 예수님께서 세상의 저주를 감당해 주신 십자가의 현장으로 가 보라.

이미 나의 모든 이 세상의 죄와 저주를 담당해 주신 예수님의 십자가를 보고 믿음으로 주님 안에서 마음의 쉼을 누려야 한다. 또 믿음 안에서 하나님의 아가페 사랑을 온전히 누려야 한다.

당신이 육신의 삶에서 감당해야 할 무거운, 고난의, 근심의 십자가는 있지 않다.

아픈 상처와 미움은 더 이상 당신의 십자가가 아니며, 당신의 가난이, 더 이상 당신이 지고 갈 십자가가 아니다.

이미 예수님께서 당신의 근심과 가난으로 인한 슬픔을 모두 십자가에서 죽음으로 감당해 주셨다. 그러므로 이제 주 안에서 평안을 누려야 한다. 이것이 믿음이다.

무엇이 십자가의 원수인지 기억해야 한다. 이것은 또 세상의 염려와 근심에 묶여 사는 자를 뜻한다.

예수님께서는 십자가에서 모든 것을 끝내주었다고 말씀하셨는데 마귀는 여전히 근심과 미움 등이 남아 있다고 속이며 역사하고 있다.

누구의 말에 순종할 것인지는 당신의 몫이다.

(고전 15:31) 형제들아 내가 그리스도 예수 우리 주 안에서 가진 바 너희에게 대한 나의 자랑을 두고 단언하노니 나는 날마다 죽노라

날마다 믿음 안에서 그리스도와 함께 죽는 경건의 연습을 해야 한다. 그리고 이 경건의 눈물을 흘려야 하는 것이다.

※ 속고 있는 것.

하나님께서 이루어주신 십자가의 아가페 사랑을 믿고 있는 지금. 육신의 삶 속에 죄를 범하고 있다면 어떻게 될까?

이 죄를 많은 이들은 자범죄라 하는데(하나님의 말씀에 자범죄라는 말씀은 없다. 죄는 하나이다. 마귀로부터 나오는 모든 죄이다.) 이제 이 죄는 더 이상 자신의 죄가 아니다. 이미 우리의 모든 죄는 그리스도와 함께 십자가에서 죽었기 때문이다.

이 죄는 마귀, 즉 악의 영들의 것이다.

(막 9:17) 무리 중에 하나가 대답하되 선생님 벙어리 귀신 들린 내 아들을 선생님께 데려 왔나이다

(막 9:25) 예수께서 무리의 달려 모이는 것을 보시고 그 더러운 귀신을 꾸짖어 가라사대 벙어리 되고 귀먹은 귀신아 내가 네게 명하노니 그 아이에게서 나오고 다시 들어가지 말라 하시매

"벙어리 되고 귀먹은 귀신" 이 들어가니까 벙어리가 되고 귀가 먹게 되는 것이다. 근심과 육신 안목의 정욕 그리고 이생의 자랑의 귀신이 들어가니까 죄의 삶을 사는 것이다.

"더러운 귀신을 꾸짖어" 더러운 귀신들도 영의 세계(하나님의 말씀의 세계)에서 명하면 떠나게 되어 있다.

(빌 2:10) 하늘에 있는 자들과 땅에 있는 자들과 땅 아래 있는 자들로 모든 무릎을 예수의 이름에 꿇게 하시고

영의 세계(하나님의 말씀의 세계)에서 창조되었기 때문에 죄는 더러운 것들의 것이지, 믿음 안에 있는 하나님 자녀의 것이 아니라는 것을 믿어야 한다.

이제 하나님 자녀의 죄는 영원히 그 어디에도 없음을 믿어야 한다.

> (히 10:17) 또 저희 죄와 저희 불법을 내가 다시 기억지 아니하리라 하셨으니

그래서 믿음의 자녀는 온전한 하나님의 성전 된 삶을 살아야 하며, 경건의 연습을 해야 한다.

> (딤전 4:7-8) [7] 망령되고 허탄한 신화를 버리고 오직 경건에 이르기를 연습하라 [8] 육체의 연습은 약간의 유익이 있으나 경건은 범사에 유익하니 금생과 내생에 약속이 있느니라

6. 타락한 자들은

> (히 6:4-6 현대인) [4]일단 하나님의 계시의 빛을 받고 하늘의 선물을 맛보고 성령을 체험하며 [5] 하나님의 좋은 말씀과 내세의 능력을 맛본 사람이 [6] 타락하게 되면 두 번 다시 회개할 길이 없습니다. 이것은 하나님의 아들을 다시 십자가에 못 박아 공공연하게 수치를 당하게 하는 행위가 되기 때문입니다.

> (딛 1:15-16) [15] 깨끗한 자들에게는 모든 것이 깨끗하나 더럽고 믿지 아니하는 자들에게는 아무 것도 깨끗한 것이 없고 오직 저희 마음과 양심이 더러운지라 [16] 저희가 하나님을 시인하나 행위로는 부인하니 가증한 자요 복종치 아니하는 자요 모든 선한 일을 버리는 자니라

> (빌 3:18) 내가 여러 번 너희에게 말하였거니와 이제도 눈물을 흘리며 말하

노니 여러 사람들이 그리스도 십자가의 원수로 행하느니라

하나님의 선한 말씀과 내세의 능력을 맛보고도 타락한 자들은 두 번 다시 회개 할 기회가 없다.

주의 사랑이 무엇인지, 은혜가 무엇인지, 성령의 은사가 무엇인지 경험했음에도 불구하고 다시 마귀의 궤계에 속아 육신의 삶으로 돌아간 자들은 더 이상의 회개의 기회가 없다. 하나님의 아들을 다시 십자가에 못 박아 현저히 욕을 보임이기 때문이다.

얼마나 무서운 일인가. 하나님의 귀한 은혜를 맛보고 성령에 참예한 바 되었지만 다시 육신으로 돌아가는 어리석은 자들이 있는 것이다. 날마다 십자가에서 죽는 경건의 연습이 없는 믿음은 우는 사자처럼 두루 삼킬 자를 찾아다니는 악한 영들의 표적이 될 수 있음을 알아야 한다.

(고전 10:12) 그런즉 선줄로 생각하는 자는 넘어질까 조심하라

선줄 생각한 자는 넘어질까 조심하라고 하신 말씀은 성령 안에서 깨어 있지 않는 자는 누구를 막론하고 언제든지 악한 영의 도구로 전락할 수 있다는 것이다. 그래서 우리는 십자가의 진리를 믿고 날마다 십자가에서 죽는 경건의 연습의 삶을 살아야 한다.

경건의 연습이 없는 자, 날마다 십자가에서 자신이 죽지 않는 자는 하나님의 아들을 다시 십자가에 못 박는 십자가 원수의 삶을 살게 된다.

“

하늘에 있는 자들과 땅에 있는 자들과
땅 아래 있는 자들로 모든 무릎을
예수의 이름에 꿇게 하시고

”

십자가

- 공영란 -

십자가에서 내가 죽었습니다.
깊은 연민과 상한 감정도
절제 없는 어리석음과
조급한 우매함도
끝없는 두려움과
화산 같은 분노도
어둠 같은 질병과
가슴시린 가난도
감옥 같은 욕심과
조건 있는 육신의 정(情)도
십자가에서 죽었습니다.

그 분이 지신 그 십자가에서
나도 함께 죽었습니다.

그 분이 흘려주신 보혈은
내 육신의 연약함과
내 옛사람의 모든 것이었습니다.
그 분이 그 모든 것을 지시고
십자가에서 죽으셨습니다.
죽으신 그 생명 안에 내 옛사람이 있었습니다.
무덤에 찾아가도 찾을 수 없는
내 옛사람..

그 어두운 사망권세를 깨뜨리시고
그 분이 새 생명으로 부활 하셨습니다.
어둠이 없는
아픔이 없는
두려움 없는
분노 없는
질병 없는
가난 없는
온전한 새 생명으로
다시 사셨습니다.

부활의 새 생명이 나 입니다.
존귀한 나 입니다.
하나님의 소중한 자녀로
고귀한 사랑의 씨로
거듭난 자 입니다.

나는 행복한 자 입니다.

“

내가 여러 번 너희에게 말하였거니와
이제도 눈물을 흘리며 말하노니 여러 사람들이
그리스도 십자가의 원수로 행하느니라

”

제8장

하나님의 사랑

새 계명을 너희에게 주노니
서로 사랑하라 내가 너희를
사랑한 것 같이 너희도 서로
사랑하라
(요 13:34)

제8장
하나님의 사랑

(요 6:33) 하나님의 떡은 하늘에서 내려 세상에게 생명을 주는 것이니라

하나님 생명의 본질은 아가페 사랑이며, 사랑의 궁극적인 목적은 영혼구원이다. 영혼구원의 본질은 첫째, 하나님(주님)의 마음을 아는 것이며, 주님의 마음을 주시는 것이다.(빌 2:5) 둘째, 생명을 살리는 사랑이시다. 셋째, 거저 주시는 사랑이다.

(행 20:35) 범사에 너희에게 모본을 보였노니 곧 이같이 수고하여 약한 사람들을 돕고 또 주 예수의 친히 말씀하신 바 주는 것이 받는 것보다 복이 있다 하심을 기억하여야 할지니라

(요일 5:10-11) [10] 하나님의 아들을 믿는 자는 자기 안에 증거가 있고 하나님을 믿지 아니하는 자는 하나님을 거짓말하는 자로 만드나니 이는 하나님께서 그 아들에 관하여 증거 하신 증거를 믿지 아니하였음이라 [11] 또 증거는 이것이니 하나님이 우리에게 영생을 주신 것과 이 생명이 그의 아들 안에 있는 그것이니라

아가페 사랑의 본질은 하나님의 생명을 믿음의 자녀에게 주어 영원히 함께 사는 것이다. 그러기 위해서 먼저 세상으로부터 온 모든 죄를 멸하시고 죄에서 믿음의 자녀를 구원해 주시는 것이다.

예수 그리스도께서 이 땅에 오신 목적은 세상의 죄에서 구원해 주시기 위한 것뿐만 아니라 아가페 사랑으로 생명을 주어서 그것으로 영원히 함께 살게 하기 위한 것이다. 하나님의 자녀는 반드시 아가페 사랑 안에서 살아야 한다.

아가페 사랑을 믿는 자는 세상의 모든 죄에서 해방되어 하나님 은혜의 삶을 누리고 있어야 한다.

또한 구원은 하나님의 아가페 사랑을 믿는 마음에서 부터 시작된다.

아가페 사랑의 구원은 근심과 그리고 두려움(마귀(죄)의 속성)에서의 구원이다. 이 안(마귀의 속성)에서는 하나님의 사랑을 볼 수 없다.

(빌 2:12) 그러므로 나의 사랑하는 자들아 너희가 나 있을 때 뿐 아니라 더욱 지금 나 없을 때에도 항상 복종하여 두렵고 떨림으로 너희 구원을 이루라

12절, "너희 구원을 이루라" 육신과 안목의 정욕 그리고 이생의 자랑은 내가 육신을 입고 있는 동안은 이 세상의 임금인 마귀를 통하여 계속 역사한다.

그러나 아가페 사랑을 받은 자녀는 죄(근심, 걱정, 염려, 미움, 두려움)로 부터 은혜로 구원(평안, 안식, 기쁨, 감사)을 이루는 삶을 살아야 한다. 이 삶이 곧 아가페 사랑의 삶이며, 구원을 누리는 삶이다.

세상 임금의 역사로부터 승리 할 수 있는 유일한 방법은 하나님의 아가페 사랑을 믿는 믿음, 그리고 십자가의 사랑으로 이 세상을 이기신 예수 그리스도를 믿는 믿음이다.

(요 16:33) 이것을 너희에게 이름은 너희로 내 안에서 평안을 누리게 하려 함이라 세상에서는 너희가 환난을 당하나 담대하라 내가 세상을 이기었노라 하시니라

(요 14:30) 이 후에는 내가 너희와 말을 많이 하지 아니하리니 이 세상 임금이 오겠음이라 그러나 저는 내게 관계할 것이 없으니

(요일 5:18) 하나님께로서 난 자마다 범죄치 아니하는 줄을 우리가 아노라 하나님께로서 나신 자가 저를 지키시매 악한 자가 저를 만지지도 못하느니라

요일 5:18, "악한 자가 저를 만지지도 못하느니라" 하나님의 생명으로 사는 자는 육신과 안목의 정욕 그리고 이생의 자랑 등을 통해 역사하는 악한 자가 결코 만지지도 못한다.

구원을 이루는 삶이 곧 하나님의 사랑을 누리는 삶이다.

(잠 4:23) 무릇 지킬만한 것보다 더욱 네 마음을 지키라 생명의 근원이 이에서 남이니라

23절, 우리의 입술의 고백은 마음에서 나오는 것이며, 죄 또한 마음에서 나온다.

마음속에 있는 것을 그대로 표출하고 있는 것이다. 하나님의 자녀는 하나님의 생명이 흘러나와야 한다.

믿음이 곧 평안이기에 하나님을 사랑하는 자에게 주신 은혜는 평안이다.

(갈 3:27) 누구든지 그리스도와 합하여 세례를 받은 자는 그리스도로 옷입었느니라

그리스도로 옷 입는다는 것은 하나님의 속성(아가페 사랑) 그리고 십자가의 사랑을 보여 주는 것이다.

내 안에 그리스도가 계셔야 주님을 보여 주는 삶을 살 수 있다.

1. 하나님의 아가페 사랑

(엡 1:4) 곧 창세 전에 그리스도 안에서 우리를 택하사 우리로 사랑 안에서 그 앞에 거룩하고 흠이 없게 하시려고

4절, 창세 전에 그리스도 안에서 우리를 택하사. 주의 자녀는 이미 창세 전부터 그리스도 안에서 택함을 받았다. 아담의 죄의 형상 안에서 택하신 것이 아니라 그리스도 안에서 택하신 것이다.

성령 안에서 하나 된 자를 하나님께서는 사랑하는 자녀라고 하신다.

자녀들을 거룩하고 흠이 없게 하시려는 것이 사랑의 본질이다. 그래서 하나님을 사랑하는 자녀는 흠이 없는 것이다.

세상의 지식이나 지혜가 흠이 없게 하는 것이 아니다. 바리새인과 사두개인들은 학식이 풍부하므로 자신들은 모든 것이 완벽하여 흠이 없다고 착각하고 있었다. 그러나 주님은 이들을 향해 독사의 자식이라고 하셨다.

(고후 5:14) 그리스도의 사랑이 우리를 강권하시는도다 우리가 생각건대 한 사람이 모든 사람을 대신하여 죽었은즉 모든 사람이 죽은 것이라

사랑하는 자녀를 향한 하나님의 사랑은 강권적인 사랑이다.

이 사랑은 하나님께서 아담을 창조하실 때 생기를 코에 불어 넣어 생령(생명, 아가페 사랑)이 되었다.(창2:7)

하나님께서 생명으로 아담과 하나가 되기 위해서 하나님의 생명과 사랑을 강권적으로 주시는 것이다. 이것은 우리의 노력의 결과로 주신 것이 아니라 순전히 하나님의 사랑이시다.

우리와 하나 되기 위한 하나님의 강권적인 사랑인 것이다.

그 무엇으로도 하나 될 수 없고 오직 아가페 사랑으로만 하나 될 수 있기에 예수 그리스도를 통해 우리 안에 사랑을 선물로 주신다.

(엡 2:8-9) [8] 너희가 그 은혜를 인하여 믿음으로 말미암아 구원을 얻었나니 이것이 너희에게서 난 것이 아니요 하나님의 선물이라 [9] 행위에서 난 것이 아니니 이는 누구든지 자랑치 못하게 함이니라

하나님의 사랑과 십자가의 사랑을 믿는 자에게는 그 누구를 막론하고 거부할 수 없는 강권적인 하나님의 아가페 사랑을 주셨다.

하나님을 사랑하는 믿음이 없어서 그분의 사랑을 누리지 못하는 것이다.

(요일 3:1) 보라 아버지께서 어떠한 사랑을 우리에게 주사 하나님의 자녀라 일컬음을 얻게 하셨는고 우리가 그러하도다 그러므로 세상이 우리를 알지 못함은 그를 알지 못함이니라

1절, "보라 아버지께서 어떠한 사랑을 우리에게 주사"

아버지께서 어떠한 사랑을 주셨는지 아버지의 사랑이 어떤 사랑인지 보고 믿어야 아버지의 사랑으로 인해 기뻐하고, 감사할 수 있다. 이것을 모르면 기쁨도 없고 감사도 할 수 없다. 육신 안에서 채워지는 것으로만 감사 할 뿐이다.

그러나 육신 안에서 채워지는 것으로 감사하는 것은 오래 가지 못한다.

(예)

자신 손톱 사이에 가시가 박혀서 지금 고통을 겪고 있다고 가정해 보자. 그런데 자신이 아닌 타인이 다리가 부러져 마취 없이 수술을 하고 있다고 한다.

마취 없이 수술하는 사람의 아픔과 자신의 손톱 사이에 박힌 가시로 인한 아픔의 강도는 비교할 수 없을 만큼 크다. 그러나 손톱사이에 가시가 박힌 사람에게는 지금 자신의 손톱 사이에 박힌 가시가 훨씬 더 고통스럽다.

그러나 하나님의 아가페 사랑은 그렇지 않다. 하나님의 손톱사이에 박힌 가시(십자가의 죽음) 보다 하나님이 사랑하는 자녀의 아픈 다리(죄인 된 육신의

삶)가 더 아프신 것이다.

십자가에서 감당해야할 죽음의 고통을 왜 모르시겠는가?

그러나 십자가의 죽음의 고통보다 하나님이 사랑하는 자녀의 죄악 된(율법에 매여 종노릇하는)삶이 더 아프시기에 그 고통을 감당해 주신 것이다.

(마 26:39) 조금 나아가사 얼굴을 땅에 대시고 엎드려 기도하여 가라사대 내 아버지여 만일 할만하시거든 이 잔을 내게서 지나가게 하옵소서 그러나 나의 원대로 마옵시고 아버지의 원대로 하옵소서 하시고

마지막 예수님의 기도는 하나님의 아가페 사랑이시다.

(예)

열대 지방에서 열리는 과일 중 '두리안' 이라는 과일이 있다.

이 과일의 특징은 열매는 둥그렇고 지름이 15~20㎝ 정도이다. 겉껍질은 단단하고 거친 가시로 덮여 있으며, 그 안은 5개의 타원형 방으로 나누어졌는데 방마다 크림 빛이 도는 커스터드와 같은 과육으로 가득 차 있다. 또 열매 살 안에는 밤 크기정도의 씨가 1~5개씩 묻혀 있어, 과육을 먹을 수 있고 씨는 구워서 먹는다.

과일의 맛은 부드럽고 달콤한 맛을 지니는 동시에 림버거 치즈와 비슷한 코를 찌르는 냄새가 난다. 처음에는 고약한 발 냄새가 나는듯 한데 먹을수록 독특한 맛이 난다.

위의 설명을 듣고 두리안의 모양과 색깔과 맛을 알겠는가? 아무리 상세하게 설명을 들어도 직접 맛보지 않고는 절대 알 수 없다. 이처럼 하나님의 사랑은 자신이 보고 믿지 않고는 그 어떤 설명으로도 알 수 없고 하나님의 사랑을 믿고, 보며 맛 본 하나님의 자녀만 알 수 있는 것이다.

(눅 14:35) (생략)들을 귀가 있는 자는 들을지어다

2. 내가 하나님을 사랑한다는 것은

1) 옛 계명

(신 6:4-9) [4] 이스라엘아 들으라 우리 하나님 여호와는 오직 하나인 여호와시니 [5] 너는 마음을 다하고 성품을 다하고 힘을 다하여 네 하나님 여호와를 사랑하라 [6] 오늘날 내가 네게 명하는 이 말씀을 너는 마음에 새기고 [7] 네 자녀에게 부지런히 가르치며 집에 앉았을 때에든지 길에 행할 때에든지 누웠을 때에든지 일어날 때에든지 이 말씀을 강론할 것이며 [8] 너는 또 그것을 네 손목에 매어 기호를 삼으며 네 미간에 붙여 표를 삼고 [9] 또 네 집 문설주와 바깥 문에 기록할지니라

(마 11:13) 모든 선지자와 및 율법의 예언한 것이 요한까지니(눅16:16)

(마 22:37-39) [37] 예수께서 가라사대 ①네 마음을 다하고 목숨을 다하고 뜻을 다하여 주 너의 하나님을 사랑하라 하셨으니 [38] 이것이 크고 첫째 되는 계명이요 [39] 둘째는 그와 같으니 ②네 이웃을 네 몸과 같이 사랑하라 하셨으니 [40] 이 두 계명이 온 율법과 선지자의 강령이니라

율법과 선지자의 강령이다.(신 6:4-9)

이는 하나님께서 모세에게 주신 율법을 선지자의 입술을 통해 사람들에게 전하고, 가르쳐서 행하도록 교육하는 것이다. 말씀에서는 율법이 선지자의 입술을 통해 전하고, 가르침을 받아 행하는 시대는 세례요한에서 끝났음을 말한다.(마 11:13), (눅 16:16)

율법(하나님의 계명)을 선지자의 입술을 통해 전하고, 가르침을 받아 하나님의 사랑을 아는 것은 끝났음을 의미한다. 다시 말해 하나님의 사랑은 사람의 교육을 통해 가르쳐서 알 수 있는 것이 아니라는 것이다.

죄가 있는 구약의 사람들은 하나님의 사랑을 보여줘도 죄로 인해 볼 수도, 믿을 수도, 알 수도 없었다.

그러나 예수 그리스도를 통해 모든 죄를 사하시고 아가페 사랑을 회복해 주신 지금, 이제 더 이상 모세의 율법(하나님의 계명)을 선지자(사람)들의 가르침을 듣고 육신의 노력으로 하나님을 사랑해서는 안 된다.(육신의 열심)

이제 육신에 주신 율법과 선지자의 강령은 끝이 났다. 죄 있는 자들에게 주셨던 옛 계명은 끝났고, 새 계명을 주셨다.

그렇다면 예수님께서 말씀하시고 주신 하나님의 아가페 사랑은 어떤 사랑인가? 새 계명은 무엇인가?

2) 새 계명

(요 13:34-35) [34] 새 계명을 너희에게 주노니 서로 사랑하라 내가 너희를 사랑한 것같이 너희도 서로 사랑하라 [35] 너희가 서로 사랑하면 이로써 모든 사람이 너희가 내 제자인줄 알리라

34절, 새 계명은 "내가 너희를 사랑한 것같이" "너희도 서로 사랑하라"는 새 계명을 주셨다. 내가 너희를 사랑한 것 같이 너희도 서로 사랑하라고 하신다. 그렇다면 먼저 예수님께서 하신 사랑을 보아야 한다.

그래야 예수님께서 사랑하신 것 같이 서로 사랑할 수 있다. 하나님의 사랑을 보지 못한 자는 사랑을 할 수 없기 때문이다. 하나님의 사랑을 보지 못하고, 알지 못하기 때문에 입술(말)로만 사랑하는 것이다.

예수님이 보여주신 사랑은 죽음으로 우리를 사랑하심을 보여주셨다.

(빌 2:8) 사람의 모양으로 나타나셨으매 자기를 낮추시고 죽기까지 복종하셨으니 곧 십자가에 죽으심이라

(롬 5:8) 우리가 아직 죄인 되었을 때에 그리스도께서 우리를 위하여 죽으심으로 하나님께서 우리에게 대한 자기의 사랑을 확증하셨느니라

예수님은 십자가에서 죽으심으로 아가페 사랑을 보여주셨다.

이것이 영원한 사망과 죄악 그리고 모든 죄로 인해 죽을 수밖에 없는 우리를 구원해 주신 사랑이다.

하나님의 사랑을 회복해 주심으로 죄인이 아닌 자녀가 되어 범사에 감사한 마음과 평안의 마음, 아가페 사랑을 누릴 수 있게 해주시는 것이다. 영원한 사망과 죄악에서 구원을 해주심으로 말미암아 내 안에 평안과 기쁨을 회복해 주신다. 이 삶이 새 언약의 일꾼 된 삶인 것이다.

새 언약의 일꾼 된 삶이 곧, 새 계명을 지키며 사는 삶이다.

35절, "너희가 서로 사랑하면" 하나님의 자녀는 자신이 보고, 믿는 사랑으로 서로 사랑해야 하며 교제해야 한다.

하나님의 사랑으로 행하지 않는 믿음은 죽은 것이다. 그러기에 믿음은 하나님의 아가페 사랑으로 행하는 것이다.

자녀의 모든 행함은 하나님을 사랑하는 믿음 안에서 행해야 한다.

(마 5:20) 내가 너희에게 이르노니 너희 의가 서기관과 바리새인보다 더 낫지 못하면 결단코 천국에 들어가지 못하리라

죄 된 육신 안에서 믿는 자들도 열심과 열정은 있다.

그러나 하나님은 죄 된 육신 안에서의 열심과 열정을 원하시지 않는다.

하나님을 사랑하는 믿음(마음)과 감사한 마음으로 평안을 누리는 삶에서 나온 열심이어야 한다.

(요 14:15) 너희가 나를 사랑하면 나의 계명을 지키리라

하나님을 사랑하면 계명을 지키게 되어 있다고 하신다. 그래서 우리는 새 계명인 내가 너희를 사랑한 것 같이 서로를 사랑해야 한다.

만약 하나님이 주신 사랑으로 행하고 있지 않다면 그 안에는 사랑이 없는 것이다. 그렇기 때문에 서로 분쟁하고, 가르며 죽이는 일을 하는 것이다.

하나님의 아가페 사랑은 죽이는 것이 아니라 살리는 일임을 알아야 한다.

(요일 5:3) 하나님을 사랑하는 것은 이것이니 우리가 그의 계명들을 지키는 것이라 그의 계명들은 무거운 것이 아니로다

하나님의 사랑으로 사는 자녀는 사랑을 나누는 것이 어렵지 않다. 왜냐하면 그 안(마음)에 하나님의 사랑이 있기 때문이다.

그러나 그 안(마음)에 하나님의 사랑이 없는 자들은 사랑으로 행할 수 없다.

서로 사랑하라는 말씀을 행해야 하는데 자신 안에 없는 사랑을 육신의 노력으로 포장된 사랑을 주어야 하기 때문에 힘들고, 고달프며 무겁다. 없는 것을 억지로 만들어 해야 하기 때문에 기쁨이 없는 것이다.

그래서 하나님의 사랑이 아닌 육신으로 믿는 믿음은 신앙생활이 버겁고 힘겨울 때가 있다. 하지만 주님이 주신 사랑으로 믿는 믿음은 내 안에 있는 것을 나누는 삶이기에 기쁘고, 감사하며 행복이다.

(요 14:21-24) [21]나의 계명을 가지고 지키는 자라야 나를 사랑하는 자니 나를 사랑하는 자는 내 아버지께 사랑을 받을 것이요 나도 그를 사랑하여 그에게 나를 나타내리라 [22] 가룟인 아닌 유다가 가로되 주여 어찌하여 자기를 우리에게는 나타내시고 세상에게는 아니하려 하시나이까 [23] 예수께서 대답하여 가라사대 사람이 나를 사랑하면 내 말을 지키리니 내 아버지께서 저를 사랑하실 것이요 우리가 저에게 와서 거처를 저와 함께 하리라 [24] 나를 사랑하지 아니하는 자는 내 말을 지키지 아니하나니 너희의 듣는 말은 내 말이 아니요 나를 보내신 아버지의 말씀이니라

21절, "나의 계명을 가지고 지키는 자라야 나를 사랑하는 자니"

하나님을 사랑하는 자는 계명을 지킨다고 말씀하신다. 또 계명을 지키는 자를 하나님은 사랑하시고 거처를 저와 함께 하신다고 말씀하신다.

22절, "세상에게는 아니하려 하시나이까" 모세 율법에 의해 선지자(육신의 사람)의 가르침과 교육을 받아서 육신으로 하나님을 믿는 자들은 결코 하나님의 사랑을 알 수도 없고, 믿을 수도 없다.

23절, "사람이 나를 사랑하면 내 말을 지키리니"

24절, "나를 사랑하지 아니하는 자는 내 말을 지키지 아니하나니" 하나님을 사랑하지 않기 때문에 말씀을 지키며 살 수 없는 것이다.

예수님께서 주신 새 계명(하나님의 말씀)을 지키지 않는 자는 하나님의 사랑을 누릴 수 없다.

하나님을 사랑한다면 당신은 지금 하나님의 새 계명을 지키며 살고 있는지 생각해보아야 한다.

(요 15:9-19) [9] 아버지께서 나를 사랑하신 것같이 나도 너희를 사랑하였으니 나의 사랑 안에 거하라 [10] 내가 아버지의 계명을 지켜 그의 사랑 안에 거하는 것같이 너희도 내 계명을 지키면 내 사랑 안에 거하리라 [11] 내가 이것을 너희에게 이름은 내 기쁨이 너희 안에 있어 너희 기쁨을 충만 하게 하려 함이니라 [12] 내 계명은 곧 내가 너희를 사랑한 것같이 너희도 서로 사랑하라 하는 이것 이니라 [13] 사람이 친구를 위하여 자기 목숨을 버리면 이에서 더 큰 사랑이 없나니 [14] 너희가 나의 명하는 대로 행하면 곧 나의 친구라 [15] 이제부터는 너희를 종이라 하지 아니하리니 종은 주인의 하는 것을 알지 못함이라 너희를 친구라 하였노니 내가 내 아버지께 들은 것을 다 너희에게 알게 하였음이니라 [16] 너희가 나를 택한 것이 아니요 내가 너희를 택하여 세웠나니 이는 너희로 가서 과실을 맺게 하고 또 너희 과실이 항상 있게 하여 내 이름으로 아버지께 무엇을 구하든지 다 받게 하려 함이니라 [17] 내가 이것을 너희에게 명함은 너희로 서로 사랑하게 하려 함이로라

[18] 세상이 너희를 미워하면 너희보다 먼저 나를 미워한 줄을 알라 [19] 너희가 세상에 속하였으면 세상이 자기의 것을 사랑할 터이나 너희는 세상에 속한 자가 아니요 도리어 세상에서 나의 택함을 입은 자인고로 세상이 너희를 미워하느니라

11절, "내 기쁨이 너희 안에 있어 너희 기쁨을 충만하게 하려 함이니라" 하나님의 아가페 사랑을 받은 자는 그 안(마음)에 기쁨이 충만한 삶을 산다.

15절, 하나님의 사랑을 믿고 행하는 자는 이제 더 이상 종이 아니라 친구라고 말씀하신다.

종은 주인이 하려는 일을 알지 못한다. 하지만 친구에게는 모든 비밀의 말씀을 다 알게 하시겠다고 말씀해 주셨다.

그래서 들을 귀가 있는 자가 복된 것이다.

(눅 8:10) 가라사대 하나님 나라의 비밀을 아는 것이 너희에게는 허락되었으나 다른 사람에게는 비유로 하나니 이는 저희로 보아도 보지 못하고 들어도 깨닫지 못하게 하려 함이니라

16절, "내 이름으로 아버지께 무엇을 구하든지 다 받게 하려 함이니라" 아버지의 아가페 사랑을 알고 구하면 우리 안에 기쁨과 평안으로 넘치게 하시는 것이 곧 응답이다. 이곳에서 나를 향한 구원을 볼 수 있는 것이다.

또한 믿음의 자녀들은 예수의 이름으로 하나님과 하나 되어 사는 삶을 구해야 한다. 내 안에 있는 감사와 은혜로 섬기고 나누는 일에 온전한 도구로 쓰임 받기를 위해 기도해야 한다.

19절, "너희는 세상에 속한 자가 아니요 도리어 세상에서 나의 택함을 입은 자인고로 세상이 너희를 미워하느니라" 하나님은 창세 전부터 그리스도 안에서 나를 택하시어 죄(근심과 걱정)에 세상의 것에 종 되었던 나를 구원해 주셨다.

그리고 하나님의 사랑 안에 있는 평강과 기쁨 그리고 섬김으로 살게 하셨다.

하나님의 택함을 입은 자들을 오히려 세상의 것들이 미워한다.

내 안에 세상의 것들이 없기 때문에 악의 영들은 감히 나를 만질 수 없다. 그러므로 미워하는 것이다.

이것이 바로 하나님 아가페 사랑의 승리이다.

(요일 2:1-11) [1] 나의 자녀들아 내가 이것을 너희에게 씀은 너희로 죄를 범치 않게 하려 함이라 만일 누가 죄를 범하면 아버지 앞에서 우리에게 대언자가 있으니 곧 의로우신 예수 그리스도시라 [2] 저는 우리 죄를 위한 화목제물이니 우리만 위할 뿐 아니요 온 세상의 죄를 위하심이라 [3] 우리가 그의 계명을 지키면 이로써 우리가 저를 아는 줄로 알 것이요 [4] 저를 아노라 하고 그의 계명을 지키지 아니하는 자는 거짓말하는 자요 진리가 그 속에 있지 아니하되 [5] 누구든지 그의 말씀을 지키는 자는 하나님의 사랑이 참으로 그 속에서 온전케 되었나니 이로써 우리가 저 안에 있는 줄을 아노라 [6] 저 안에 거한다 하는 자는 그의 행하시는 대로 자기도 행할지니라 [7] 사랑하는 자들아 내가 새 계명을 너희에게 쓰는 것이 아니라 너희가 처음부터 가진 옛 계명이니 이 옛 계명은 너희의 들은 바 말씀이거니와 [8] 다시 내가 너희에게 새 계명을 쓰노니 저에게와 너희에게도 참된 것이라 이는 어두움이 지나가고 참 빛이 벌써 비췸이니라 [9] 빛 가운데 있다 하며 그 형제를 미워하는 자는 지금까지 어두운 가운데 있는 자요 [10] 그의 형제를 사랑하는 자는 빛 가운데 거하여 자기 속에 거리낌이 없으나 [11] 그의 형제를 미워하는 자는 어두운 가운데 있고 또 어두운 가운데 행하며 갈 곳을 알지 못하나니 이는 어두움이 그의 눈을 멀게하였음이니라

└→구름이 있으면 태양은 볼 수 없다.

요일2:1, "너희로 죄를 범치 않게 하려 함이라"

2절-4절, 예수 그리스도를 믿는다고 하면서 계명(내가 너희를 사랑 한 것 같

이 너희도 서로 사랑하라)을 지키지 않으면 거짓말쟁이요, 진리(하나님의 말씀, 성령, 예수 그리스도)가 그 속에 없다고 말씀하셨다. 죄악 된 세상의 것으로부터 구원을 받았다고 고백하면서 하나님의 사랑을 행하지 않는 것은 하나님의 사랑을 모르는 것이다. 하나님의 사랑은 믿고 받으면 행하게 된다.

5절, 사랑을 주지 않은것이 아니다. 죄 가운데 있기에 그것이 하나님의 사랑인지 깨닫지 못하고 말씀을 볼 수가 없었다.

9절-11절, 하나님의 사랑의 빛 가운데 있다는 것은 어두움에 있지 않다는 증거이다. 하나님을 사랑한다면서 형제를 미워하는 자는 하나님의 사랑 안에 거하지 않는다는 증거이기도 하다. 미움의 어둠이 결국은 하나님의 사랑을 보지 못하도록 하는 마귀가 사용하는 도구임을 보아야 한다.

구름에 가린 태양은 볼 수가 없는 것처럼 말이다.

(요일 3:7-10) [7] 자녀들아 아무도 너희를 미혹하지 못하게 하라 의를 행하는 자는 그의 의로우심과 같이 의롭고 [8] 죄를 짓는 자는 마귀에게 속하나니 마귀는 처음부터 범죄함이니라 하나님의 아들이 나타나신 것은 마귀의 일을 멸하려 하심이니라 [9] 하나님께로서 난 자마다 죄를 짓지 아니하나니 이는 하나님의 씨가 그의 속에 거함이요 저도 범죄치 못하는 것은 하나님께로서 났음이라 [10] 이러므로 하나님의 자녀들과 마귀의 자녀들이 나타나나니 무릇 의를 행치 아니하는 자나 또는 그 형제를 사랑치 아니하는 자는 하나님께 속하지 아니하니라

죄를 짓도록 역사하는 육신은 그리스도와 함께 십자가에서 죽었다. 그래서 죄를 짓는 자마다 마귀에게 속해 있다고 말씀하시는 것이다.

9절, 하나님께로서 난 자마다 죄를 짓지 아니하나니, 이는 하나님의 씨가 그의 속에 거함이요. 말씀(복음)으로 태어난 자녀가 죄를 지을 수 없는 이유는 씨 자체가 다르기 때문이다.

(고전 4:15) 그리스도 안에서 일만 스승이 있으되 아비는 많지 아니하니 그리스도 예수 안에서 복음으로써 내가 너희를 낳았음이라

(약 1:18) 그가 그 조물 중에 우리로 한 첫 열매가 되게 하시려고 자기의 뜻을 좇아 진리의 말씀으로 우리를 낳으셨느니라

하나님의 자녀는 사랑만 행할 수 있는 씨로 태어났다. 하지만 마귀의 자녀는 죄의 씨로 태어난 것이다.

10절, 의를 행치 아니하는 자나 또는 그 형제를 사랑치 아니하는 자는 하나님께 속하지 아니하니라. 형제를 사랑하지 않고 용서하지 않는 자는 마귀에 속해 있다고 말씀하신다. 하나님의 생명으로 태어난 자녀는 사랑하고, 용서하며, 섬기게 되어있다는 것이다.

행함을 보면 하나님의 자녀인지 마귀의 자녀인지를 알 수 있다.

그러나 하나님의 자녀라고 믿고 있음에도 아직 구름(근심, 걱정, 미움, 세상의 것들)으로 가려져 하나님의 사랑을 보지 못하고 살지 못하고 있다면 육신의 생각과 마음이 그리스도와 함께 십자가에서 믿음으로 죽으면 된다.

구원은 내가 그리스도와 함께 십자가에서 죽었음을 마음으로 믿을 때부터 시작되기 때문이다.(갈 2:20)

3) 옛 계명과 새 계명 하나님의 사랑은?

① 옛 계명의 하나님의 사랑

(출 21:22-25) [22] 사람이 서로 싸우다가 아이 밴 여인을 다쳐 낙태케 하였으나 다른 해가 없으면 그 남편의 청구대로 반드시 벌금을 내되 재판장의 판결을 좇아 낼 것이니라 [23] 그러나 다른 해가 있으면 갚되 생명은 생명으로 [24] 눈은 눈으로, 이는 이로, 손은 손으로, 발은 발로 [25] 데운 것은 데

움으로, 상하게 한 것은 상함으로, 때린 것은 때림으로 갚을 지니라

(신 19:21) 네 눈이 긍휼히 보지 말라 생명은 생명으로, 눈은 눈으로, 이는 이로, 손은 손으로, 발은 발로니라

(마 5:38) 또 눈은 눈으로, 이는 이로 갚으라 하였다는 것을 너희가 들었으나

(마 5:43) 또 네 이웃을 사랑하고 네 원수를 미워하라 하였다는 것을 너희가 들었으나

하나님의 백성을 죄로부터 보호하시는 사랑의 말씀이다. 이들은 죄 가운데 사는 죄인이기에 긍휼의 마음이 없다. 하지만 하나님의 마음은 죄를 지은 자를 벌주기 위한 계명으로 주신 것이 아니라 죄로부터 보호해 주시기 위한 사랑의 마음이셨다.

그러나 죄인 된 육신으로 사는 이들은 하나님의 사랑을 깨닫지 못하고, 그 마음을 알 수가 없었다.

② 새 계명의 하나님의 사랑

(마 5:39-42) [39] 나는 너희에게 이르노니 악한 자를 대적지 말라 누구든지 네 오른편 뺨을 치거든 왼편도 돌려 대며 [40] 또 너를 송사하여 속옷을 가지고자 하는 자에게 겉옷까지도 가지게 하며 [41] 또 누구든지 너로 억지로 오리를 가게 하거든 그 사람과 십리를 동행하고 [42] 네게 구하는 자에게 주며 네게 꾸고자 하는 자에게 거절하지 말라

(마 5:44) 나는 너희에게 이르노니 너희 원수를 사랑하며 너희를 핍박하는

자를 위하여 기도하라

하나님의 아가페 사랑을 받은 믿음의 자녀는 긍휼과 자비와 사랑과 용서의 마음이 있기에 생명은 생명이 아닌 예수(하나님의 아가페 사랑)로, 눈은 눈이 아닌 예수(하나님의 아가페 사랑)로, 이는 이가 아닌 예수(하나님의 아가페 사랑)로, 손은 손이 아닌 예수(하나님의 아가페 사랑)로, 발은 발이 아닌 예수(하나님의 아가페 사랑)로, 오른편 빰을 치거든 예수(하나님의 아가페 사랑)로, 속옷을 가지고자 하는 자에게는 예수(하나님의 아가페 사랑)로, 오리를 가게 하거든 예수(하나님의 아가페 사랑)로 하는 것이 새 계명의 사랑이다.

하나님의 사랑을 받은 믿음의 자녀는 긍휼과 용서의 마음이 있기에 그 마음을 알며, 이 안에 사랑의 마음이 있는 것이다.

4) 내가 하나님을 사랑한다는 것은?

새 계명을 너희에게 주노니 "서로 사랑하라"

"내가 너희를 사랑한 것같이" "너희도 서로 사랑하라" (요 13:34)

내 안에 누군가에 대해 상처와 아픔 그리고 분노가 있을 수 있다. 자신에게 상처와 아픔을 준 그를 사랑하는 것은 참으로 어려운 일이다.

예수님의 말씀처럼 "나는 너희에게 이르노니 너희 원수를 사랑하며 너희를 핍박하는 자를 위하여 기도하라" 과연 가능한 말씀일까? (마 5:44)

예수님께서 원수를 사랑하고, 자신을 핍박하는 자를 위해 기도하라고 말씀하셨으니 이것을 지키기 위해 억지로라도 용서하고 기도하며 몸부림쳤지만 용서는 되지 않고 여전히 미움 때문에 힘들어 한다. 그렇다면 이 모든 것들은 어디에서 나오는 것인가. 죄 된 육신의 마음에서 나오고 있는 것을 우리는 보아야 한다.

자신은 그들을 용서할 수 없음을 깨닫고 용서하지 못한 육신의 마음이 예수 그리스도와 함께 죽었음을 믿어야 한다.

(요일 3:16) 그가 우리를 위하여 목숨을 버리셨으니 우리가 이로써 사랑을 알고 우리도 형제들을 위하여 목숨을 버리는 것이 마땅하니라

자신의 육신적인 생각과 마음이 그리스도와 함께 죽고 용서와 사랑하는 마음으로 회복해 주셨음을 믿는 믿음 안에서 용서되어진 마음을 보는 것이다. 원수를 사랑하고, 용서할 수 있는 마음은 하나님께서 주시지 않으면 결코 할 수 없다.

다시 말해 "내가 너희를 사랑한 것 같이" 라는 말씀처럼 자신의 미워하는 마음이 그리스도와 함께 십자가에서 죽고 주님의 마음으로 그들을 사랑하는 것이 곧 주님을 사랑하는 것이다.

(마 10:42) 또 누구든지 제자의 이름으로 이 소자 중 하나에게 냉수 한 그릇이라도 주는 자는 내가 진실로 너희에게 이르노니 그 사람이 결단코 상을 잃지 아니하리라 하시니라

소자에게 사랑을 베풀었던 것을 하나님에게 한 것이라고 말씀하신다. 하나님이 주신 사랑으로 네 이웃을 사랑하고, 용서하면 그것은 하나님을 사랑하는 것이라고 말씀하시는 것이다.

(마 25:31-39) [31] 인자가 자기 영광으로 모든 천사와 함께 올 때에 자기 영광의 보좌에 앉으리니 [32] 모든 민족을 그 앞에 모으고 각각 분별하기를 목자가 양과 염소를 분별 하는 것 같이 하여 [33] 양은 그 오른편에 염소는 왼편에 두리라 [34] 그 때에 임금이 그 오른편에 있는 자들에게 이르시되 내 아버지께 복 받을 자들이여 나아와 창세로부터 너희를 위하여 예비 된 나라를 상속하라 [35] 내가 주릴 때에 너희가 먹을 것을 주었고 목마를 때에 마시게 하였고 나그네 되었을 때에 영접하였고 [36] 벗었을 때에 옷을 입혔고 병 들었을 때에 돌아보았고 옥에 갇혔을 때에 와서 보았느니라 [37] 이에 의인들이 대답하여 가로되 주여 우리가 어느 때에 주의 주리신 것을 보고 공

궤하였으며 목마르신 것을 보고 마시게 하였나이까 [38] 어느 때에 나그네 되신 것을 보고 영접하였으며 벗으신 것을 보고 옷 입혔나이까 [39] 어느 때에 병드신 것이나 옥에 갇히신 것을 보고 가서 뵈었나이까 하리니

하나님의 아가페 사랑으로 내 이웃에게 행하는 것이 하나님께 행한 것이라고 말씀하신다.

오른편에 있는 자들은 하나님의 아가페 사랑으로 섬겼다는 말씀이다.

(마 25:40) 임금이 대답하여 가라사대 내가 진실로 너희에게 이르노니 너희가 여기 내 형제 중에 지극히 작은 자 하나에게 한 것이 곧 내게한 것이니라 하시고

아가페 사랑으로 이웃을 사랑했다는 말씀이다.

(마 25:41-44) [41] 또 왼편에 있는 자들에게 이르시되 저주를 받은 자들아 나를 떠나 마귀와 그 사자들을 위하여 예비 된 영영한 불에 들어가라 [42] 내가 주릴 때에 너희가 먹을 것을 주지 아니하였고 목마를 때에 마시게 하지 아니하였고 [43] 나그네 되었을 때에 영접하지 아니하였고 벗었을 때에 옷 입히지 아니하였고 병들었을 때와 옥에 갇혔을 때에 돌아보지 아니하였느니라 하시니 [44] 저희도 대답하여 가로되 주여 우리가 어느 때에 주의 주리신 것이나 목마르신 것이나 나그네 되신 것이나 벗으신 것이나 병드신 것이나 옥에 갇히신 것을 보고 공양치 아니하더이까

왼편에 있는 자들은 아가페 사랑이 없기에 행할 수 없었다.

"내가 너희를 사랑한 것 같이 서로 사랑하라"는 하나님의 말씀을 행하지 않았음을 말씀하신 것이다.

(마 25:45-46) [45] 이에 임금이 대답하여 가라사대 내가 진실로 너희에게 이르노니 이 지극히 작은 자 하나에게 하지 아니한 것이 곧 내게 하지 아니한 것이니라 하시리니 [46] 저희는 영벌에 의인들은 영생에 들어가리라 하시니라

그들은 하나님의 아가페 사랑으로 이웃을 사랑하지 않았다는 것이다.

(요일 4:16) 하나님이 우리를 사랑하시는 사랑을 우리가 알고 믿었노니 하나님은 사랑이시라 사랑 안에 거하는 자는 하나님 안에 거하고 하나님도 그 안에 거하시느니라

하나님을 사랑하는 자는 주께서 아신다. 그가 하는 사랑의(마음) 행위를 보고 알 수 있는 것이다.

하나님을 사랑한다는 것은 봉사, 전도, 예배, 헌신, 예물 등도 중요하지만 그보다 먼저 선행되어야 하는 중요한 것이 있다. 그것은 하나님 아가페 사랑의 마음으로 내 이웃을 사랑하는 것이다.

(요일 4:1-3) [1] 사랑하는 자들아 영을 다 믿지 말고 오직 영들이 님께 속하였나 시험하라 많은 거짓 선지자가 세상에 나왔음이니라 [2] 하나님의 영은 이것으로 알지니 곧 예수 그리스도께서 육체로 오신 것을 시인하는 영마다 하나님께 속한 것이요 [3] 예수를 시인하지 아니하는 영마다 하나님께 속한 것이 아니니 이것이 곧 적그리스도의 영이니라 오리라 한 말을 너희가 들었거니와 이제 벌써 세상에 있느니라

(요이 1:7) 미혹하는 자가 많이 세상에 나왔나니 이는 예수 그리스도께서 육체로 임하심을 부인하는 자라 이것이 미혹하는 자요 적그리스도니

(요일 4:4-6) [4] 자녀들아 너희는 하나님께 속하였고 또 저희를 이기었나니 이는 너희 안에 계신 이가 세상에 있는 이보다 크심이라 [5] 저희는 세상에 속한 고로 세상에 속한 말을 하매 세상이 저희 말을 듣느니라 [6] 우리는 하나님께 속하였으니 하나님을 아는 자는 우리의 말을 듣고 하나님께 속하지 아니한 자는 우리의 말을 듣지 아니하나니 진리의 영과 미혹의 영을 이로써 아느니라

1절, 많은 거짓 선지자가 세상에 나왔음이니라.

2절, 하나님의 영은 이것으로 알지니.

곧 예수 그리스도께서 육체로 오신 것을 시인하는 영마다 하나님께 속한 것이요. 예수 그리스도께서 육체(믿는 자들 마음)로 오신 것을 시인하는 영이 하나님께 속하였음을 말씀하신다. 말씀이 우리 안에(마음 안에) 있어야 한다. 이 뜻은 말씀을 내 안에서 성령으로 말미암아 믿어 실제로 이 삶을 살고 있어야 함을 말씀하신다.(요 14:1, 14:27)

위의 말씀이 우리 안에 있으면, 근심 없는 삶, 예수 그리스도께서 주신 평안의 삶을 살게 된다. 이렇게 사는 삶이 말씀이 내 안에 있다는 증거가 되기도 하는 것이다.

- 아브라함의 믿음 5. 결론 참고-

말씀이 우리 안에 있으면 아버지의 계명을 지키게 된다.(요13:34)

또 육신이 되어 오신 예수 그리스도는 성령으로 말미암아 믿는 자들 안에서 말씀하시고 이것을 믿을 때 믿는 자들 삶에서 실제가 되게 하신다.

하나님의 사랑의 씨로 태어난 자녀는 예수님께서 말씀을 실제로 이루며 사셨던 것처럼 말씀이 실제가 되는 삶을 사는 것이다. 이것이 바로 예수 그리스도를 닮아가는 삶이다.

그리스도인의 삶은 결코 무겁고 힘든 삶이 아니다. 하나님의 씨로 태어나지 않은 자가 그리스도인처럼 살려고 하니 무겁고 힘든 것이다. 사자가 사자처럼 사는 것은 어렵고 힘든 것이 아니지만 원숭이가 사자처럼 살려고 하니까 어려

운 것과 같은 이치이다.

3절, 이 말씀을 혼미케 하는 자들이 이 세상에 있음을 알아야 한다.

4절, 자녀들아 너희는 하나님께 속하였고 또 저희를 이기었나니

세상을 이기신 그리스도께서 하나님의 자녀들 안에 계심으로 염려할 것이 없다는 것이다.

5절-6절, 세상에 속한 자는 세상의 말을 듣고, 하나님의 사랑으로 태어난 믿음의 자녀는 하나님 말씀을 듣는다. 주께서는 "하나님을 믿으니 또 나를 믿으라" 라고 말씀하셨다.(요 14:1)

그러나 어떤 이들은 "우리가 육신을 입고 살고 우리는 신이 아닌데 어떻게 근심이 없는 삶을 살 수 있는가" 라고 반문한다.

근심 없이 산다는 것은 거짓말이라고 하며 말도 안 된다고 한다.

세상에 살면서 어떻게 근심이 없이 살 수 있는가? 이렇게 말하는 자들이 세상에 속한 자들이요, 세상의 말을 듣는 자들이다.

그래서 이들은 일평생 육신의 종과 이 세상의 종이 되어 산다.

즉, 근심의 종과 정욕의 종이 되어 살 수밖에 없다.

분명 4절 말씀에 주님께서는 "너희 안에 계신 이가 세상에 있는 이보다 크심이라" 고 선포하심을 기억해야 한다.

아가페 사랑으로 태어난 자녀는 이 세상을 이기신 주님이 내 안에 계심으로 근심과 걱정이 아닌 오직 평강과 만족과 감사만 있을 뿐이다. 이것이 그리스도인의 삶의 실체이다.

즉, 근심하지 않으려고, 염려하지 않으려고, 두려워하지 않으려고 노력하지 말라는 것이다.

노력해서 극복하려고 하는 것이 아니라, 이것들을 이미 십자가에서 죽이고 이기신 예수 그리스도를 믿어야 하는 것이다.

이러한 삶이 영적 전쟁의 삶이다.(엡 6:10-20)

3. 자신이 보고, 믿은 아가페 사랑을 세상에 보여주라 하신다.

예수 그리스도께서 말씀이 육신이 되어 이 땅에 오셔서 아가페 사랑을 행하심으로 자녀들에게 믿음의 삶의 본을 보이셨다.

그리고 십자가의 죽음을 통해 모든 의를 이루시고, 성취하신 예수 그리스도께서 아가페 사랑을 받은 믿음의 자녀들에게 아가페 사랑으로 서로 사랑하고 교제하며 이 세상에 하나님의 아가페 사랑을 보여주는 삶을 살라고 말씀하신 것이다.

(요 17:23) 곧 내가 저희 안에 아버지께서 내 안에 계셔 저희로 온전함을 이루어 하나가 되게 하려 함은 아버지께서 나를 보내신 것과 또 나를 사랑하심 같이 저희도 사랑하신 것을 세상으로 알게 하려 함이로소이다

아가페 사랑은 이제 그 어디에서도 볼 수 없다. 성경에서도 아니다.

오직 하나님의 씨로 태어나 아가페 사랑을 받고, 이를 행하는 자녀들을 통해 아가페 사랑을 볼 수 있는 것이다.

(롬 13:8-10) [8] 피차 사랑의 빚 외에는 아무에게든지 아무 빚도지지 말라 남을 사랑하는 자는 율법을 다 이루었느니라 [9] 간음하지 말라 살인하지 말라 도적질하지 말라 탐내지 말라 한 것과 그 외에 다른 계명이 있을지라도 네 이웃을 네 자신과 같이 사랑하라 하신 그 말씀 가운데 다 들었느니라 [10] 사랑은 이웃에게 악을 행치 아니하나니 그러므로 사랑은 율법의 완성이니라

(롬 3:20) 그러므로 율법의 행위로 그의 앞에 의롭다 하심을 얻을 육체가 없나니 율법으로는 죄를 깨달음이니라

율법의 행위로는 의인이 없다고 했다. 육신의 생각과 마음으로 형제를 사랑

하는 것이 율법을 이루는 것이 아니라 아가페 사랑이 율법의 완성이다.

9절, 십계명을 한 마디로 정의한다면 아가페 사랑이다. 하나님은 이스라엘 백성을 사랑하셔서 아가페 사랑(모세율법, 십계명)을 주셨지만 이들은 죄 된 육체 때문에 율법을 사랑의 마음으로 행할 수가 없었다. 그래서 예수 그리스도께서 육신이 되어 이 땅에 오셔서 죄 가운데 있는 죄의 육신을 십자가에서 죽이시고 다시금 새 생명으로 죄가 없는 아가페 사랑의 생명을 회복시켜 주시고 행할 수 있도록 해 주신 것이다.

아가페 사랑으로 형제와 이웃을 사랑하는 것이 온 율법을 이루는, 십계명을 완성하는 삶인 것이다.

(마 19:16-22) [16] 어떤 사람이 주께 와서 가로되 선생님이여 내가 무슨 선한 일을 하여야 영생을 얻으리이까 [17] 예수께서 가라사대 어찌하여 선한 일을 내게 묻느냐 선한 이는 오직 한 분이시니라 네가 생명에 들어가려면 계명들을 지키라 [18] 가로되 어느 계명이오니이까 예수께서 가라사대 살인하지 말라 간음하지 말라 도적질하지 말라 거짓 증거하지 말라 [19] 네 부모를 공경하라 네 이웃을 네 몸과 같이 사랑하라 하신 것이니라 [20] 그 청년이 가로되 이 모든 것을 내가 지키었사오니 아직도 무엇이 부족하니이까 [21] 예수께서 가라사대 네가 온전하고자 할진대 가서 네 소유를 팔아 가난한 자들을 주라 그리하면 하늘에서 보화가 네게 있으리라 그리고 와서 나를 좇으라 하시니 [22] 그 청년이 재물이 많으므로 이 말씀을 듣고 근심하며 가니라

한 부자 청년이 영생(영원한 삶)을 얻고 싶어서 예수님께 여쭈었다. 예수님께서는 계명을 지키라고 말씀하셨다. 부자 청년은 자신이 그동안 율법을 잘 지키며 살았다고 자부하며 예수님께 다 지켰다고 대답한다. 하지만 예수님께서는 청년에게 율법을 다 지켰다고 영생을 얻는 것이 아니라며, 한 가지 부족한 것을 말씀하신다. 그것은 하나님의 아가페 사랑을 행하라는 것이었다.

하나님 보다 더 사랑하는 것이 있는 가운데 행하는 것은 아가페 사랑으로 행하는 것이 아니라는 말씀이다.

(마 10:37) 아비나 어미를 나보다 더 사랑하는 자는 내게 합당치 아니하고 아들이나 딸을 나보다 더 사랑하는 자도 내게 합당치 아니하고

부자 청년은 하나님 보다 물질을 더 사랑하는 자였다. 아가페 사랑으로 선을 행한 것이 아니다. 영생을 얻고 싶은 마음에서 한 것이다.

혹여 그대도 하나님을 사랑하는 마음이 아닌 축복을 받고 싶은 마음에서, 교회 일을 열심히 하고 있지는 않은지 돌아보기를 바란다.

자신의 행함이 하나님을 사랑하는 마음으로 행하고 있는지 아니면 육신 안에서 다른 목적이 있는지 자신의 마음을 보아야 한다. 그렇지 않으면 부자 청년과 같이 자신은 나름대로 열심히 행하며 살았을지라도 영생의 축복은 그의 몫이 아니다.

하나님을 사랑하는 자는 사랑을 세상에 보이며 살라고 하신다. 또 그 안에는 형제와 이웃을 미워하는 마음이 없다.

(요 21:15-17) [15] 저희가 조반 먹은 후에 예수께서 시몬 베드로에게 이르시되 요한의 아들 시몬아 네가 이 사람들보다 ①<u>나를 더 사랑하느냐</u> 하시니 <u>가로되 주여 그러하외다 내가 주를 사랑하는 줄 주께서 아시나이다</u> 가라사대 ①<u>내 어린 양을 먹이라</u> 하시고 [16] 또 두 번째 가라사대 요한의 아들 시몬아 ②<u>네가 나를 사랑하느냐</u> 하시니 가로되 <u>주여 그러하외다 내가 주를 사랑하는 줄 주께서 아시나이다</u> 가라사대 ②내 양을 치라 하시고 [17] 세 번째 가라사대 요한의 아들 시몬아 ③<u>네가 나를 사랑하느냐</u> 하시니 주께서 세 번째 네가 나를 사랑하느냐 하시므로 베드로가 <u>근심하여 가로되 주여 모든 것을 아시오매 내가 주를 사랑하는 줄을 주께서 아시나이다</u> 예수께서 가라사대 ③<u>내 양을 먹이라</u>

주님께서 베드로에게 세 번씩이나 똑같은 질문을 하신다.

"네가 나를 사랑하느냐"

세 번씩이나 똑같은 질문을 받은 베드로는 "근심하여 가로되" "내가 주를 사랑하는 줄을 주께서 아시나이다"

주님께서도 인정한 하나님을 향한 베드로의 사랑의 고백이다.

하나님을 사랑한 베드로에게 주님은 말씀하셨다.

"내 어린 양을 먹이라", "내 양을 치라", "내 양을 먹이라"

베드로 네가 하나님의 사랑을 보았거든, 믿었거든, 받았거든 네가 받은 하나님의 사랑을 먹이라(나누라)고 말씀하신 것이다.

(행 3:6) 베드로가 가로되 은과 금은 내게 없거니와 내게 있는 것으로 네게 주노니 곧 나사렛 예수 그리스도의 이름으로 걸으라 하고

베드로에게 있는 것은 은과 금이 아니라, 예수의 이름(하나님의 아가페 사랑)이었다. 베드로 안에 있는 하나님의 사랑으로 앉은뱅이가 일어나고, 죽은 자가 살아나는 역사가 일어난 것이다.

하나님의 사랑은 그 사랑안에 거하는 자녀를 통해 일하심을 보여주는 것이다.

(고후 2:14-16) [14] 항상 우리를 그리스도 안에서 이기게 하시고 우리로 말미암아 각처에서 그리스도를 아는 냄새를 나타내시는 하나님께 감사하노라 [15] 우리는 구원 얻는 자들에게나 망하는 자들에게나 하나님 앞에서 그리스도의 향기니 [16] 이 사람에게는 사망으로 좇아 사망에 이르는 냄새요 저 사람에게는 생명으로 좇아 생명에 이르는 냄새라 누가 이것을 감당하리요

하나님의 사랑을 입은 자들은 그리스도의 향기가 난다. 이는 어디에서 무엇을 하더라도 동일한 향을 낸다. 교회에서도, 집에서도 동일한 향을 풍기는 것이다.

교회 안에서는 거룩한 목사와 장로 성가대원의 모습인데 교회 밖으로 나가면 그리스도인의 모습이 전혀 보이지 않는다면 그는 진정한 그리스도인이 아니다. 무엇인가 잘못된 것이다.

교회 안에서와 교회 밖에서의 삶이 전혀 다른 모습일 때 그들의 다른 모습을 보는 가족이나 주위 사람들은 그들로 인해 하나님을 부인하기도 한다.

교회에서는 거룩한 목사와 장로인데 집 안에서는 혈기와 미움의 삶을 사는 부모의 모습을 보고 자라는 자녀들은 얼마나 혼란을 겪게 되겠는가. 어릴 때는 부모를 따라 교회에 나가지만 성장하면 교회를 떠나는 수많은 자녀들을 볼 수 있다. 자신의 잘못된 신앙과 잘못된 믿음으로 인해 내 가족과 내 주위 사람들이 하나님을 부인하고 산다면 얼마나 안타깝고 부끄러운 일인지 알아야 한다. 자신이 그런 삶을 살고 있다면 속히 하나님의 사랑 안으로 들어가야 한다.

속히 회복하고 회복된 마음으로 인해 실족한 자들에게 그 사랑을 나누기 바란다. 그러면 그들도 주님의 사랑을 볼 수 있게 될 것이다.

진정한 전도는 하나님의 사랑을 받은 자녀들이 향기를 전해주는 것이다.

이제 하나님의 사랑을 입은 자녀는 어느 곳에 있든지 그 아름답고 진한 향기를 마음껏 전하고 나타내며 어두운 곳에서 빛을 발하는 영광의 빛의 도구가 될 것이다.

4. 하나님의 아가페 사랑을 행하지 않은 자.

(요 5:42) 다만 하나님을 사랑하는 것이 너희 속에 없음을 알았노라

하나님의 사랑이 그 속에 없음을 어떻게 아는가. 사랑을 행할 수 없음으로 구별할 수 있다.

물론 마음이 아닌 육신의 겉모습으로 포장하여 모양은 낼 수 있다. 하지만 영(성령) 안에서는 절대로 속일 수 없다.

어두움은 빛이 들어가면 드러나게 되어 있는 것처럼 말이다.

(마 7:21-23) [21] 나더러 주여 주여 하는 자마다 다 천국에 들어갈 것이 아니요 다만 하늘에 계신 내 아버지의 뜻대로 행하는 자라야 들어가리라 [22] 그 날에 많은 사람이 나더러 이르되 주여 주여 우리가 주의 이름으로 선지자 노릇하며 주의 이름으로 귀신을 쫓아 내며 주의 이름으로 많은 권능을 행하지 아니하였나이까 하리니 [23] 그 때에 내가 저희에게 밝히 말하되 내가 너희를 도무지 알지 못하니 불법을 행하는 자들아 내게서 떠나가라 하리라

(마 24:12) 불법이 성하므로 많은 사람의 사랑이 식어지리라

주의 이름으로 선지자 노릇, 귀신을 쫓아내고, 많은 권능을 행하였어도 하나님의 사랑으로 하지 않았기에 불법을 행했다는 것이다.(마7:22)

불법이란 하나님 사랑의 법으로 하지 않는 것을 말한다. 하나님 아가페 사랑의 법에서 떠난 모든 것이 불법이다.(요13:34)

(요일 3:17) 누가 이 세상 재물을 가지고 형제의 궁핍함을 보고도 도와줄 마음을 막으면 하나님의 사랑이 어찌 그 속에 거할까보냐

하나님의 사랑은 입술로만 하는 사랑이 아니다. 사랑의 마음으로 행하는 것을 말한다.

마귀는 육신의 착한 행위로 포장을 한다. 거룩하고 의로운 행위로 포장하는 것이다.

진정한 하나님의 사랑은 섬김이다. 이 안에서 하나 되며 내 육신의 생각과 마음이 죽고 주님이 나를 도구삼아 행하시는 것이다.

내 의가 아닌 하나님의 의가 나타나는 것이다.

(요 3:19) 그 정죄는 이것이니 곧 빛이 세상에 왔으되 사람들이 자기 행위가 악하므로 빛보다 어두움을 더 사랑한 것이니라

19절, 정죄는 이것이니, 반드시 죄를 묻겠다는 말씀이다.

"빛이 세상에 왔으되" 하나님의 사랑이 오셨는데 이보다 세상을 더 사랑 하고, 어둠을 더 사랑하는 자에게 그 죄를 묻겠다는 것이다.

어느 누가 어둠(물질, 명예, 근심, 걱정, 염려, 미움, 이생의 자랑거리)을 사랑하겠는가. 사랑하지 않으면 버리면 된다.

버리지 못하는 것은 하나님의 사랑보다 어둠들을 더 사랑하고 있기 때문임을 자신의 입술의 말을 통해서 볼 수 있어야 한다.

(엡 4:29) 무릇 더러운 말은 너희 입 밖에도 내지 말고 오직 덕을 세우는데 소용되는 대로 선한 말을 하여 듣는 자들에게 은혜를 끼치게 하라

"더러운 말은 너희 입 밖에도 내지 말고" 걱정하고 근심하는 입술과 다른 사람을 험담하는 입술은 하나님 사랑의 말씀이 그 안(마음)에 없는 것이다. 하나님을 사랑하면 말씀을 믿는 마음에서 어둠이 없기 때문에 입술로 나가지 않는다.

말씀을 통해 내 속(마음)을 볼 수 있어야 한다. 그동안 어둠을 더 사랑하고 있었던 건 아니었는지 말씀의 빛을 통해 보고 어둠에 속고 있었던 자신을 인정하면 된다. 인정하지 않기 때문에 마귀는 놓아주지 않는 것이다.

끝까지 속이려는 마귀의 궤계가 있을 지라도 예수님께서 이미 십자가에서 이 모든 것을 폐하시고 아가페 사랑으로 이루어주시며 회복해 주신 사실을 믿고 고백하면 어둠은 반드시 떠나게 되어있다.

하나님의 사랑의 빛을 보지 못했기 때문에 어둠에 계속 속고 있는 것이다.

(고전 16:22) 만일 누구든지 주를 사랑하지 아니하거든 저주를 받을지어다 주께서 임하시느니라

5. 우리를 하나님의 사랑에서 끊을 수 있는 것은 그 무엇도 없다.

하나님의 사랑은 생명의 전부이기 때문이다.

다시 말하면, 하나님의 아가페 사랑은 하나님 생명의 본질인 것이다.

그러므로 세상의 어떤 피조물도, 어떤 능력도 하나님의 사랑에서 우리를 끊을 수 없다. 이 사랑은 영원히 하나님의 자녀와 함께 있을 것이며, 하나님의 아가페 사랑은 영원히 폐하지 않는다.

(고전 13:8) 사랑은 언제까지든지 떨어지지 아니하나 예언도 폐하고 방언도 그치고 지식도 폐하리라

그럼에도 불구하고 마귀는 끊임없이 육신의 생각과 마음을 통해 하나님의 사랑 보다 더 좋고 높은 것이 있다고 속이고 있다.

요즘 사회에서 자살이 심각한 문제로 대두되고 있다. 더군다나 더 심각한 것은 예수를 믿는다고 고백하는 자들까지도 자살을 택한다는 것이다.

이렇게 안타까운 일들이 반복되는 까닭은 육신의 생각과 마음을 통해 역사하는 악한 영의 속임에 빠지기 때문이다.

자신의 인생에 세상의 것들을 하나님의 사랑보다 더 가치 있고 귀한 것으로 여기기 때문에 귀한 생명을 버리는 것이다.

물질이 없고, 명예가 없으며, 이생의 자랑거리가 없을지라도 하나님의 부은 바 되신 아가페 사랑은 내 마음과 내 삶의 현장에서 눈동자처럼 지키시고 일하고 계심을 믿음의 눈으로 볼 수 있기를 소원한다.

(롬 8:35-36현대인) [35] 그런데 누가 우리를 그리스도의 사랑에서 끊는단 말입니까? 고난입니까? 의로움입니까? 핍박입니까? 주림입니까? 헐벗음입니까? 위험입니까? 칼입니까? [36] 이것은 성경이 우리가 주를 위해 하루

종일 죽음의 위험을 당하고 도살장의 양 같은 취급을 받습니다.' 라고 한 말씀과 같습니다.

(시 44:22) 우리가 종일 주를 위하여 죽임을 당케 되며 도살할 양같이 여김을 받았나이다

(행 20:24) 나의 달려갈 길과 주 예수께 받은 사명 곧 하나님의 은혜의 복음 증거하는 일을 마치려 함에는 나의 생명을 조금도 귀한 것으로 여기지 아니하노라

(롬 8:37-39현대인) [37] 그러나 우리를 사랑하시는 그리스도를 통해 우리는 이 모든 것을 거뜬히 이깁니다. [38] 그러므로 죽음이나 생명이나 천사들이나 지옥의 권세나 현재 일이나 장래 일이나 능력이나 [39] 높은 것이나 깊은 것이나 그 밖에 그 어떤 피조물도 우리 주 그리스도 예수님 안에 있는 하나님의 사랑에서 우리를 끊을 수 없다고 확신합니다.

36절, 우리가 주를 위해 하루 종일 죽음의 위험을 당하고, 도살장의 양 같이 취급을 받는다 해도.

37절, 우리를 사랑하시는 그리스도가 내 안에 계시기 때문에 승리할 수 있다.

하나님의 사랑보다 강한 것은 없다. 이것이 믿음의 자녀들 안에서 역사하고 있는 것이다.

38절, '그러므로' 어떠한 것이 온다 해도 믿는 자녀들을 향한 강권적인 하나님의 사랑은 영원할 것이다. 또한 믿음의 자녀들에게도 이러한 확신이 있다.

그러나 아직도 하나님의 사랑을 믿지 못하는 자들은 여전히 세상의 환경에 좌지우지 되고, 내일 일을 염려하며 미래에 대한 불확실 때문에 불안해 하며 애처로운 삶을 산다.

곧, 평생을 육신의 종이 되어 염려와 함께 사는 것이다.

(마 6:27) 너희 중에 누가 염려함으로 그 키를 한 자나 더할 수 있느냐

(마 6:34) 그러므로 내일 일을 위하여 염려하지 말라 내일 일은 내일 염려할 것이요 한 날 괴로움은 그 날에 족하니라

6. 아가페 사랑의 증거

단언컨대, 하나님을 사랑한다고 하면서 미워하고 근심하며 용서하지 못하고 있다면 그것은 하나님을 사랑하는 것이 아니다.

아가페 사랑을 받지 못한 자는 하나님의 사랑을 행할 수도 전할 수도 없다.

하나님은 아가페 사랑을 자녀들에게 보여주시며 믿는자 안에서 역사 하신다. 그리스도 안에서 우리를 창세 전부터 택하시고 사랑하셨다는 사실이 믿어지고 보여지는 것이다.

아가페 사랑은 하나님의 말씀이 믿어질 때부터 시작된다. 내 안에 아가페 사랑이 믿어지면 흐르는 강물처럼 믿는 자 안에 평강과 평안이 흐른다.

아가페 사랑은 죽은 영혼을 살리며 세상을 이기고도 남는 힘을 주신다. 또한 날마다 승리하는 삶을 산다.

너희가 나를 사랑하면 내 계명을 지킨다고 말씀하셨다. 하나님의 계명은 내가 너희를 사랑한 것 같이 너희도 서로 사랑하라는 것이다.

(요일 5:1-2) [1] 예수께서 그리스도이심을 믿는 자마다 하나님께로서 난 자니 또한 내신 이를 사랑하는 자마다 그에게 난 자를 사랑하느니라 [2] 우리가 하나님을 사랑하고 그의 계명들을 지킬 때에 이로써 우리가 하나님의 자녀 사랑하는 줄을 아느니라

예수가 그리스도이심을 믿으며 계명을 지키는 자가 하나님의 자녀이다.(요13:34)

예수님께서 이 땅에 오셔서 아가페 사랑을 실제로 보여주신 말씀이 여러 곳

에 기록되어 있다.

①(요 8:1-11) ⇒ 간음하다 현장에서 잡혀온 여인.
[1] 예수는 감람산으로 가시다 [2] 아침에 다시 성전으로 들어오시니 백성이 다 나오는 지라 앉으사 저희를 가르치시더니 [3] 서기관들과 바리새인들이 간음 중에 잡힌 여자를 끌고 와서 가운데 세우고 [4] 예수께 말하되 선생이여 이 여자가 간음하다가 현장에서 잡혔나이다 [5] 모세는 율법에 이러한 여자를 돌로 치라 명하였거니와 선생은 어떻게 말하겠나이까 [6] 저희가 이렇게 말함은 고소할 조건을 얻고자 하여 예수를 시험함이러라 예수께서 몸을 굽히사 손가락으로 땅에 쓰시니 [7] 저희가 묻기를 마지 아니하는지라 이에 일어나 가라사대 너희 중에 죄 없는 자가 먼저 돌로 치라 하시고 [8] 다시 몸을 굽히사 손가락으로 땅에 쓰시니 [9] 저희가 이 말씀을 듣고 양심의 가책을 받아 어른으로 시작하여 젊은이까지 하나씩 하나씩 나가고 오직 예수와 그 가운데 섰는 여자만 남았더라 [10] 예수께서 일어나사 여자 외에 아무도 없는 것을 보시고 이르시되 여자여 너를 고소하던 그들이 어디 있느냐 너를 정죄한 자가 없느냐 [11] 대답하되 주여 없나이다 예수께서 가라사대 나도 너를 정죄하지 아 니하노니 가서 다시는 죄를 범치 말라 하시니라[12] 예수께서 또 일러 가라사대 나는 세상의 빛이니 나를 따르는 자는 어두움에 다니지 아니하고 생명의 빛을 얻으리라

(요8:1-12) 현장에서 간음 중에 잡힌 여자를 무리 가운데 세웠다.
모세 율법에서는 간음 중에 잡힌 여자는 돌로 쳐 죽이라 했다.

(레 20:10) 누구든지 남의 아내와 간음하는 자 곧 그 이웃의 아내와 간음하는 자는 그 간부와 음부를 반드시 죽일지니라

간음 중에 붙잡힌 여자는 모세 율법으로는 살아날 방법이 없다. 서기관들과

바리새인들의 행위는 여자를 죽이는 것도 하나의 이유였지만 더 큰 목적은 고소할 조건을 얻고자 하여 예수를 시험하기 위해서였다.

예수님은 아가페 사랑을 전하고 행하라 하셨다. 그들은 하나님의 사랑을 행하라고 한 예수님께서 여자에게는 어떻게 하는가를 지켜보고 율법에 반한 말을 하면 예수를 고소하기 위해서였다.(요 8:6)

5절, 예수님께서 "아무리 현장에서 간음하다 잡혀왔다 할지라도 하나님의 아가페 사랑으로 살려줘라" 라고 말씀하신다면 하나님의 말씀(율법)을 스스로 어기는 것이 된다. 혹은 "모세 율법에 현장에서 간음하다 잡혀온 여자는 돌로 치라 했으니 돌로 쳐 죽이라" 라고 말씀하신다면 아가페 사랑을 행하지 않게 되는 것이다. 서기관과 바리새인 들은 예수님의 말씀이 어느 쪽이든 고소할 조건이 되기에 의기양양 했을 것이다.

(이 사건은 모세 율법을 하나님의 아가페 사랑으로 완성하신 장면이다.)

(롬13:10) 사랑은 이웃에게 악을 행치 아니하나니 그러므로 사랑은 율법의 완성이니라

예수님께서는 손가락으로 땅에 무엇인가를 쓰셨다. 예수님은 조금 전까지 무리들에게 천국복음(하나님 아가페 사랑)을 전하고 계셨다. 거기에 모인 무리들은 예수님의 천국 복음을 들었던 사람들이다.(요8:2)

단 한 번도 아가페 사랑을 보지 못한 죄인 된 이들에게 하나님을 보여주시고 빛을 보여주셨다. 간음하다 현장에서 잡힌 여인은 죽을 수밖에 없는 죄인이지만 아가페 사랑 안에서는 죽을 몸도 살 수 있다는 것을 보여주신 것이다.

7절, 너희 중에 죄 없는 자가 먼저 돌로 치라

말씀을 듣고 하나 둘씩 양심의 가책을 받고 돌아갔고 예수님과 여자만 남았다.

예수님께서 왜 죄를 묻지 않으셨을까. 바리새인들이 보았을 때(율법의 말씀) 여자는 죽일 죄인이다. 그러나 예수님이 보셨을 때(하나님의 아가페 사랑) 여자는 죽일 죄인이 아니라 살릴 죄인이었다. 어떤 모습일지라도 예수 그리스도를

믿고 시인하면 살리시는 아가페 사랑이다.

11절, 나도 너를 정죄하지 아니하노니 가서 다시는 죄를 범치 말라

지금은 죄인이지만 나(예수 그리스도)를 믿기만 하면 구원을(어두움에 있지 않음) 받을 수 있다는 것이다. 결국 죄가 여자를 죽이려고 한 것이다. 그래서 주님은 죄 가운데 빠지지 말라고 하신다. 여자를 정죄할 수 있는 사람은 단 한 사람도 없었다. 왜냐하면 다 같은 죄인이기 때문이다. 죄인은 죄인을 정죄할 수 없다. 오직 죄가 없으신 하나님만 정죄할 수 있다. 분명 죄 없는 자가 돌로 치라 하셨다. 하지만 이들 중 죄 없는 분은 오직 한 분 예수님 뿐이다. 그러나 예수님은 정죄하지 않겠다고 하신다. 아가페 사랑은 정죄하지 않는 사랑이다.

육신으로 사는 자들은 아가페 사랑을 육신(율법)으로 믿어 하나님의 사랑을 정죄하고 죽이는 도구로 사용한다.

여인처럼 자신의 죄가 자신을 죽이는 것이지, 하나님께서 죽이는 것이 아니다. 이 하나님의 사랑은 정죄하고 죽이는 도구가 아니다. 예수님이 정죄하지 않고 살리신 것처럼 살리는 사랑이다.

12절, "생명의 빛을 얻으리라"

생명(영혼)을 살리는 사랑이다. 생명을 살리는 사랑의 빛이 내 안에 있어야 한다.

지금도 아가페 사랑의 복음을 듣지 못한 사람들은 모세 율법으로 정죄하고 죽이는 도구로 사용하고 있다. 이 말씀의 핵심은 예수 그리스도께서 모세 율법을 아가페 사랑으로 이루고 완성하고 성취하신 말씀이다.

②(요 13:1-11) ⇒ 제자들의 발을 씻기신 예수님.
[1] 유월절 전에 예수께서 자기가 세상을 떠나 아버지께로 돌아가실 때가 이른 줄 아시고 세상에 있는 자기 사람들을 사랑하시되 끝까지 사랑 하시니라 [2]마귀가 벌써 시몬의 아들 가룟 유다의 마음에 예수를 팔려는 생각을 넣었더니 [3] 저녁 먹는 중 예수는 아버지께서 모든 것을 자기 손에 맡기신 것과 또 자기가 하나님께로부터 오셨다가 하나님께로 돌아가실 것을 아시

고 [4]저녁 잡수시던 자리에서 일어나 겉옷을 벗고 수건을 가져다가 허리에 두르시고 [5] 이에 대야에 물을 담아 제자들의 발을 씻기시고 그 두르신 수건으로 씻기기를 시작하여 [6] 시몬 베드로에게 이르시니 가로되 주여 주께서 내 발을 씻기시나이까 [7] 예수께서 대답하여 가라사대 나의 하는 것을 네가 이제는 알지 못하나 이 후에는 알리라

└→ 섬겨본 자만 주님의 마음을 알 수 있다.

[8] 베드로가 가로되 내 발을 절대로 씻기지 못하시리이다 예수께서 대답하시되 내가 너를 씻기지 아니하면 네가 나와 상관이 없느니라

⇒ 하나님의 자녀는 더 이상 높아질 곳이 없다, 낮은 곳에서 섬김

[9]시몬 베드로가 가로되 주여 내발 뿐 아니라 손과 머리도 씻겨주옵소서
[10] 예수께서 가라사대 이미 목욕한 자는 발밖에 씻을 필요가 없느니라 온 몸이 깨끗하니라 너희가 깨끗하나 다는 아니니라 하시니
[11] 이는 자기를 팔자가 누구인지 아심이라 그러므로 다는 깨끗지 아니하다 하시니라

└→ 세상 끝날까지 사랑, 정죄하지 않음,
이 사람의 죄를 담당. ⇒회개만 하면 구원.

7절, 나의 하는 것을 네가 이제는 알지 못하나 이 후에는 알리라.

8절, 내가 너를 씻기지 아니하면 네가 나와 상관이 없느니라.

10절, 이미 목욕한 자는 발밖에 씻을 필요가 없느니라 온 몸이 깨끗하니라 너희가 깨끗하나 다는 아니니라.

11절, 이는 자기를 팔자가 누구인지 아심이라.

본문에서 예수님은 제자들의 발을 씻기신다.

발을 씻기시는 이유를 지금은 모르지만 이 후에는 알게 될 것이라고 베드로에게 말씀하신다. 그리고 예수님이 발을 씻겨 주지 않는 자는 예수님과 상관이

없다고 하신다.

예수님께서는 왜 아가페 사랑을 발을 씻겨주시는 것으로 표현하고 계시는가. 가장 높으신 하나님, 더 이상 높아질 곳이 없으신 하나님(예수님)께서 가장 낮은 곳으로 오시어 사랑하는 자녀를 섬기고 계시는 것을 보여주시는 것이다.

발은 종이 주인을 씻겨주는 것이 법이다. 그런데 반대로 주인이 종을 씻기고 계신다. 낮고 낮은 자리로 오셔서 섬김의 본을 보여 주신다. 이것이 아가페 사랑이다.

아가페 사랑으로 말미암아 거룩하게 된 자녀는 예수님께서 본을 보여주신 것처럼 늘 낮은 자리에서 섬기는 삶을 살아야 한다.

(마 20:28) 인자가 온 것은 섬김을 받으려 함이 아니라 도리어 섬기려 하고 자기 목숨을 많은 사람의 대속물로 주려 함이니라

(눅 14:10) 청함을 받았을 때에 차라리 가서 말석에 앉으라 그러면 너를 청한자가 와서 너더러 벗이여 올라 앉으라 하리니 그 때에야 함께 앉은 모든 사람 앞에 영광이 있으리라

예수님께서 자신의 발을 씻겨주신 것을 믿는(아가페 사랑의 섬김을 받은) 하나님의 자녀는 알게 된다. 성령으로 말미암아 하나님 아가페 사랑을 보고 믿어 주님이 주신 마음으로 형제나 이웃을 섬겨 본 하나님의 자녀는 예수님께서 제자들의 발을 씻겨주신 이유가 보인다.

이 후에는 알리라 하신 예수님의 말씀은 성령으로 말미암아 알게 될 것이라는 말씀이다. 예수님이 제자들의 발을 씻겨주신 마음, 섬김을 성령으로 말미암아 믿는 자는 섬김의 삶을 산다. 하나님의 자녀의 삶을 사는 것이다. 하나님의 자녀가 된 축복 보다 더한 축복은 없으며 더 높은 자리는 없다.

예수님이 친히 제자의 발을 씻겨 주신 것처럼 하나님의 자녀는 어디에서 무엇을 하든지 늘 섬기는 자의 자리에서 섬기는 삶이 되어야 한다. 섬기는 자의

마음은 그 무엇과도 비교할 수 없는 귀한 축복이다.

예수님께서는 십자가에서 죽으실 것을 아시고 세상에 있는 자기 사람들을 사랑하시되 끝까지 사랑하신다.

(마 28:20) 내가 너희에게 분부한 모든 것을 가르쳐 지키게 하라 볼찌어다 내가 세상 끝날까지 너희와 항상 함께 있으리라 하시니라

3년이라는 시간동안 함께했던 사랑하는 제자가 예수님 자신을 배신하고 팔려는 것을 알았다. 그러나 끝까지 하나님의 아가페 사랑으로 품고 섬기신다. 아가페 사랑은 배신하고 돌아서는 자까지도 끝까지 섬긴다.

그러나 아가페 사랑으로 끝까지 섬기시는 예수님의 사랑을 받았음에도 불구하고 가룟 유다는 마귀에게 속아 사랑의 섬김을 보지 못하고, 믿지 못하고 결국 스스로 목숨을 끊는다.

혹시 자신도 아가페 사랑을 받고 있으면서도 악한 자에게 속아 그 사랑을 보지 못하고 사망의 길로 가고 있지는 않는지 자신을 철저히 말씀 안에서 살펴보아야 한다.

③(눅 23:39-43) ⇒ 두 강도
[39] 달린 행악자 중 하나는 비방하여 가로되 네가 그리스도가 아니냐 너와 우리를 구원하라 하되 [40] 하나는 그 사람을 꾸짖어 가로되 네가 동일한 정죄를 받고서도 하나님을 두려워 아니하느냐 [41] 우리는 우리의 행한 일에 상당한 보응을 받는 것이니 이에 당연하거니와 이 사람의 행한 것은 옳지 않은 것이 없느니라 하고 [42] 가로되 예수여 당신의 나라에 임하실 때에 나를 생각하소서 하니 [43] 예수께서 이르시되 내가 진실로 네게 이르노니 오늘 네가 나와 함께 낙원에 있으리라 하시니라

이 두 강도는 지금 무엇 때문에 십자가에서 죽고 있는가. 자신들의 죄 때문이

다. 흉악한 죄를 지어 십자가에서 처형을 당하는 두 강도 중 한 강도는 예수님께 자신의 영혼을 부탁한다. 예수님은 그 강도의 부탁에 함께 낙원에 있으리라고 말씀하신다.

비록 흉악한 죄로 인해 십자가에서 처형을 당하는 죄인이지만 자신의 죄를 회개하고 주님을 영접하는 자에게는 언제든지 어디서든지 구원의 문은 열려 있다.

이것이 끝까지 기다리고 사랑하는 아가페 사랑이다.

(눅 10:20) 그러나 귀신들이 너희에게 항복하는 것으로 기뻐하지 말고 너희 이름이 하늘에 기록된 것으로 기뻐하라 하시니라

어리석은 한 강도처럼 육신적 생명의 구원이 중요한 것이 아니라 슬기로운 한 강도처럼 영혼을 구원해 주시는 아가페 사랑을 소망해야 한다.

예수님을 믿고 살면서도 정말 중요한 것을 놓치고 살아 갈 때가 많다. 예수님께서는 천국, 하나님 나라로 오셨다. 천국, 하나님의 나라이신 예수님께서 지금 믿는 자들 안에 와 계신다. 그러므로 하나님을 믿는 믿음의 자녀는 죽어서 가는 천국과 함께 예수님을 믿는 순간부터 천국의 삶과 영생의 삶은 시작되었다. 고로 지금 현재 천국, 하나님 나라의 삶을 누리고 있어야 한다.

예수를 믿는다고 하면서 혹시 예수님의 겉모습에만 관심을 갖고 믿고 있지는 않는가. 하나님이 기뻐하시는 진정한 믿음(그리스도인)은 예수님의 겉모습이 아닌 그 안에 있는 아가페 사랑, 마음을 보고 믿는 것이다. 아가페 사랑을 보고 믿기 위해 처절하고 애통해 하는 눈물의 기도가 절실히 필요하다.

성경 말씀을 아는 것, 외우고 있는 것이 믿음이 아니라 하나님께서 자신을 향한 사랑을 믿고 행하는 것이 믿음인 것이다.

제9장
용서

서로 친절하게 하며 불쌍히
여기며 서로 용서하기를
하나님이 그리스도 안에서
너희를 용서하심과 같이 하라
(엡 4:32)

제9장
용서

진정한 용서는 내가 용서를 하는 것이 아니다. 말씀을 믿음으로 아가페 사랑이 용서되어진 그리스도의 마음을 내 안에 이루어 주시는 것이다.

하나님의 사랑을 믿고, 받은 자녀라면 반드시 자신의 마음 안에 용서라는 단어가 어떻게 다가오는지 보기를 바란다. 용서라는 말은 때로는 기쁨일 수도 있지만 누군가에게는 감당할 수 없는 아픔과 버거운 숙제이기도 하다.

누군가를 용서해 본 적이 있는가? 육신의 마음으로 이해하고 혹은 가족이기에 친구이기에 한 두 번 용서라는 것을 해 주기도 했을 것이다.

그러나 자신으로서는 최선과 사력을 다한 용서이었음에도 불구하고 반복되는 상대방의 모습을 볼 때 미움과 좌절, 절망이 고개를 내민다. 결국 육신 안에서 진심이 아닌 억지로라도 해야 한다는 율법의 짐은 더 깊은 미움과 절망의 수렁을 만든다.

하나님의 자녀이면서 용서하지 못하는 자신의 마음으로 인해 얼마나 많은 날들을 통곡의 눈물로 지새우고 있는가? 그 숱한 날들을 자신을 정죄하는데 보내고 있지는 않는가? 이런 반복된 삶은 결코 하나님 자녀의 삶이 아니다.

하나님의 자녀는 반드시 그 표적이 따른다. 그래서 우리를 사랑하신 것처럼 사랑하고 용서하신 것처럼 용서하는 마음이 그 표적이다.

하나님의 아가페 사랑 안에서 용서는 해 주는 것이 아니다.

그리스도 예수 안에서 용서하는 마음이 믿음으로 되지 않으면 주님의 마음을 모르는 것이다.

자신의 잘못으로 인해 상처를 받았다고 생각하는 사람은 거의 없다. 받은 상처로 인한 자신의 아픔만을 생각하기 때문에 상처를 준 사람에 대한 미움과 분노가 싹튼다. 혹시 잘못을 인정한다 할지라도 상처로 인한 아픔이 더 크게 다가와 미운 마음은 여전히 남아있는 것이다. 또 상처를 받은 마음은 본능적으로 자기 자신을 변명하고, 보호하게 된다. 이것은 자신만의 성을 쌓고 그 곳에 자신을 가두고 안에서 빠져나오지 못하도록 온갖 변명과 핑계를 만들어 내기 때문이다. 그 결과로 독선과 아집으로 병들게 되어 결국은 각종 질병과 우울증의 원인이 되기도 한다.

자신의 상처 난 마음을 다른 누군가로부터 위로 받고 싶어하지만 이미 독선과 아집으로 형성된 입술은 오히려 다른 사람에게 상처를 주고 있기에 더 큰 상처를 받게 된다.

하나님의 사랑으로 다가가도 자신의 상처만 생각하기 때문에 다른 사람의 권면이나 사랑의 마음도 자기 방식대로 생각하고 오해한다. 그래서 원만한 교제를 하기가 힘들어진다. 그럼에도 관계 속에서 자신의 공허한 마음을 채우려고 한다. 그러나 사람으로 인해 채우려고 하는 육신의 교제는 다른 이들에 대한 험담의 도구가 되는 경향으로 빠지기 쉽다.

혹시 자신이 사람들과의 관계를 통해 행복을 추구하고 다른 사람들의 험담을 나누는 것에 쾌감을 느끼고 있다면 당신은 지금 악한 영의 도구로 사용되고 있음을 속히 깨달아야 한다.

상처 난 마음은 예수를 믿고 있으면서도 늘 무엇인가를 갈급해 하고 무엇인가로 채우기를 원한다. 이로 인하여 갈증은 육신의 것으로 채우기 위해 몸부림치며 무엇인가로 채우기 위한 처절한 사투가 시작된다. 끝없는 욕심과 육신의 자랑거리들을 만들기 위해 발버둥 치는 것이다.

또 상처와 아픔으로 인해 형성되어진 욕심과 갈급함을 통해 마귀는 역사하며, 자기 연민이 그 감옥에서 벗어나지 못하게 한다. 이렇게 삶의 환경과 관계에서 생긴 아픔과 상처로 인해 형성된 것을 쓴 뿌리라고 한다.

우리 마음 안에 이루어주신 하나님 사랑과 용서가 없으면, 모든 육체의 그릇들은 육신과 안목의 정욕, 그리고 이생의 자랑에 빠져 마귀가 역사하는 대로 끌려갈 수밖에 없다. 쓴 뿌리는 결코 육신의 힘과 능력, 노력으로는 뽑을 수 없다. 이것으로 뽑으라고 하는 자가 마귀인 것이다.

하나님 사랑의 말씀과 십자가의 사랑을 믿음으로 뽑을 수 있다. 아니 쓴 뿌리 자체를 썩게 하는 것이다.

절대로 이를 해결하기 위해 육신의 노력을 해서는 안 된다. 만약 육신의 노력으로 금식과 철야기도를 통해 모든 질병들이 해결되었다 하자. 그렇다고 이 문제가 완전히 사라지지 않는다. 며칠 지나지 않아 또 다른 육신의 문제가 문 앞에 서 있다. 이것이 육신을 입고 사는 사람들이 살아가는 모습이다.

그렇다면 하나님의 사랑으로 사는 자녀는 어떻게 이 문제를 해결하는가?

하나님의 자녀는 이 문제를 해결하며 사는 것이 아니라 오직 믿음으로 이미 십자가에서 내 모든 육신의 죄에서 나오는 것이 그리스도와 함께 죽었다는 사실을 믿는 것이다. 오직 믿음으로 이 모든 것으로부터 자유하는 삶을 누리는 것이다.

믿음을 통해 하나님의 사랑과 십자가의 사랑으로 회복되어 육신의 것은 영원히 나와 관계할 것이 없게 되는 것이다.

하나님의 자녀는 오직 믿음으로 사는 자들이다.

(마 10:28) 몸은 죽여도 영혼은 능히 죽이지 못하는 자들을 두려워하지 말고 오직 몸과 영혼을 능히 지옥에 멸하시는 자를 두려워하라

(눅 12:5) 마땅히 두려워할 자를 내가 너희에게 보이리니 곧 죽인 후에 또한 지옥에 던져 넣는 권세 있는 그를 두려워하라 내가 참으로 너희에게 이르노

니 그를 두려워하라

(출 20:5) 그것들에게 절하지 말며 그것들을 섬기지 말라 나 여호와 너의 하나님은 질투하는 하나님인즉 나를 미워하는 자의 죄를 갚되 아비로부터 아들에게로 삼 사대까지 이르게 하거니와

(신 6:15) 너희 중에 계신 너희 하나님 여호와는 질투하시는 하나님이신즉 너희 하나님 여호와께서 네게 진노하사 너를 지면에서 멸절시키실까 두려워하노라

이 시대에 많은 사람들은 하나님을 자기의 생각과 판단으로 오해하는 일들이 빈번히 일어난다. 그렇다면 진정 하나님은 어떤 분이실까?

(창 6:5) 여호와께서 사람의 죄악이 세상에 관영함과 그 마음의 생각의 모든 계획이 항상 악할 뿐임을 보시고

하나님께서 보시기에 사람의 죄악이 세상에 가득 차며 마음에 생각하는 모든 계획이 언제나 악할 뿐임을 보시고 땅 위에 사람을 지으셨음을 한탄하셨다.

(창 13:13) 소돔사람은 악하여 여호와 앞에 큰 죄인이었더라

(창 18:20) 여호와께서 또 가라사대 소돔과 고모라에 대한 부르짖음이 크고 그 죄악이 심히 중하니

하나님께서 소돔과 고모라에서 들려오는 부르짖음이 너무 크고 그들의 죄악이 심히 중함을 아셨다. 하나님께서 이들을 멸망시킨 것이 아니라 결국 이들은 자신들의 죄로 인해 멸망한 것이다. 죄가 이들을 다스린 것이다.

빛을 통해 본 어두움의 실체

어두움은 끊임없이 지치지 않고,
자신을 감추기에 사력을 다한다.
자신의 정체를 드러내지 않고 끝까지 거짓으로,
혹은 포장으로 당당하게 존재한다.
어두움에 사로잡힌 자들의 눈은 이미 어두워져
빛을 보지 못한다.
빛의 감각을 잃어버리고,
자신의 치부를 숨기기 위해,
전쟁 같은 참혹함에,
황폐함에 자신을 방치한다.
숨기는 것보다 드러내는 것이 복인 것을 알지 못한다.
빛 가운데 거하는 것의 행복을 모른 체,
어두움의 잔인함에 물들어,
유리하는 양처럼 피폐한 삶을 산다.
그러나 정작 자신은 어두움에 속아 그 삶을 즐긴다.
그 삶을 사는 자들과 함께 어두움을 공유하며,
거짓의 삶이 진리인 양 안심하고,
진리를 거스르는,
진리를 묵인하는 삶을 산다.

(창 4:7) 네가 선을 행하면 어찌 낯을 들지 못하겠느냐 선을 행치 아니하면 죄가 문에 엎드리느니라 죄의 소원은 네게 있으나 너는 죄를 다스릴지니라

가인이 죄로 인해 이 땅에 유리하는(떠돌이) 자가 된 것처럼 죄를 지은 자들은 그들의 죄가 그들을 삼킨 것이다. 하나님께서 그들을 죽이신 것이 아니다.

성경에서 말하는 하나님의 법은 두 가지이다. 죄인 되었을 때의 구약의 사람들에게 준 모세 율법과 예수 그리스도께서 완성하신 사랑의 법(그리스도 율법, 자유하게 하는 온전한 율법)이다.(약1:25)

이 법은 악한 자들로부터 하나님의 자녀들을 보호하기 위한 법(축복)이다. 그러나 노아의 때와 같이, 소돔과 고모라의 때와 같이 하나님의 법에서 떠나 살게 된다면 악한 자가 삼키게 될 것이다.

(벧전 5:8) 근신하라 깨어라 너희 대적 마귀가 우는 사자같이 두루 다니며삼킬자를 찾나니

하나님 사랑의 말씀 안에 있는 자녀들은 그 안에서 보호하심으로 영원한 평강을 누리게 된다. 이 안에 있다는 것은 말씀을 믿음으로 말씀 안에서 행함을 말한다.

죄인은 죄 된 육신이기에 그 안에 사랑의 말씀이 없다. 육신의 악한 생각과 마음만 있을 뿐이다. 악한 생각과 마음에 빠져 있으면 하나님의 말씀도 믿어지지 않는다.

하나님 말씀을 믿지 못하고 그 안에서 용서 받은 사실도 믿지 못한 자는 영원히 사랑하고 용서하는 삶을 살 수 없다. 말씀을 믿는 믿음이 없는 자는 하나님의 사랑도 받지 못하며 하나님의 아가페 사랑의 용서도 받지 못한 삶을 살게 되는 것이다.

(출 21:22-25) [22] 사람이 서로 싸우다가 아이 밴 여인을 다쳐 낙태케 하였으나 다른 해가 없으면 그 남편의 청구대로 반드시 벌금을 내되 재판장의 판결을 좇아 낼 것이니라 [23] 그러나 다른 해가 있으면 갚되 생명은 생명으로 [24] 눈은 눈으로, 이는 이로, 손은 손으로, 발은 발로 [25] 데운 것은 데움으로, 상 하게한 것은 상함으로, 때린 것은 때림으로 갚을 지니라

이 말씀은 죄 된 육신에 주신 법에 대한 것이다.

(마 5:38-39) [38] 또 눈은 눈으로, 이는 이로 갚으라 하였다는 것을 너희가 들었으나 [39] 나는 너희에게 이르노니 악한 자를 대적지 말라 누구든지 네 오른편 뺨을 치거든 왼편도 돌려 대며

하나님의 사랑을 받은 자녀의 마음(그리스도의 마음)에 주신 법이기도 하다.(마 5:38-39)

하나님의 아가페 사랑을 받은 자녀는 이렇게 살 수 있다.

하나님은 사랑의 말씀을 믿는 자녀들 안에서 말씀하신대로 역사하신다.

진정한 용서는 내가 용서하는 것이 아니다. 하나님 사랑의 말씀을 믿음으로 아가페 사랑이 용서되어진 그리스도의 마음을 내 안에 이루어 주시는 것이다.

이렇듯 용서는 매우 중요한 비중을 차지하고 있는데 이것은 말씀에서도 찾아볼 수 있다.

1. 구약시대

1) 하나님의 용서. 소돔과 고모라 사건(창 18:23-33)

소돔과 고모라 땅에는 의인이 단 한 명이 없어 멸망하였다. 그 이유는 결코

하나님은 의인과 악인을 함께 멸하시지 않기 때문이다.

의인이 한 명만 있었더라도 그로 인해 멸망시키지 않으셨을 것이다. 의인 한 명이 없었던 소돔과 고모라는 멸망을 하고 만다.

2) 사람의 용서.(창 50:15-21) - 요셉의 용서

[17] 너희는 이같이 요셉에게 이르라 네 형들이 네게 악을 행하였을지라도 이제 바라건대 그 허물과 죄를 용서하라 하셨다 하라 하셨나니 당신의 아버지의 하나님의 종들의 죄를 이제 용서하소서 하매 요셉이 그 말을 들을 때에 울었더라 [19] 요셉이 그들에게 이르되 두려워 마소서 내가 하나님을 대신하리이까 [20] 당신들은 나를 해하려 하였으나 하나님은 그것을 선으로 바꾸사 오늘과 같이 만민의 생명을 구원하게 하시려 하셨나니 [21] 당신들은 두려워 마소서 내가 당신들과 당신들의 자녀를 기르리이다 하고 그들을 간곡한 말로 위로하였더라

17절, 요셉이 아버지의 마음을 보고 울었다. 하나님의 사랑을 받은 자녀는 다른 이를 해하고자 하는 마음 자체가 없다.

19절, 요셉의 형제들에 있었던 두려움은 그들이 지은 죄로 인한 두려움이었다. 죄는 두려움으로 역사한다.(요일 4:18)

20-21절, 하나님의 사랑은 해함이 없는 마음이다. 육신의 죄 된 마음으로 보면 당연히 자신을 버린 형제를 미워할 수 있다. 요셉이 형제를 미워해도 그것은 잘못이라고 할 수 없다.

하지만 하나님의 사랑은 악을 선으로 갚으신다는 것을 이 안에서 용서 받아 본 의인은 자연스럽게 깨닫게 된다.

또한 하나님의 사랑 안에서 용서를 받은 자녀는 눈에는 눈으로, 이에는 이로 할 수 없다. 왜냐하면 하나님의 자녀 마음에는 눈에는 눈, 이에는 이로 하고자 하는 마음 자체가 없기 때문이다.

마음 안에 용서하지 못하는 것이 있다면, 하나님의 아가페 사랑의 용서를 받은 자가 아닐 수도 있다. 또 사랑하지 못하는 사람이 있다면, 하나님의 사랑을 받지 못한 자일 수도 있다.

요셉은 종으로 팔려가 지하 감옥에 있었어도 하나님을 원망하지 않았다. 육신의 몸은 종일지 모르지만 그의 마음은 하나님의 사랑을 믿고 있었기 때문이다. 자신의 삶이 어렵다고, 하는 일이 뜻대로 되지 않는다고 하나님을 원망하고 불평하는 것은 하나님의 사랑을 모르는 것이다. 하나님의 사랑을 믿는 자는 자신의 환경과 형편과는 전혀 상관없이 그 사랑을 믿는다.

나는 하나님께 죄를 범할 수 없다고 요셉은 말한다.

(창 39:9) 이 집에는 나보다 큰 이가 없으며 주인이 아무 것도 내게 금하지 아니하였어도 금한 것은 당신뿐이니 당신은 자기 아내임이라 그런즉 내가 어찌 이 큰 악을 행하여 하나님께 득죄하리이까

어찌 보면 요셉만큼 억울한 인생도 없다. 아버지의 사랑으로 행복했던 삶이 형들의 질투로 인해 한순간에 처절한 밑바닥 삶이 되었다. 그러나 그는 결코 자신이 처한 삶 속에서 자신의 삶을 불평하지 않았고 그의 형제들을 원망하는 삶을 살지 않았다. 그의 형제를 원망하는 것은 곧 지금의 환경을 주신 하나님을 원망하는 것이 되는 것이기 때문이다.

하나님 앞에서의 삶이었기에 득죄하지 않을 수 있었다. 극한 상황에서도 하나님을 원망하지 않고 믿음을 지킨 것은 하나님을 사랑했기 때문이다. 하나님을 향한 사랑의 마음은 죽음이 우리 앞에 있어도 부인할 수 없는 것이다.

하나님을 사랑하면 그 사랑으로 이웃을 사랑할 수 있으며 용서할 수 있다.

당신은 하나님을 사랑하는가?

(눅 6:32) 너희가 만일 너희를 사랑하는 자를 사랑하면 칭찬 받을 것이 무엇이뇨 죄인들도 사랑하는 자를 사랑하느니라

(요 14:23) 예수께서 대답하여 가라사대 사람이 나를 사랑하면 내 말을 지키리니 내 아버지께서 저를 사랑하실 것이요 우리가 저에게 와서 거처를 저와 함께 하리라

(고전 8:3) 또 누구든지 하나님을 사랑하면 이 사람은 하나님의 아시는 바 되었느니라

2. 신약시대

1) 예수님의 용서

신약에서 예수님은 어떻게 용서해 주시고, 어떤 용서를 하라고 하셨을까?

하나님의 자녀는 주님이 나를 사랑하신 것 같이 사랑해야 하고,(요 13:34) 주님이 나를 용서하신 것 같이 나도 용서하라고 하셨다.(엡 4:32)

(엡 4:32) 서로 인자하게 하며 불쌍히 여기며 서로 용서하기를 하나님이 그리스도 안에서 너희를 용서하심과 같이하라

나를 어떻게 용서해 주셨는가?

(사 53:5) 그가 찔림은 우리의 허물을 인함이요 그가 상함은 우리의 죄악을 인함이라 그가 징계를 받음으로 우리가 평화를 누리고 그가 채찍에 맞음으로 우리가 나음을 입었도다

(사 53:8) 그가 곤욕과 심문을 당하고 끌려갔으니 그 세대 중에 누가 생각하

기를 그가 산 자의 땅에서 끊어짐은 마땅히 형벌 받을 내 백성의 허물을 인함이라 하였으리요

허물: 죄, 범죄, 실수.

① 곁에서 떨어짐.

② 진리나 정도에서 벗어남, 이탈함.

③ 잘못, 오해, 실수, 실책, 범죄를 의미한다.

"허물" 이 때문에 주님이 찔림을 당하셨다. 허물을 "파라토마" 죄, 범죄, 우리의 실수, 진리 안에서 떨어진 것이다.

이는 하나님 말씀 안에서, 사랑 안에서 떨어졌음을 의미한다.(사 53:3)

(엡 2:1-5)

[1] 너희의 허물과 죄로 죽었던 너희를 살리셨도다

(표준) 여러분도 전에는 범죄와 죄로 죽었던 사람들입니다.

(현대인) 여러분은 불순종과 죄 때문에 영적으로 죽었던 사람들입니다.

[2] 그 때에 너희가 그 가운데서 행하여 이 세상 풍속을 좇고 공중의 권세 잡은 자를 따랐으니 곧 지금 불순종의 아들들 가운데서 역사하는 영이라 [3] 전에는 우리도 다 그 가운데서 우리 육체의 욕심을 따라 지내며 육체와 마음의 원하는 것을 하여 다른 이들과 같이 본질상 진노의 자녀이었더니 [4] 긍휼에 풍성하신 하나님이 우리를 사랑하신 그 큰 사랑을 인하여 [5] 허물로 죽은 우리를 그리스도 예수 안에서 살리셨고 (너희가 은혜로 구원을 얻은 것이라)

(롬 6:23) 죄의 삯은 사망이요 하나님의 은사는 그리스도 예수 우리 주 안에 있는 영생이니라

허물(죄)의 대가는 사망이다.

자신의 허물(죄)에 대한 대가를 본인이 치르는 것이 마땅한 일이다. 노아의 때와 소돔과 고모라 때처럼. 하지만 이러면 우리에게는 영원한 소망이 없다.

그러나 하나님은 사랑으로 믿음의 자녀들에게 영원한 소망을 주시기 위해서 자녀들의 허물(죄) 값을 예수 그리스도께서 대신 감당해 주신 것이다. 십자가에서 죽으심으로 허물(죄)로 죽었던 믿음의 자녀들을 다시 살리셨다. 하나님의 사랑이 믿음의 자녀들을 예수 그리스도 안에서 살리신 것이다. 행위와 상관없이 믿음 안에서 누구에게나 동일하게 하나님의 사랑 안에서 은혜로 구원을 주시는 것이다.

그러나 그 은혜를 믿지 못하여 여전히 허물과 죄가 아직도 마음 안에 남아있는 자들은 용서 하고자 하는 마음이 없다. 고로 용서가 되지 않는다. 십자가에서 허물(죄)이 죽은 사실을 믿지 않기 때문이다.

자신이 미워하고 있는 사람과 자신의 허물도 십자가에서 그리스도와 함께 죽고 새 생명(허물, 죄가 없는)으로 살아났음을 믿어야 한다. 하나님의 사랑을 믿는 믿음의 자녀들을 주님은 진리 안으로 돌아오게 하셨다.

(히 9:12) 염소와 송아지의 피로 아니하고 오직 자기 피로 영원한 속죄를 이루사 단번에 성소에 들어가셨느니라

하나님의 사랑으로 예수그리스도께서 믿음의 자녀들의 허물을 위해 드린 제사였다.

(마 6:14-15) [14]너희가 사람의 과실을 용서하면 너희 천부께서도 너희 과실을 용서하시려니와 [15] 너희가 사람의 과실을 용서하지 아니하면 너희 아버지께서도 너희 과실을 용서하지 아니하시리라

과실, 원뜻: 바깥으로 나가떨어짐. 실수, 범죄.

진리에서 벗어난 모든 행실을 말한다.

용서는 용서를 받은 자만이 행할 수 있는 하나님의 사랑의 증거이다.

(마 18:21-35) [21] 그 때에 베드로가 나아와 가로되 주여 형제가 내게 죄를 범하면 몇 번이나 용서하여 주리이까 일곱 번까지 하오리이까 [22] 예께서 가라사대 네게 이르노니 일곱 번 뿐 아니라 일흔 번씩 일곱 번이라도 할지니라 [23] 이러므로 천국은 그 종들과 회계하려 하던 어떤 임금과 같으니 [24] 회계할 때에 일만 달란트 빚진 자 하나를 데려오매 [25] 갚을 것이 없는지라 주인이 명하여 그 몸과 처와 자식들과 모든 소유를 다 팔아 갚게 하라 한 대 ⇒ 나의 죄

[26] 그 종이 엎드리어 절하며 가로되 내게 참으소서 다 갚으리이다 하거늘

[27]그 종의 주인이 불쌍히 여겨 놓아 보내며 그 빚을 탕감하여 주었더니

⇒ 탕감은 사랑하는 마음(주님의 마음)에서 나온다.

[28] 그 종이 나가서 제게 백 데나리온 빚진 동관 하나를 만나 붙들어 목을 잡고 가로되 빚을 갚으라 하매

⇒ 다른 사람이 나에게 아무리 흉악한 죄를 많이 지었어도 백 데나리온은 넘지 못한다.

[29] 그 동관이 엎드리어 간구하여 가로되 나를 참아 주소서 갚으리이다 하되

[30] 허락하지 아니하고 이에 가서 저가 빚을 갚도록 옥에 가두거늘

⇒ 사랑하는 마음이 없기에 탕감해 줄 수 없다. 육신의 마음으로 행한다.

[31] 그 동관들이 그것을 보고 심히 민망하여 주인에게 가서 그 일을 다 고 하니

[32] 이에 주인이 저를 불러다가 말하되 악한 종아 네가 빌기에 내가 네 빚을 전부 탕감하여 주었거늘 ㄴ, 결국 나는 악한 종
[33] 내가 너를 불쌍히 여김과 같이 너도 네 동관을 불쌍히 여김이 마땅치 아니하냐 하고
[34] 주인이 노하여 그 빚을 다 갚도록 저를 옥졸들에게 붙이니라
[35] 너희가 각각 중심으로 형제를 용서하지 아니하면 내 천부께서도 너희에게 이와 같이 하시리라(34절 같이)

일만 달란트 빚진 자가 있었다. 몸과 처와 자식들과 모든 소유를 팔아도 그 빚을 갚을 수 없었다. 주인이 그의 모든 것을 팔아 빚을 갚으라고 하자 그는 조금만 참아달라고 간곡히 간청을 한다. 주인은 그를 불쌍히 여겨 그 빚을 아무 조건 없이 탕감하고 보내주었다. 탕감 받은 자가 돌아가는 길에 자신에게 빚진 자를 만난다. 탕감 받은 자는 자신에게 백 데나리온의 빚을 진 자에게 돈을 갚으라고 한다. 백 데나리온을 빚진 자가 조금만 참아달라고 간곡히 간청을 한다. 그러나 바로 조금 전 자신의 모든 것을 팔아도 갚을 수 없는 일만 달란트를 탕감 받았던 그는 자신에게 백 데나리온 빚진 자를 옥에 가둔다. 이 사실을 알게 된 주인은 일만 달란트 탕감해 줬던 자를 다시 그 빚을 갚도록 옥졸들에게 붙이게 된다.

이 말씀을 깊이 묵상해 보자. 우리는 영원히 죽을 수밖에 없는 죄인이었다. 내 힘과 능력으로는 죄 값을 치를 수 없었다. 태어날 때부터 율법의 저주와 가난과 질병에서 탈출할 수 없는 죄인이었다. 내 육신의 어떠한 것으로도 이 죄악에서 벗어날 수 없는 불쌍한 죄인인 것이다.

아담과 하와가 자신들이 벗었음을 알고 수치를 가리기 위해 무화과 나뭇잎으로 치마를 만들어 입었지만 잎으로 만든 치마는 곧 햇빛에 시들고 마른다. 이처럼 인간의 힘과 지혜로는 영원히 자신의 수치를 가릴 수 없다.

하나님은 말씀을 믿지 않고 범죄 한 아담과 하와지만 그들을 불쌍히 여겨 그들을 위해 가죽옷을 지어 입히시고 그들의 수치를 가려 주셨다.

짐승의 죽음으로 만든 가죽옷을 지어 입히신 것이다.(예수 그리스도의 죽음

을 예표)

긍휼에 풍성하신 하나님의 사랑을 보여주셨다. 이처럼 하나님은 죄로 말미암아 부끄럽고 두렵고 아픈 나, 내 힘과 능으로는 가릴 수 없는 수치스러운 나를 위해 죽음으로 내 빚을 탕감해 주셨다. **아무 것도 갚지 않아도 된다고, 아무것도 하지 않아도 된다고, 그저 믿기만 하라고 하신다.** 죄악의 사슬에서 조건 없이, 값없이 그 빚을 탕감해 주셨다.

지금 나의 삶은 순전히 하나님의 은혜로 사는 것이다. 이를 믿는 나는 이제 자유와 평안을 그리고 기쁨을 맘껏 누리며 산다.

그런데 혹시 지금 나는 일만 달란트 빚진 자처럼 탕감 받은 은혜를 망각하고 하나님의 사랑을 무시하고 나에게 백 데나리온 빚진 자를 옥에 가두고 있지는 않는가? 내게 상처와 아픔으로 각인 되어진 그들을 내 육신의 생각과 마음이 원하는 대로 되갚아 주고 용서하지 못한 마음으로 살고 있지는 않는가?

지금 자신의 삶이 그렇다면 하나님께 탕감 받은 것을 다시 갚아야 될 내 몫의 빚을 다시 지는 것이다. 갚을 때까지 옥졸들에게 붙일 수밖에 없다.

지금 내 삶이 옥졸들에게 붙여진 결과에서 나오는 근심과 걱정의 질병이 있는 삶이라면 자신의 마음 안에 아직 용서하지 못하고 있는 일만 달란트 빚진 자의 마음은 없는지 철저하게 보아야 한다.

(눅 7:36-50)
[36] 한 바리새인이 예수께 자기와 함께 잡수기를 청하니 이에 바리새인의 집에 들어가 앉으셨을 때에
[37] 그 동네에 죄인인 한 여자가 있어 예수께서 바리새인의 집에 앉으셨음을 알고 향유 담은 옥합을 가지고 와서
[38] 예수의 뒤로 그 발 곁에 서서 울며 눈물로 그 발을 적시고 자기 머리털로 씻고 그 발에 입맞추고 향유를 부으니
[39] 예수를 청한 바리새인이 이것을 보고 마음에 이르되 이 사람이 만일 선지자 더면 자기를 만지는 이 여자가 누구며 어떠한 자 곧 죄인인 줄을 알았

으리라 하거늘
[40] 예수께서 대답하여 가라사대 시몬아 내가 네게 이를 말이 있다 하시니
저가 가로되 선생님 말씀하소서
[41] 가라사대 빚 주는 사람에게 빚진 자가 둘이 있어 하나는 오백 데나리온
을 졌고 하나는 오십 데나리온을 졌는데
[42] 갚을 것이 없으므로 둘 다 탕감하여 주었으니 둘 중에 누가 저를 더 사
랑하겠느냐
[43] 시몬이 대답하여 가로되 제 생각에는 많이 탕감함을 받은 자니이다 가
라사대 네 판단이 옳다 하시고

⇒ 많이 탕감 받은 자가 누구인가? (죄인임을 깨달은 자)
⇒ 누가 주를 더 사랑하는가? (사랑(탕감)을 더 많이 받은 자)

[44] 여자를 돌아보시며 시몬에게 이르시되 이 여자를 보느냐 내가 네 집에
들어오매 너는 내게 발 씻을 물도 주지 아니하였으되 이 여자는 눈물로 내 발
을 적시고 그 머리털로 씻었으며
[45] 너는 내게 입맞추지 아니하였으되 저는 내가 들어올 때로부터 내 발에
입맞 추기를 그치지 아니하였으며
[46] 너는 내 머리에 감람유도 붓지 아니하였으되 저는 향유를 내 발에
부었느니라
[47] 이러므로 내가 네게 말하노니 저의 많은 죄가 사하여졌도다 이는 저
의 사랑함이 많음이라 사함을 받은 일이 적은 자는 적게 사랑 하느니라
[48] 이에 여자에게 이르시되 네 죄사함을 얻었느니라 하시니
[49]함께 앉은 자들이 속으로 말하되 이가 누구이기에 죄도 사하는가 하
더라
[50] 예수께서 여자에게 이르시되 네 믿음이 너를 구원하였으니 평안히 가
라 하시니라

예수님께서 하나님의 사랑을 받은 자에 대한 말씀이다. 하나님의 사랑을 많이 받은 자는 많이 사랑하고, 받지 못한 자는 사랑을 할 수가 없다는 것이다. 하나님의 사랑이 탕감이며 용서인 것이다.

41절, 빚 주는 사람에게 빚진 자가 둘이 있어 하나는 오백 데나리온을 졌고 하나는 오십 데나리온을 졌는데 42절, 갚을 것이 없으므로 둘 다 탕감하여 주었으니 둘 중에 누가 저를 더 사랑하겠느냐

하나는 오백 데나리온, 하나는 오십 데나리온의 빚을 졌다. 빚 주는 사람이 이 둘 모두에게 똑같이 빚을 탕감해 주었다. 오백 데나리온을 탕감 받은 자가 더 사랑하겠는가? 오십 데나리온을 탕감 받은 자가 더 사랑하겠는가? 당연히 많이 탕감 받은 자가 더 사랑할 것이다. 그렇다면 나 자신은 얼마나 탕감 받았는가?

(딤전 1:15) 미쁘다 모든 사람이 받을 만한 이 말이여 그리스도 예수께서 죄인을 구원하시려고 세상에 임하셨다 하였도다 죄인 중에 내가 괴수니라

바리새인들은 자신들 스스로 율법을 잘 지키고 있음으로 죄인임을 깨닫지 못했다. 예수님께서는 바리새인을 향해 독사의 자식이라고 하셨다.

하나님의 사랑으로 탕감을 받은 자녀는 하나님의 아가페 사랑의 깊이를 안다. 그렇기 때문에 하나님의 사랑 안에서 나오는 기쁨과 감사 그리고 평안을 누리며 살고 있기에, 자신에게 빚진 자에게도 사랑의 기쁨을 맛보게 해 주고 싶은 마음이 나온다.

하나님의 사랑을 받고, 용서를 받은 자는 삶에서 상처와 아픔의 일들이 감히 삼키지 못한다.

(고후 5:4) 이 장막에 있는 우리가 짐 진 것같이 탄식하는 것은 벗고자 함이 아니요 오직 덧 입고자 함이니 죽을 것이 생명에게 삼킨 바 되게 하려함이라

내게 주신 하나님의 사랑은 육신의 상처와 아픔을 삼키고도 남는 비교할 수 없는 크신 사랑이기 때문이다. 사랑으로 탕감 받은 자는 그 마음 안에서 용서가 된다. 용서 받은 자신을 보기 때문에 용서할 수밖에 없는 것이다.

그가 어떤 모습이든 앞으로 어떤 모습을 보이든 그것과는 상관없는 용서이다. 하나님의 사랑과 용서는 내가 받은 사랑이고 내가 받은 용서이다.

존귀한 자로, 거룩한 자로, 나를 낳아주신 하나님 사랑의 깊이를 알기에 사랑을 행할 수밖에 없는 것이다.

이 마음이 그리스도의 마음이며 새 언약의 일꾼이다. 그리스도의 마음 안에서 이루어진 용서가 하나님이 말씀하시는 진정한 용서이다.

그러나 이미 탕감 받았다는 믿음이 없는 자들은 용서 받았다는 확신이 없으므로 그 육신의 생각과 마음이 결코 용서하지 못한다. 그리스도의 마음 안에서 나오는 용서가 아닌 육신의 노력으로 해보려는 용서는 하면 할수록 목마르고 하면 할수록 지옥이 된다. 끈질긴 노력으로 그를 용서했다 하더라도 그의 모습 속에서 똑같은 행동이나 말을 듣는 순간 노력은 물거품 된다. 용서해줬음에 대한 보상심리가 생긴다. 이것이 육신 안에서 보이는 용서의 모습이다.

악한 영은 지속적으로 육신 안에서 용서하지 못하는 마음을 통해 하나님의 사랑을 보지 못하도록 역사한다. 이미 사랑받았고, 용서 받았음에도 끊임없이 이 사실을 믿지 못하도록, 누리지 못하도록 역사한다.

자신에게 상처와 아픔으로 행하는 저들을 보지 말고 그들을 통해 내게 역사하는 악한 영들을 저주하고 멸해야 한다. 우리의 싸움은 혈과 육의 싸움이 아니고, 영적 전쟁인 것이다. 이 싸움에서 승리하는 참된 그리스도인이기를 바란다.

3) 사람의 용서

(잠 10:12) 미움은 다툼을 일으켜도 사랑은 모든 허물을 가리우느니라

(잠 17:9) 허물을 덮어 주는 자는 사랑을 구하는 자요 그것을 거듭 말하는

자는 친한 벗을 이간하는 자니라

(눅 6:37) 비판치 말라 그리하면 너희가 비판을 받지 않을 것이요 정죄하지 말라 그리하면 너희가 정죄를 받지 않을 것이요 용서하라 그리하면 너희가 용서를 받을 것이요

마음 안에 누군가를 미워하는 마음이 있으면 그 안에서는 반드시 다툼이 나온다. 또 자신의 삶 자체가 다툼의 삶이 된다. 누구나 자신의 마음이 상하면 그 안에서는 다툼과 미움이 나오게 되어있다. 또 사람들의 모습에서 사랑은 보이지 않고 허물만 보이게 된다. 허물만 보이는 마음으로 그들의 허물을 감싸주기보다는 약점으로 이용한다.

헐뜯게 되는 것이다. 다른 사람과 함께 누군가를 헐뜯는 자신이 쾌감을 느낀다. 상대방의 마음과 전혀 상관없는 자신의 생각을 그 사람의 생각인 것처럼 말을 보태고 다른 사람에게 전한다. 양심에 화인 맞은 자처럼 전혀 죄의식 없이 하는 자들도 있다.

그러나 하나님의 사랑으로 회복 된 마음은 그들의 모든 허물을 가려주고 덮어주며 기도해 주는 마음이다.

곧, 허물이 있는 그들은 내가 그리스도의 마음으로 품어주어야 할 섬김의 지체인 것이다. 육신을 입은 자는 누구나 허물이 있다.

다른 사람의 허물이 보일 때 나는 어떻게 반응하는지? 자신이 좋아하는 사람의 허물은 덮어주면서 자신이 좋아하지 않는 사람은 그 허물을 확대해서 비판하고 정죄하고 있지는 않는지 돌아보아야 한다.

혹시 자신과 관계된 주위에 다툼과 원망이 가득해 주위 사람을 원망하고 있지는 않는가? 주위 사람들의 잘못이 아니라 내 마음의 문제임을 꼭 볼 수 있기를 바란다.

변명하지 말고 핑계대지 말고 말씀 안에서 통곡의 회개를 드릴 수 있기를 간절히 주의 이름으로 부탁한다.

(엡 4:31-32) [31] 너희는 모든 악독과 노함과 분냄과 떠드는 것과 훼방하는 것을 모든 악의와 함께 버리고 [32] 서로 인자하게 하며 불쌍히 여기며 서로 용서하기를 하나님이 그리스도 안에서 너희를 용서하심과 같이 하라

32절, 서로 용서하기를 하나님이 그리스도 안에서 너희를 용서하심과 같이 하라

하나님께서 그리스도 예수 안에서 우리를 어떻게 용서하셨는가? 용서를 받았기에 용서할 수 있고 탕감을 받았기에, 탕감해줄 수 있는 것이다.

(골 3:12-14) [12] 그러므로 너희는 하나님의 택하신 거룩하고 사랑하신 자처럼 긍휼과 자비와 겸손과 온유와 오래 참음을 옷 입고(그리스도) [13] 누가 뉘게 혐의가 있거든 서로 용납하여 피차 용서하되 주께서 너희를 용서하신 것과 같이 너희도 그리하고 [14] 이 모든 것 위에 사랑을 더 하라 이는 온전하게 매는 띠니라

긍휼과 자비와 겸손의 옷은 예수 그리스도이다. 곧, 예수 그리스도의 마음으로 사는 삶을 말씀하는 것이다. 긍휼과 자비와 겸손과 온유와 오래 참음은 예수 그리스도의 마음에서 나온다.

(빌 2:5) 너희 안에 이 마음을 품으라 곧 그리스도 예수의 마음이니

13절, 누가 누구에게 잘못을 했거든 주님께서 용서해 주신 것처럼 서로 용납하고 용서하라고 하신다. 믿음 안에서의 자녀 모습은 서로가 용납하고 용서하는 모습이다.

(막 11:20-25) [20] 저희가 아침에 지나갈 때에 무화과나무가 뿌리로부터 마른 것을 보고 [21] 베드로가 생각이 나서 여짜오되 랍비여 보소서 저주

하신 무화과 나무가 말랐나이다 [22] 예수께서 대답하여 저희에게 이르시
되 하나님을 믿으라 [23] 내가 진실로 너희에게 이르노니 누구든지 이 산더
러 들리어 바다에 던지우라 하며 그 말하는 것이 이를 줄 믿고 마음에 의심치
아니하면 그대로되리라 [24] 그러므로 내가 너희에게 말하노니 무엇이든지
기도하고 구하는 것은 받은 줄로 믿으라 그리하면 너희에게 그대로 되리라
[25] 서서 기도할 때에 아무에게나 혐의가 있거든 용서하라 그리하여야 하
늘에 계신 너희 아버지도 너희 허물을 사하여 주시리라 하셨더라

베드로는 예수님께서 저주한 무화과 나무가 다음 날 뿌리부터 말랐다는 것을 알았다.(막 11:14)

베드로는 어떻게 알았는가? 뿌리가 죽은 나무는 곧 시들어 마른다. 뿌리는 놔둔 채 가지(근심, 걱정, 염려, 스트레스)만 치는 것은 진정한 치유가 아니다. 가지(근심, 걱정, 염려, 스트레스)만 치게 되면 그 나무는 더 굵고 건강히 잘 자라게 된다.

"저주하신 무화과 나무가 말랐나이다" 말하는 베드로에게 예수님은 죽어가는 나무에 대해 말씀하지 않고 믿음에 대해 말씀하셨다.

22절, 하나님을 믿으라고 하신다.

23절, 24절, 누구든지 이 산더러 들리어 바다에 던지우라 하며 그 말하는 것이 이를 줄 믿고 마음에 의심치 아니하면 그대로 되리라 구하는 것은 받은 줄로 믿으라 그리하면 너희에게 그대로 되리라

진정 마음으로 믿고 의심하지 않으면 산이 바다에 던져질까? 위의 말씀이 말이 되는가?

이 말씀은 간절한 소원의 기도보다 먼저 반드시 선행되어야 할 것에 대해 말씀하신 것이다.

25절, 서서 기도할 때에 누구에게나 혐의가 있거든 용서하라셨다. 누가 내게 혐의가 있는데 그를 용서하고 그 마음으로 기도하면 혹 내가 말도 안 되는 것을 구할지라도 응답해 주시겠다는 것이다. 그 만큼 하나님은 용서의 마음을 귀하

고 중요하게 보신다.

용서하지 못한 마음, 사랑하지 못한 마음을 가지고 기도하는 것은 그 마음이 사랑이 아니기 때문에 하나님은 그 기도에 응답하실 수가 없다. 하나님은 사랑 안에서만 역사하시기 때문이다.

상한 마음으로 드리는 예배, 감사한 마음 없는 헌신을 하나님께서는 받지 않는다. 용서하는 마음이 없이 드리는 예물 또한 하나님은 받지 않으신다.

하나님은 용서하지 못한 마음으로 드리는 것들보다 사랑과 용서로 그리스도 예수 안에서 하나 됨을 원하신다.

(마 5:23-24) [23] 그러므로 예물을 제단에 드리다가 거기서 네 형제에게 원망 들을 만한 일이 있는 줄 생각나거든 [24] 예물을 제단 앞에 두고 먼저 가서 형제와 화목하고 그 후에 와서 예물을 드리라

즉, 하나님께서 우리에게 진정으로 원하시는 것은 사역의 열매보다 하나님과 하나 됨이다.

많은 사람들이 하나님의 일을 한다. 자신의 육신적인 것들을 희생하면서까지 하나님의 일을 위해 열정을 불태운다.

그러나 그의 마음이 그리스도의 마음(아가페 사랑=새 언약의 일꾼)이 아닌 육신의 용서하지 못한 마음, 사랑하지 못한 마음이라면 그것은 하나님이 원하시는 일이 아니다. 하나님이 기뻐하시는 헌신이 아니다.

하나님을 믿는 자녀의 가장 기본은 먼저 하나님과 그 사랑 안에서 하나 됨이다. 하나 된 마음으로, 사랑으로 행할 때 무엇이든지 기도하고 구하는 것은 받은 줄로 믿으라고 하신 하나님의 말씀이 내 삶에서 성취되어진다.

육신의 생각과 마음에 속지 말고 하나님과 하나되는 삶을 구해야 한다.

3) 왜 용서하지 않으면 안 되는가?

사단에게 넘어지지 않기 위해서다.

(고후 2:5-11) [5] 근심하게 한 자가 있었을지라도 나를 근심하게 한 것이 아니요 어느 정도 너희 무리를 근심하게 한 것이니 어느 정도라 함은 내가 너무 심하게 하지 아니하려 함이라 [6] 이러한 사람이 많은 사람에게서 벌 받은 것이 족하도다 [7] 그런즉 너희는 차라리 저를 용서하고 위로할 것이니 저가 너무 많은 근심에 잠길까 두려워하노라 [8] 그러므로 너희를 권하노니 사랑을 저희에게 나타내라 [9] 너희가 범사에 순종하는지 그 증거를 알고자 하여 내가 이것을 너희에게 썼노라 [10] 너희가 무슨 일이든지 뉘게 용서하면 나도 그리하고 내가 만일 용서한 일이 있으면 용서한 그것은 너희를 위하여 그리스도 앞에서 한 것이니 [11] 이는 우리로 사단에게 속지 않게 하려 함이라 우리가 그 궤계를 알지 못하는 바가 아니로라

(고후 2:5-11 현대인성경) [10] 만일 여러분이 어떤 사람을 용서하면 나도 그를 용서합니다. 그리고 내가 용서할 일이 있어서 어떤 일을 용서했다면 그것은 여러분을 위해 그리스도 앞에서 할 것입니다. [11] 이것은 우리가 사탄에게 이용 당하지 않게 하기 위한 것입니다. 우리는 사탄의 책략을 다 알고 있습니다.

용서하지 못하는 마음은 곧 사단의 마음이며 책략이다.

누군가 문제를 일으켜 마음을 상하게 했다면 그는 이미 문제를 일으키는 그 마음으로 스스로 정죄받고 있다. 문제를 일으키는 그를 누가 반기고 사랑하겠는가?

이미 그의 삶은 많은 사람들로부터 벌 받고 있는 것이다.

자신의 마음이 상대방에게 상처가 되고 문제가 되고 아픔을 주고 있다면 그 마음은 하나님의 사랑에서 떠난 것이기에 그 자체가 이미 징계를 받고 있다. 우리 주위에 그런 사람이 있다면 우리는 그를 아가페 사랑으로 품어야 한다. 문제를 일으키고 있는 그 마음 자체가 그에게는 형벌이다. 그가 더 큰 근심과 낙심 속에 잠기지 않도록 사랑으로 품으라는 것이다.

하나님의 사랑으로 품는 것이 말씀에 순종하는 것이며 악한 영에게 틈을 주

지 않는 것이다.

예수님이 보여주신 아가페 사랑인 것이다.

(눅 23:34) 이에 예수께서 가라사대 아버지여 저희를 사하여 주옵소서 자기의 하는 것을 알지 못함이니이다 하시더라 저희가 그의 옷을 나눠 제비 뽑을쌔

스데반 집사 역시 하나님의 사랑을 보여 주었다.

(행 7:60) 무릎을 꿇고 크게 불러 가로되 주여 이 죄를 저들에게 돌리지마옵소서 이 말을 하고 자니라

하나님의 사랑을 받은 자녀는 이미 그 마음이 사랑이다.

악한 영은 누군가를 통해 마음을 상하게 하고 그 이유를 계속 육신의 생각과 마음에 떠오르게 함으로 마음을 강퍅하게 하고 이것은 사랑의 주님을 보지 못하게 한다. 철저하게 마귀가 사용하는 방법이다.

부디 누군가로 인해 마음이 상하였거든 그 사람의 잘못을 떠올리며 생각 속에 빠지지 말고 그것을 십자가에서 죽이고 아가페 사랑으로 품기 위해 그리스도의 고난에 동참해야 한다.

이것이 경건의 연습이다. 날마다 우리는 십자가에서 죽는 경건의 연습을 해야 한다. 괴로운 미움의 마음이 과연 경건의 연습을 통해 사랑의 마음으로 바뀔 수 있을까? 경건의 연습을 통해 하나님의 사랑의 평안을 경험해 보지 못한 자들을 결코 이해할 수 없을 것이다.

그러나 육신의 생각으로 이해되지 않는다 해도 하나님의 말씀은 변함없는 진리기에 반드시 그 말씀은 실제가 된다. 날마다 십자가에서 죽는 경건의 연습이 능력이다. 용서한 마음은 실제가 되어 누릴 수 있고 나눌 수 있다.

이 삶이 진정한 그리스도인의 삶이다.

4) 진정한 용서는?

하나님께서 우리에게 주신 사랑은 누구를 용서하는 권한을 주신 것이 아니다.

내가 너희를 용서한 것 같이 너희도 서로 용서하라는 것은 이미 용서를 받은 자는 그 마음이 회복되었으니 이것으로 살라는 것이다. 회복된 마음 안에 용서하는 마음이 있다는 것이다.

내가 누군가를 용서하려고 애쓰고 있다면 그것은 교만이다. 용서는 하나님만이 하실 수 있는 것이다. 이미 용서 받은 우리는 주신 그 사랑 안에서 용서 되어진 마음이 나오기에 누구를 용서한다는 것 자체가 모순이다. 용서한 마음으로 사는 것이 말씀에 순종하는 삶이다.

우리는 그동안 얼마나 많이 하나님의 사랑을 왜곡하고 있었는가? 하나님만이 하실 수 있는 용서를 내 육신의 생각과 마음으로 해보려고 발버둥치고 있으니 얼마나 큰 교만인가?

누군가를 용서해보겠다는 교만이 아닌 먼저 하나님과 하나 됨을 구해야 한다. 하나님과 내가 아가페 사랑으로 하나 될 때 내가 노력하지 않아도 발버둥치지 않아도 용서하려고 했던 사람은 이미 사랑할 수밖에 없는 사람이 되어 있을 것이다.

하나님의 사랑으로 용서 받은 마음으로 사는 자녀는 의무(순종, 믿음)만이 있다. 자신이 받은 것을 주는 것이다.

세상에서 정말 용서 받지 못할 흉악한 죄인이라 할지라도 모든 죄의 값은 백 데나리온을 넘지 않는다는 사실을 알고 믿어야 한다. 그리고 나는 일만 달란트의 죄값을 순전히 하나님의 사랑으로 용서 받은 자녀임을 알고 믿어야 한다.

하나님의 사랑과 백 데나리온을 바꾸겠는가!

제10장

심령 치료의 하나님

예수께서 그 열 두 제자를 부르사 더러운 귀신을 쫓아내며 모든 병과 모든 약한 것을 고치는 권능을 주시니라 (마 10:1)

제10장
심령 치료의 하나님

성령 안에서 오신 예수그리스도를 믿는 성도들은 그의 삶에서 성령의 일하심이 실제로 나타나야 한다. 생각하고 느끼는 정도가 아니라 실제로 삶을 통해 보여야 한다. 하나님의 말씀은 이미 우리를 율법의 저주와 가난과 질병에서 치료하셨다.

하지만 하나님의 온전한 사랑을 보지 못하고 믿지 못하는 자들은 아직도 자신은 치료받지 못했고, 사랑받지 못했다고 고백한다.

말씀을 통해 이미 치료받은 자신을 볼 수 있기를 바란다. 믿음의 자녀들을 치료하시고 회복시켜주신 예수님의 치료방법이 있다.

예수님의 치료방법은 이 세상의 지식과 지혜로 한 것이 아니다.

영적으로 육적으로 치료해 주신 증거를 말씀을 통해 보여주신다. 예수 그리스도는 하나님 아가페 사랑의 십자가를 통해 모든 저주를 사해 주셨다. 예수 그리스도는 십자가를 통해 이미 구원을 이루어주셨다.

십자가에서 이루어주신 구원을 믿는 이들은 모든 죄와 저주와 질병에서 치료해주신 회복의 은혜를 누리며 살아야 한다. 회복의 은혜가 날마다 삶의 현장에서 실제가 되어야 한다.

하나님의 아가페 사랑의 말씀을 통해 더 높이, 더 깊이, 더 넓게, 더 멀리 천국의 비밀을 깨달아 그리스도의 장성한 분량까지 자라야 한다.

(엡 3:19) 그 넓이와 길이와 높이와 깊이가 어떠함을 깨달아 하나님의 모든 충만하신 것으로 너희에게 충만하게 하시기를 구하노라

내가 주님과 하나 되어 살고 있는지를 분별 하는 믿음이 중요하다. 자신을 분별하고 주님과 하나 되어 있지 않다면 속히 주님 안으로 들어오면 된다. 그것이 자신을 살피는 자의 믿음이다.

(고전 11:27-32) 그러므로 누구든지 주의 떡이나 잔을 합당하지 않게 먹고 마시는 자는 주의 몸과 피에 대하여 죄를 짓는 것이니라. 사람이 자기를 살피고 그 후에야 이 떡을 먹고 이 잔을 마실지니 주의 몸을 분별하지 못하고 먹고 마시는 자는 자기의 죄를 먹고 마시는 것이니라. 그러므로 너희 중에 약한 자와 병든 자가 많고 잠자는 자도 적지 아니하니, 우리가 우리를 살폈으면 판단을 받지 아니하려니와 우리가 판단을 받는 것은 주께 징계를 받는 것이니 이는 우리로 세상과 함께 정죄함을 받지 않게 하려 하심이라

30절, 주님과 하나 되어 살고 있지 않기 때문에 약한 자와 병든 자와 잠자는 자가 많다고 한다.

31절, 자신을 살핀 자는 판단을 받지 않지만 자신을 분별치 못한 자는 판단을 받음으로 병든 자, 잠자는 자의 삶을 산다.

31절, 32절, 하나님의 사랑으로 하나 된 믿음의 자녀는 하나님의 살과 피(하나님 생명의 본질 = 아가페 사랑)를 먹고 사는 것이다. 즉, 하나님의 사랑을 먹고 사는 것이다.

내 안에 이 세상의 것들이 있는가? 혹시 병들어 죽어가고 있는 것은 없는가? 하나님의 사랑(하나님의 말씀)으로 자신의 몸을 살펴보아야 한다. 말씀을 통해 자신을 살피고 믿음 안으로 들어오면 된다.

이것을 분변치 못하고, 보지 못하면 계속 악한 자들에게 속을 수밖에 없다. 악한 자에게 속아 병들거나 힘든 일이 생기는 것을 마치 하나님이 하신 것처럼 고백하는 자들이 있다. 이것은 절대 아니다. 자신의 죄로 인해 악한 자에게 속아서 발꿈치를 물린 것이다. 내가 하나님의 말씀 밖으로 나간 삶을 살고 있어 악한 자들에게 당하는 것이다.

사랑의 하나님을 오해하지 않기를 바란다.

(약 5:14-16) [14] 너희 중에 병든 자가 있느냐 저는 교회의 장로들을 청할 것이요 그들은 주의 이름으로 기름을 바르며 위하여 기도할지니라 [15] 믿음의 기도는 병든 자를 구원하리니 주께서 저를 일으키시리라 혹시 죄를 범하였을지라도 사하심을 얻으리라 [16] 이러므로 너희 죄를 서로 고하며 병 낫기를 위하여 서로 기도하라 의인의 간구는 역사하는 힘이 많으니라

육신을 입은 사람의 생명에는 영의 생명과 육의 생명이 있다. 죄로 말미암아 영의 생명이 아담 안에서 떠났다.

예수 그리스도께서 오신 이유는 영의 생명과 육의 생명을 회복시켜 주시기 위해서다. 회복된 생명 안에서만 예수의 이름을 믿고 부를 수 있고, 하나님과 하나가 될 수 있기 때문이다.

하나님의 사랑으로 하나 되어 사는 삶을 의인의 삶이라 한다. 영의 생명이 회복 되면 육의 생명도 회복된다. 이 현상은 여러 가지의 모습으로 나타난다. 어떤 이는 질병이 떠나가고, 미움이 떠나며 회복 된 영의 삶을 살기 시작한다.

상처는 곧 아픔이다.

아가페 사랑의 주님은 우리의 아픔을 아신다. 아시기 때문에 치료해 주시는 것이다. 예수님께서는 우리의 모든 것을 알고 계신다.

(마 8:17) 이는 선지자 이사야로 하신 말씀에 우리 연약한 것을 친히 담당

하시고 병을 짊어지셨도다 함을 이루려 하심이더라

(사 53:4) 그는 실로 우리의 질고를 지고 우리의 슬픔을 당하였거늘 우리는 생각하기를 그는 징벌을 받아서 하나님에게 맞으며 고난을 당한다 하였노라

(사 53:4 표준) 그런데 실상 그는 우리가 앓을 병을 앓아 주었으며, 우리가 받을 고통을 겪어 주었구나 (생략)

(사 53:4 현대) 그는 우리의 질병을 지고 우리를 대신하여 슬픔을 당하였으나 (생략)

죄가 있는 육신의 체질은 연약할 수밖에 없다. 죄가 있는 육신의 체질 · 슬픔 · 앓을 병을 그리스도께서 친히 짊어지셨다. 예수 그리스도께서 친히 십자가에서 담당해 주셨다. 그러므로 이제는 믿음 안에서 자유를 누려야 한다. 더 이상 육신에 속아서는 안 된다.

마음(심령)이 상해 있으면 하나님의 말씀이 들려오지 않는다. 심령을 치료하신 이유는 사랑의 말씀 안으로 들어오게 하기 위함이다.

하나님의 말씀 안에서 치료와 회복이 있는 것이다.

1) 마음이 강퍅한 자는 하나님의 말씀을 듣지도, 믿지도 못한다.

(신 29:19) 이 저주의 말을 듣고도 심중에 스스로 위로하여 이르기를 내가 내 마음을 강퍅케 하여 젖은 것과 마른 것을 멸할지라도 평안하리라 할까 염려함이라

악한 영들은 근심과 염려, 미움들을 통해 마음을 강퍅케 한다. 이것은 굳은

마음이다. 하나님의 사랑을 들을 수 없는 병든 마음이다. 몸의 질병은 겉으로 드러나기 때문에 병의 심각성을 알고 고치려고 노력한다.

그러나 강퍅케 되어 병든 마음은 쉽게 그 모습을 드러내지 않는다. 굳어진 마음은 자신만의 생각 속에 자신을 가두고 하나님을 믿으려고 한다. 철저히 자신의 생각 속에 하나님 말씀을 대입하며 자신만의 믿음을 만들고 신앙생활을 한다. 결국 하나님의 사랑의 말씀을 들을 수 없다.

하나님의 말씀을 들을 수 없는 강퍅한 마음은 악한 자들의 도구가 되어 더욱 더 병들게 한다.

2. 마음이 상하면 질병의 원인이 된다.

마음의 질병은 강퍅해진 상한 마음에서 오는 것이 많다. 강퍅해진 상한 심령은 육신의 질병에 걸리게 되어있다. 하나님은 이 상한 마음을 치료하셔서 회복시켜 주신다.

(사 65:13-14) [13] 이러므로 주 여호와가 말하노라 보라 나의 종들은 먹을 것이로되 너희는 주릴 것이니라 보라 나의 종들은 마실 것이로되 너희는 갈할 것이니라 보라 나의 종들은 기뻐할 것이로되 너희는 수치를 당할 것이니라 [14] 보라 나의 종들은 마음이 즐거우므로 노래할 것이로되 너희는 마음이 슬프므로 울며 심령이 상하므로 통곡할 것이며

하나님의 자녀들은 먹고, 마시며 즐거움으로 노래하지만 믿음에서 떠난 자들은 주리고, 목마르며 통곡할 것이라고 말씀하셨다.

곧, 하나님의 사랑은 마음의 평안을 말씀하시는 것이다.

(잠 18:14) 사람의 심령은 그 병을 능히 이기려니와 심령이 상하면 그것을 누가 일으키겠느냐

(잠 17:22) 마음의 즐거움은 양약이라도 심령의 근심은 뼈로 마르게 하느니라

(잠 15:13)마음의 즐거움은 얼굴을 빛나게 하여도 마음의 근심은 심령을 상하게 하느니라

사람의 심령은 병을 능히 이긴다. 그러나 심령이 상하면 이것을 누가 일으키겠는가? 상한 심령은 일으킬 수 있는 사람이 없다. 심령이 상하면 모든 것이 무너진다. 또 뼈를 마르게 한다.

사람의 뇌는 주어를 인식하지 못하다고 한다. 그렇기에 내가 누구를 미워하면 다른 사람을 미워하는 것으로 인식하는 것이 아니라 자신을 미워하는 것으로 인식한다. 그래서 자기 자신이 다른 사람을 미워하고, 근심, 걱정, 스트레스로 사로잡혀 있으면 내 뼈와 내 심령이 마르고 상한다.

3. 마음을 치료하시는 하나님

하나님의 사랑은 이미 내 마음을 상하게 하는 것들을 치료해 주셨다. 이 사실을 믿는 믿음이 내 안에 있어야 한다.

이제 그 어떤 것으로도, 그 누구도 내 마음을 상하게 할 것은 없다. 내 삶의 환경과 형편과 상관없이 이 말씀을 믿는 것이다. 이것이 영적 전쟁이다. 경건의 연습이다. 새 언약의 일꾼 된 삶이다. 하나님의 말씀은 이미 나를 사랑으로 치료해 주셨다.

그런데 이 말씀을 믿지 않고 자신은 아직도 아프고 힘들다고, 치료받지 않았다고, 혹시 이미 치료해 주신 하나님의 사랑을 부인하고 있지는 않는가? 부인하지 말고 믿어지지 않는 자신의 육신적인 생각과 마음을 십자가에서 죽이라. 모든 고통을 죽이시고 평안의 십자가를 허락해 주신 그 사랑을 믿으라. 이미 십자가에서 내 상한 심령을 죽이시고 하나님의 아가페 사랑과 평안으로, 회복해주신

그리스도의 마음이 내 것임을 믿으라.

주님은 자기 십자가를 지고 자기를 부인하고 나를 따르라고 말씀하신다. 자기 십자가를 진다는 것, 부인 한다는 것이 바로 이 영적 전쟁을 말씀하시는 것이다.

자기 십자가를 지고 가면 하나님의 사랑이 치료해 주셨음을 보게 된다.

하나님의 아가페 사랑을 믿는 믿음으로, 아브라함의 믿음으로 믿어야 하는 것이다.

(렘 31:14) 내가 기름으로 제사장들의 심령에 흡족케 하며 내 은혜로 내 백성에게 만족케 하리라 여호와의 말이니라

(렘 31:25) 이는 내가 그 피곤한 심령을 만족케 하며 무릇 슬픈 심령을 상쾌케 하였음이니라

여호와 하나님의 말씀이시다. 기름은 내 안에 계신 성령이시다. 하나님의 사랑을 성령을 통해 믿음으로 나의 심령을 흡족케 해 주시는 주님을 누린다. 하나님의 은혜는 하나님 안에 있는 모든 것이며, 이것을 받았다는 것은 전부를 받았다는 것이다.(렘 31:14)

하나님의 전부(본질)는 아가페 사랑이다. 이 안에 있는 기쁨과 감사를 받은 것이다.(고전 13장)

(갈 5:22-23) [22] 오직 성령의 열매는 사랑과 희락과 화평과 오래 참음과 자비와 양선과 충성과 [23] 온유와 절제니 이같은 것을 금지할 법이 없느니라

제11장

아브라함의 믿음

이는 그리스도 예수 안에서
아브라함의 복이 이방인에게
미치게 하고 또 우리로 하여금
믿음으로 말미암아 성령의
약속을 받게 하려 함이라
(갈 3:14)

제11장
아브라함의 믿음

믿음이란? 하나님(예수님)을 믿는 것인데 어떤 하나님(예수님)을 믿는 것인가?

진정한 믿음이란 예수 그리스도를 죽은 자 가운데 살리신 이의 영이 성령을 통해 내 안에 계심을 믿는 것이다. 즉, 성령 안에서 오신 예수 그리스도께서 내 안에 계심을 믿는 것이다.

(롬 4:24) 의로 여기심을 받을 우리도 위함이니 곧 예수 우리 주를 죽은 자 가운데서 살리신 이를 믿는 자니라

믿음은 우리의 힘과 노력으로 되는 것이 아니다. 온전히 하나님의 은혜로 허락한 자녀만 믿을 수 있다.

믿음은 하나님이 주신 가장 큰 축복이다. 믿음이 자라는 것도 우리의 노력으로 되는 것이 아니다. 이 역시 하나님이 주신 축복으로 이뤄진다.

하나님께서는 자녀에게 믿음을 주시기 위해 먼저 한 믿음을 세우신다. 이 믿음이 아브라함의 믿음이다. 그리고 아브라함의 믿음을 통해 메시야 곧 그리스도를 이 땅에 보내주신다. 예수 그리스도는 아브라함의 믿음의 완성인 것이다.

다른 믿음은 없다. 오직 아브라함의 믿음이 진정한 축복이다.

(갈 1:8) 그러나 우리나 혹 하늘로부터 온 천사라도 우리가 너희에게 전한 복음 외에 다른 복음을 전하면 저주를 받을지어다

하나님의 사랑으로 사는 자녀는 아브라함의 믿음 안에서 이를 완전케 하신 그리스도를 믿음으로, 말씀으로 하나 되어 성령의 가르침을 받으며 성장하는 것이다.

(마 10:20) 말하는 이는 너희가 아니라 너희 속에서 말씀하시는 자 곧 너희 아버지의 성령이시니라

(눅 12:12) 마땅히 할 말을 성령이 곧 그 때에 너희에게 가르치시리라 하시니라

(요 14:26) 보혜사 곧 아버지께서 내 이름으로 보내실 성령 그가 너희에게 모든 것을 가르치시고 내가 너희에게 말한 모든 것을 생각나게 하시리라

그러나 하나님께서 허락하지 않은 자의 믿음은 늘 사람의 가르침을 좇는다. 구약의 모세 율법(몽학 선생)의 가르침을 받고 그것을 믿는다.

(갈 3:25) 믿음이 온 후로는 우리가 몽학선생 아래 있지 아니하도다

믿음은 예수 그리스도이시며, 몽학선생은 모세 율법을 말한다.

믿음에 대한 진리는 영원히 변하지 않는다.

세상의 공식도 약속 안에서 변하지 않는데 하물며 살아계신 하나님의 약속의 말씀은 영원히 변하지 않는 불변의 법칙이다.

믿음은 하나님께서 약속 하신 말씀(말씀하신 말씀이 변하지 않고 영원하다는

것)을 믿는 것이다.

이제 믿음이 시작되었다.

믿음의 시작이라는 것은 죽은 자 가운데서 살리신 하나님을 믿음으로 이제는 죽은 자의 삶이 아니라 산 자의 삶을 사는 것이다.(롬 8:11)

살아계신 하나님을 믿는 산 자의 삶은 하나님의 말씀을 믿는 것이며 이는 어려운 것이 아니라 내가 말씀으로 살아났기 때문에 살아있는 하나님의 말씀이 믿어지는 것이다. 살아 있는 자들이 숨을 쉬고 있는 것처럼.

그러나 죽은 자의 삶은 아직 내가 하나님의 생명으로 살아나지 않았기 때문에 말씀이 믿어지지 않는다. 믿어지지 않는 말씀은 이미 말씀 자체가 죽었음으로 아무리 노력하고 애를 써도 결코 살아나지 않는다. 결국 말씀이 죽은 것이 아니라 믿음이 죽은 것이다. 살아있는 하나님의 말씀은 생명으로 살아난 자만이 믿을 수 있고 믿음 안에서 말씀은 살아 역사하는 것이다.

1. 믿음의 본질

하나님께서 모세 율법을 주시기 이전에 먼저 아브라함을 통해서 하나의 믿음을 세우셨다. 그리고 이를 통해 메시야 곧 그리스도가 오셨다. 오신 그리스도께서 믿음을 완성하시고, 이를 믿는 자녀들이 살아가는 삶이 믿음을 증거하는 삶이다. 이것이 믿음의 본질이다.

믿음의 선물은 성령이다.(갈 3:2) 그리스도의 말씀을 듣는다는 것은 무엇을 의미하고 있는가? 이것은 성령으로 말미암아 듣는 것을 의미한다. (롬 10:17)

구약에는 여호와의 말씀을 왕과 선지자 그리고 제사장을 통해 들었고, 신약에 말씀이 육신이 되어 오신 예수님 당시에는 그 분의 말씀을 들었으며, 십자가에서 모든 것을 이루시고 성령으로 오신 지금은 성령의 음성을 듣고 사는 것이다. 그렇다면 지금 성령은 어디에 계시는가?

내 안에 계신다는 것을 우리는 믿어야 한다.

(갈 3:22-26) [22] 그러나 성경이 모든 것을 죄 아래 가두었으니 이는 예수 그리스도를 믿음으로 말미암은 약속을 믿는 자들에게 주려 함이니라

성경 말씀은 온 세상이 죄의 포로가 되었다고 한다. 이는 예수 그리스도를 믿는 믿음을 통해 약속된 것을, 하나님의 사랑을 믿는 자녀들에게 주어지도록 하기 위한 것이다.

믿음의 때가 오기 전에는 누구나 할 것 없이 죄의 포로가 되어 믿음이 계시될 때까지는 죄에 갇혀 있었다. 그래서 모세율법은 믿음의 자녀들을 그리스도에게로 인도하는 가정교사(선생님) 역할을 한다.

그리고 드디어 믿음의 시대(메시야, 그리스도)가 오게 된다. 그러므로 이제 우리는 더 이상 율법 아래 있지 않아야 한다.

말씀에서는 믿음으로 그리스도 예수 안에서 하나님의 아들이 되었다고 말씀하신다. 죄 아래 있는 것이 아니라 은혜 안에 있음을 믿어야 하는 것이다.

이것이 구원의 믿음이다.

(엡 2:8) 너희가 그 은혜를 인하여 믿음으로 말미암아 구원을 얻었나니 이것이 너희에게서 난 것이 아니요 하나님의 선물이라

구원의 은혜를 받은 하나님의 자녀는 증인된 삶을 살아야 한다. 이러한 삶이 말씀이 실제가 되어 사는 삶이다.

말씀은 곧 삶이다. 삶은 곧 말씀이다.(요 14:1)

2. 믿음은 실제이다

믿음이 실제라는 것은 믿음대로 된다는 것이다. 믿음대로 사는 것이다.

믿음은 있는데 실제가 안된다는 것은 있을 수 없는 일이다.

(약 2:14) 내 형제들아 만일 사람이 믿음이 있노라 하고 행함이 없으면 무슨 이익이 있으리요 그 믿음이 능히 자기를 구원하겠느냐

(약 2:17) 이와 같이 행함이 없는 믿음은 그 자체가 죽은 것이라

(약 2:18) 혹이 가로되 너는 믿음이 있고 나는 행함이 있으니 행함이 없는 네 믿음을 내게 보이라 나는 행함으로 내 믿음을 네게 보이리라

(약 2:26) 영혼 없는 몸이 죽은 것같이 행함이 없는 믿음은 죽은 것이니라

여기에서 말하는 행함은 반드시 믿음 안에서를 뜻한다. 세상의 지식과 지혜, 그리고 육체 안에서도 얼마든지 행할 수는 있다. 세상의 종교도 모두 행위를 강조한다. 그들의 행위는 목적이 있는 행위이기 때문이다.

극락왕생, 천국가기 위해, 복을 받기 위해, 덕을 쌓기 위해서 하는 것이다. 이러한 그들의 행함과 혼동해서는 안 된다.(롬 14:23)

하나님의 사랑을 받은 자녀의 행함은 주신 은혜에 감사함으로 행하는 행함이다. 본질 자체가 다른 것이다.(히 11:1)

믿음이라는 것은 바라는 것이 이루어진다는 확실한 증거이자 보증이며, 실제이다. 보이지 않는 것을 보는 것이 믿음인 것이다. 지금 내 눈에 보이지 않아도 믿는 것이다. 보이지 않는다고 하나님의 말씀을 의심하는 것은 믿음이 아니다. 예수 그리스도는 지금 내 육신의 눈으로 볼 수가 없다.

육신의 눈에 예수 그리스도가 보이지 않는다고 계시지 않는가? 보이지 않지만 살아계신 하나님의 말씀으로 성령을 통해 내 안에 계심을 말씀으로 믿고 말씀으로 보아야 한다.

이 말씀을 믿는 믿음이 삶에서 실제로 나타나는 것이 믿음의 증거이다.

(히 11:2) 선진들이 이로써 증거를 얻었으니라

우리의 선진들도 이 말씀을 믿음으로 말씀이 실제가 됨을 보고 증거했다.

믿음이 없이는 하나님을 기쁘시게 해드릴 수 없다. 하나님께 나아가는 자는 반드시 하나님께서 살아 계신다는 것을 믿어야 한다. 하나님은 말씀으로 살아 계심을 증거 하신다.

말씀이 곧 살아계신 하나님이신 것이다.

(히 4:12) 하나님의 말씀은 살았고 운동력이 있어 좌우에 날선 어떤 검보다도 예리하여 혼과 영과 및 관절과 골수를 찔러 쪼개기까지 하며 또 마음의 생각과 뜻을 감찰하나니

믿음(믿음의 기도)은 병든 자도 구원한다. 그 안에는 하나님의 사랑이 있기 때문이다.

(약 5:15) 믿음의 기도는 병든 자를 구원하리니 주께서 저를 일으키시리라 혹시 죄를 범하였을지라도 사하심을 얻으리라

마귀와 대적하고 싸워서 이기는 것이 아니라 우리의 믿음(아가페 사랑)이 이기는 것이다. 믿음 안에서는 백전백승이다. 왜냐하면, 세상을 이기신 분이 내 안에 계시기에 이 말씀을 통해 믿음으로 이길 수 있는 것이다.

(요일 5:4) 대저 하나님께로서 난 자마다 세상을 이기느니라 세상을 이긴 이김은 이것이니 우리의 믿음이니라

이 세상의 근심과 걱정, 염려 그리고 미움을 자신이 어떻게 해서든 벗어나려고 하지 말라, 하면 할수록 더 깊은 늪에 빠지게 된다.

이것을 이길 수 있는 방법은 오직 말씀으로 이기신 그리스도를 믿으면 된다.

처음에는 이 경건의 연습이 어렵고 힘들 수 있다. 그러나 믿으면 반드시 이루

시는 하나님은 평강으로 기쁨으로 응답하심을 보게 된다. 믿음 안에서 말씀을 믿음으로 경건의 연습을 통해 반드시 승리하게 될 것이다.

하나님은 우리에게 믿음으로 승리하는 삶을 주기 위해 아브라함의 믿음을 세우고, 그리스도를 보내 주셨다.(계 14:12)

3. 아브라함을 믿음의 조상으로 세우신 이유와 목적

(갈 3:13-14) [13] 그리스도께서 우리를 위하여 저주를 받은 바 되사 율법의 저주에서 우리를 속량하셨으니 기록된 바 나무에 달린 자마다 저주 아래 있는 자라 하였음이라 [14] 이는 ①그리스도 예수 안에서 아브라함의 복이 이방인에게 미치게 하고 또 우리로 하여금 ②믿음으로 말미암아 성령의 약속을 받게하려 함이니라

14절, ①그리스도 예수 안에서 아브라함의 복이 이방인에게 미치게 하고 예수 그리스도 안에서 아브라함에게 약속하신 복을 성령을 통해 이방인에게 주시기 위함이다. 이방인은 지금의 믿음의 자녀들이다.

②믿음으로 말미암아 성령의 약속을 받게 하려 함이니라

아브라함에게 말씀하신 모든 축복은 예수 그리스도 안에 있다. 아브라함의 믿음으로만 약속하신 성령을 받을 수 있다. 이 믿음이 아니면 결코 성령을 받을 수 없다. 또한 이 말씀이 믿음의 자녀에게는 가장 큰 축복이다.

아브라함을 믿음의 조상으로 세우시고 믿음 안에 있는 자들에게 약속하신 축복은 성령의 약속을 믿게 하고 그 안에서 말씀하시고 가르치는 주님의 음성을 들으며 사는 우리들에게 주신 축복이다.

주께서는 성령을 우리 심령에 주시겠다고 이미 약속하셨다. 우리 육신의 눈에 보이지 않고 믿어지지 않아도 이미 말씀하시고 이루셨기에 아브라함의 믿음으로 이 사실을 믿으면 성령은 내 안에 오신다.

성령 안에서 그리스도가 오시는 것이다. 성령은 내 안에서 그리스도가 하신 말씀을 가르치신다. 그 말씀을 믿음으로 사는 삶, 누리는 삶이 그리스도인의 삶이다.

아브라함의 믿음을 세우시고 축복한 것은 결국 나를 사랑하는 하나님의 계획이었고 사랑이었다.

여기서 말하는 축복이란 하나님께서 말씀하신 모든 것들이 우리의 삶의 현장에서 그대로 되는 것이다. 말씀하신 것을 믿는 그대로 되는 축복이다.

이러한 복은 무엇인가? 바로 예수의 이름을 주시는 것이다. 이 안에 모든 복이 있다.

아브라함은 일곱 가지의 믿음을 고백했다. 이 믿음이 있었기에 아들을 번제로 드릴 수 있었다. 하나님께서 말씀 하신 말씀대로 아브라함은 이삭을 드린 것이다. 아들을 번제로 드릴(죽일) 수 있었던 아브라함은 어떤 믿음을 가지고 있었는가?

4. 아브라함의 믿음

예수님께서 말씀이 육신이 되어 오셔서 믿음의 자녀들에게 삶의 본을 보여주셨다. 하나님의 사랑으로 사는 믿음의 자녀들은 예수님처럼 살아야 한다. 예수님의 믿음의 삶 또한 말씀을 믿는 믿음에서부터 시작되었다는 것을 기억해야 한다.

(요 3:34) 하나님의 보내신 이는 하나님의 말씀을 하나니 이는 하나님이 성령을 한량없이 주심이니라

(요 5:30) 내가 아무 것도 스스로 할 수 없노라 듣는 대로 심판하노니 나는 나의 원대로 하려 하지 않고 나를 보내신 이의 원대로 하려는 고로 내 심판은 의로우니라

육신으로 사는 자 중에 하나님의 믿음을 가지고 살았던 자는 단 한 사람, 아브라함이었다. 그의 믿음은 하나님께서 친히 말씀하시고 이루시며 세우신 믿음이다. 또 자녀들을 위해 성령을 약속한 믿음이기도 하다. 아브라함의 믿음을 통해 성령을 약속 받은 자녀들은 성령을 통해 그리스도를 본받는(닮아가는) 믿음의 삶을 살게 된다. 이들을 그리스도인이라 하며, 성도라 한다.

하나님은 오직 한 믿음(아브라함의 믿음)만 세우셨다. 다른 믿음은 없다. 모세율법은 메시야, 곧 그리스도가 오시는 길을 잇기 위한 몽학선생으로서 모세의 율법을 믿고, 지키는 믿음의 거울이 아브라함의 믿음이었다.

육신의 생각과 마음으로 하나님을 믿는 자들은 하나님 사랑의 마음을 알지 못한다. 그래서 하나님을 믿으면서도 여전히 이스라엘 백성들처럼 자신이 원하는 것이 이루어지지 않으면 원망, 불평을 하고 감사하는 삶을 살지 않는 것이다. 또 하나님이 주신 믿음이 아닌 자신의 육신적인 생각에 빠져 죄의 생각과 마음으로 하나님을 판단하기도 한다.

아브라함의 믿음으로, 아가페 사랑으로 사는 믿음의 자녀는 마음 자체가 다르다. 하나님의 자녀들은 주의 마음을 알고 이 마음과 믿음으로 산다. 그래서 믿음의 조상 아브라함의 믿음이 중요하다.

아브라함의 믿음이 아닌 육신의 생각과 마음으로 믿는 것은 하나님의 사랑을 알지 못한다. 또 예수 그리스도의 말씀도 믿어지지 않는다. 아브라함의 믿음이 아닌 자신의 생각으로 믿는 자들은 믿어지지 않는다는 지금 이 말이 무슨 말인지 공감이 갈 것이다. 지금 자신이 하나님의 마음을 모르고, 예수 그리스도의 말씀이 믿어지지 않고 들려오지 않는다면 철저하게 자신의 믿음을 점검해야 한다.

아브라함도 육신의 사람이다. 그런데 어떻게 아브라함이 하나님의 말씀을 믿는 믿음을 가질 수 있었는가? 하나님께서는 아브라함에게 직접 말씀하시고 그 말씀을 이루심으로 믿음을 갖게 하셨기 때문이다. 하나님은 믿음의 자녀들에게도 직접 말씀하시고 가르쳐주신다.

(요 10:27) 내 양은 내 음성을 들으며 나는 저희를 알며 저희는 나를 따르느니라

(마 13:9) 귀있는 자는 들으라 하시니라

(마 13:16) 그러나 너희 눈은 봄으로 너희 귀는 들음으로 복이 있도다

아브라함의 믿음이 없으면 예수님께서 말씀하신 것을 믿을 수 없다. 대제사장과 바리새인이 예수님의 말씀을 들을 수 없었던 것처럼 말이다.

그러나 사마리아 여인(요4:1-26)은 예수님이 하신 말씀을 알아 들었다. 이것이 바로 믿음의 차이이다.

아브라함의 믿음을 살펴보기로 하자. (갈3장, 롬4장)

1)하나님을 경외(신뢰, 섬김, 사랑)하는 믿음.

아브라함은 하나님을 경외하는 마음을 가졌다. 하나님께서는 자신을 경외하는 아브라함의 마음을 보셨다. 하나님께서는 마음을 감찰하는 분이다.(창 22:2)

또 아브라함은 하나님께서 말씀하신대로 즉시 순종하고 행한다. 말씀을 믿지 않으면, 사랑하지 않으면 할 수 없는 행위이다.

아브라함이 순종할 수 있었던 믿음의 근거는 무엇일까? 창12장부터 21장까지 살펴보면 알 수 있다. 하나님께서 아브라함에게 직접 많은 축복의 말씀을 하시고 때로는 아브라함이 말씀을 믿지 않고 육신의 길을 선택했을 때에도 책망하지 않으셨다. 오히려 하나님의 말씀을 더욱더 믿을 수 있도록 아브라함을 이끌고 가셨다. 처음에는 아브라함도 하나님의 말씀을 믿지 못하고 육신의 삶으로 말씀에 순종하지 못했지만 차츰 말씀이 믿어지기 시작했고, 하나님께서 자신을 얼마나 사랑하고 계신지 깨닫게 됐다. 그래서 하나님을 사랑하는 마음이 나오게 되었고, 결국엔 하나님의 말씀을 온전히 믿고 순종하는 믿음으로 하나님을 경외하게 된 것이다.

경외의 뜻은 '공경하다, 존경하다, 두려워하다.' 이다.

(창 22:12) 사자가 가라사대 그 아이에게 네 손을 대지 말라 아무 일도 그에게 하지 말라 네가 네 아들 네 독자라도 내게 아끼지 아니하였으니 내가 이제야 네가 하나님을 경외하는 줄을 아노라

하나님을 경외한다는 것은 존경하고, 사랑한다는 것이다. 이것은 말씀을 믿을 때에만 가능하다. 하나님의 사랑을 많이 받은 사람은 주님을 사랑하게 된다.

이처럼 아브라함은 하나님의 사랑을 본 것이다. 아브라함의 마음 속에는 사랑하는 아들 독자 이삭을 주신 하나님을 사랑하고, 신뢰하고, 경외하는 마음이 있었다.

분명한 사실은 아브라함은 남이 듣지 못한 음성(하나님의 말씀)을 들었고, 남이 보지 못한 것(아브라함을 사랑하는 하나님의 마음)을 보았고, 남이 받지 못한 사랑(하나님의 아가페 사랑)을 받았음을 믿었다.

하나님의 사랑을 받은 자녀는 아브라함과 같이 믿음의 고백과 주를 경외하는 마음이 있어야 한다.

하나님께서는 자신을 경외하는 자에게 복을 주시겠다고 약속하셨다.

(시 128: 4) 여호와를 경외하는 자는 이같이 복을 얻으리로다

하나님을 사랑하는 자, 경외하는 자는 복을 얻게 될 것이라고 약속하셨다.

2)육신의 생각으로는 행할 수 없는 것을 믿음으로 행하는 믿음 ⇒ 의인

(창 22:16-18) [16] 가라사대 여호와께서 이르시기를 내가 나를 가리켜 맹세하노니 네가 이같이 행하여 네 아들 네 독자를 아끼지 아니하였은즉 [17] 내가 네게 큰 복을 주고 네 씨로 그게 성하여 하늘의 별과 같고 바닷가

의 모래와 같게 하리니 네 씨가 그 대적의 문을 얻으리라 [18] 또 네 씨로 말미암아 천하 만민이 복을 얻으리니 이는 네가 나의 말을 준행하였음이니라 하셨다 하니라

육신으로는 할 수 없는 것을 하나님을 사랑하는 마음(믿음)으로는 할 수 있는데 이것이 두 번째 아브라함의 믿음이다.

사랑하는 독자 아들을 정말로 죽일 수 있을까? 정말 하나님을 사랑하는 마음이 있어도, 육신으로는 상상할 수 없는 것이다. 그래서 아브라함의 믿음은 육신의 상상을 뛰어 넘는 믿음인 것이다. 육신의 생각(상상)을 뛰어넘는 아브라함의 믿음으로 사는 자들을 의인이라 한다.(롬 1:17)

의인의 믿음은 아브라함의 믿음으로 믿는 믿음을 뜻한다. 결국 의인의 삶은 아브라함의 믿음으로 사는 삶인 것이다.

육신의 생각과 마음으로 사는 사람들은 아브라함이 이삭을 죽이는 척만 했을지도 모른다고 생각할 수 있다. 그러나 하나님은 이미 아브라함의 마음을 보았다고 하셨다. 하나님을 속일 수는 없는 것이다.

(약 2:21-22) [21] 우리 조상 아브라함이 그 아들 이삭을 제단에 드릴 때에 행함으로 의롭다 하심을 받은 것이 아니냐 [22] 네가 보거니와 믿음이 그의 행함과 함께 일하고 행함으로 믿음이 온전케 되었느니라

믿음의 삶은 반드시 행함이 일치해야 한다. 아브라함이 말씀은 믿고 행함이 없었다면 믿음의 조상이 될 수 없다.

말씀을 믿고 즉시 시행하는 자를 의인, 그리스도인이라고 하며 이를 행하지 못하는 자는 성경에서는 죽은 믿음이라고 한다.

(약 2:26) 영혼 없는 몸이 죽은 것같이 행함이 없는 믿음은 죽은 것이니라

입술로는 하나님을 사랑한다(믿는다)고 하지만 행함이 없는 믿음은 죽은 것이다.

3)죽은 자 가운데서 다시 살리실 것을 믿는 믿음

(롬 4:17) 기록된바 내가 너를 많은 민족의 조상으로 세웠다 하심과 같으니 그의 믿은바 하나님은 죽은 자를 살리시며 없는 것을 있는 것 같이 부르시는 이시니라

(롬 4:24) 의로 여기심을 받을 우리도 위함이니 곧 예수 우리 주를 죽은 자 가운데서 살리신 이를 믿는 자니라

아브라함의 믿음은 죽은 자를 살리시는 하나님을 믿는 믿음이다. 아브라함은 어떻게 이 믿음을 내어놓을 수 있었을까? 하나님께서 창12장~21장의 말씀을 통해 아브라함에게 자손에 대한 축복을 약속하셨다. 아브라함의 육신적인 생각으로 낳은 이스마엘이 아닌 하나님의 언약으로 낳은 이삭에 대한 축복의 약속이다. 그는 자신을 향한 하나님의 약속이 자신의 삶에서 반드시 이루어지는 것을 보았다. 하나님께서는 네 자손이라 칭할 자는 이삭으로 말미암으리라 라고 이미 말씀하셨다. 따라서 자신이 아들 이삭을 죽여도 반드시 말씀을 이루시는 하나님께서 약속의 자녀인 이삭을 다시 살리실 것을 믿었다.

육신의 생각과 말로는 이해되지 않는 일이다. 그러나 말도 안 되는 일을 행하실 하나님을 아브라함은 믿고 있었다. 아들 이삭을 번제로 드린다 해도 하나님은 반드시 살리실 것을 믿었다. 이 믿음이 아브라함의 믿음이다. 곧, 육신의 생각과 마음을 초월한 믿음이다.

아브라함은 이 믿음으로 지체 없이 하나님께서 명하신 산까지 갈 수 있었으며, 지체 없이 아들을 결박하여 단 나무 위에 놓고 죽일 수 있었던 것이다.

(히 11:17-19) [17]아브라함은 시험을 받을 때에 믿음으로 이삭을 드렸으

니 저는 약속을 받은 자로되 그 독생자를 드렸느니라 [18] 저에게 이미 말씀하시기를 네 자손이라 칭할 자는 이삭으로 말미암으리라 하셨으니 [19] 저가 하나님이 능히 죽은 자 가운데서 다시 살리실 줄로 생각한 지라 비유컨대 죽은 자 가운데서 도로 받은 것이니라

아브라함은 믿음으로 사랑하는 독자 아들이삭을 죽였고, 하나님께서는 아브라함의 믿음을 보시고 다시 살리신다.

(롬 8:11) 예수를 죽은 자 가운데서 살리신 이의 영이 너희 안에 거하시면 그리스도 예수를 죽은 자 가운데서 살리신 이가 너희 안에 거하시는 그의 영으로 말미암아 너희 죽을 몸도 살리시리라

하나님의 사랑으로 아브라함의 믿음 가운데 사는 자녀들은 이제 영원한 생명(영생)을 얻어 사랑의 하나님과 함께 영생의 삶을 사는 것이다. 영생의 삶 곧, 지금 그리스도인의 모습을 뜻한다.

4)없는 것을 있는 것 같이 부르시는 하나님을 믿음

(창 15:1-6) [2] 아브람이 가로되 주 여호와여 무엇을 내게 주시려나이까 나는 무자하오니 나의 상속자는 이 다메섹 엘리에셀이니이다(다메섹은 매우 오랜 고대 도시, 하나님은 도움이시다, 아브라함이 그에게 이삭의 아내를 구하여 오라는 임무를 맡겼다(창 24:2) [4] 여호와의 말씀이 그에게 임하여 가라사대 그 사람은 너의 후사가아니라 네 몸에서 날 자가 네 후사가 되리라 하시고

(롬 4:17) (생략)없는 것을 있는 것 같이 부르시는 이시니라

아브라함에게는 자녀가 없었다. 자신의 재산을 상속해 줄 후사가 없었던 것

이다. 이런 아브라함에게 하나님은 후사를 약속하신다. 아브라함은 후사를 약속하신 하나님을 믿었다.

없는 것을 있는 것 같이 부르시는 하나님을 믿은 것이다.

없는 것을 있는 것 같이 부르시는 하나님께서는 실제로 그 때가 되었을 때 아들을 주셨다.

5) 바랄 수 없는 중에 바라고 믿는 믿음.

(롬 4:18) 아브라함이 바랄 수 없는 중에 바라고 믿었으니 이는 네 후손이 이 같으리라 하신 말씀대로 많은 민족의 조상이 되게 하려 하심을 인함이라

아브라함은 바랄 수 없는 중에 바라고 믿었다.

(창 15:1-6) [5] 그를 이끌고 밖으로 나가 가라사대 하늘을 우러러 뭇 별을 셀 수 있나 보라 또 그에게 이르시되 네 자손이 이와 같으리라 [6] 아브람이 여호와를 믿으니 여호와께서 이를 그의 의로 여기시고

아브라함의 아내 사라의 몸은 이미 경수가 끊어졌다. 사라는 아이를 낳을 수 없는 몸이였지만 아브라함은 하나님의 말씀을 의심치 않고 믿었다. 하나님께서 약속하실 때 아브라함은 육신의 생각과 마음으로 주의 일하심을 제한하지 않았다. 육신으로는 도저히 바랄 수 없는 일이었지만 하나님이 말씀하셨기에 바라고 믿었다. 그리고 바랄 수 없는 중에 바라고 믿는 믿음을 통해 하나님의 약속의 말씀은 성취되었다.

6) 약속하신 말씀을 이루실 줄 확신하는 믿음.

(롬 4:19-22) [19] 그가 백세나 되어 자기 몸의 죽은 것 같음과 사라의 태

의 죽은 것 같음을 알고도 믿음이 약하여지지 아니하고 [20] 믿음이 없어 하나님의 약속을 의심치 않고 믿음에 견고하여져서 하나님께 영광을 돌리며 [21] 약속하신 그것을 또한 능히 이루실 줄을 확신하였으니 [22] 그러므로 이것을 저에게 의로 여기셨느니라

(히 11:18) 저에게 이미 말씀하시기를 네 자손이라 칭할 자는 이삭으로 말미암으리라 하셨으니

아브라함은 백세나 되어 자신의 몸이 죽은 것 같음과 사라의 태가 죽은 것 같음을 알고도 믿음이 약해지지 않았다. 육신으로는 절대 불가능해 보였지만 아브라함에게 "이미 말씀하시기를 네 자손이라 칭할 자는 이삭으로 말미암으리라" 말씀하셨던 하나님의 약속을 의심치 않은 것이다. 아브라함은 약속하신 그것을 능히 이루실 하나님을 확신하고 믿었다.

하나님의 약속을 영원히 변하지 않고 지금 이 시간에도 이 말씀을 아브라함의 믿음으로 믿는 자들 안에서 이루시고 성취하신다.

7) 씨(자녀)를 통해 주님의 때를 보고 믿는 믿음 - 믿음으로 행함의 실체

(창 22:16-18) [17] 내가 네게 큰 복을 주고 네 씨로 그게 성하여 하늘의 별과 같고 바닷가의 모래와 같게 하리니 네 씨가 그 대적의 문을 얻으리라

아브라함은 자신의 믿음을 통해서 메시야 곧 그리스도가 오시는 것을 알았다. 그리고 이 사실을 믿음으로 즐거워하고 기뻐했다.

그 때를 어떻게 보고 즐거워했을까? 바로 아들 이삭을 보았기 때문이다. 아브라함에게 이삭의 존재는 그냥 아들이 아니었다. 하나님의 계획과 섭리 가운데 이미 준비된 축복의 자녀였다. 아브라함은 자신에게 말씀하신 하나님의 모든 말씀의 성취가 아들 이삭을 통해 이루어지고 있음을 보았다.

(요 8:56) 너희 조상 아브라함은 나의 때 볼 것을 즐거워하다가 보고 기뻐하였느니라

(요 8:56 표준) 너희의 조상 아브라함은 나의 날을 보게 될 것을 즐거워하였으며, 마침내 보고서 기뻐하였다.

아브라함은 아들 이삭을 통해 하나님께서 약속하신 메시야 곧 그리스도께서 오시는 것을 보았다. 메시야, 그리스도의 오심은 아브라함의 믿음으로 사는 믿음의 자녀들에게 성령의 약속을 성취하기 위해서다. 성령의 약속이 성취된 후부터는 성령으로 아니하고는 그리스도를 주라 시인할 수도 없고, 아브라함을 통해 약속하셨던 모든 축복도 받을 수 없고 누릴 수 없다.

(고전 12:3) 그러므로 내가 너희에게 알게 하노니 하나님의 영으로 말하는 자는 누구든지 예수를 저주할 자라 하지 않고 또 성령으로 아니하고는 누구든지 예수를 주시라 할 수 없느니라

(갈 3:14) 이는 그리스도 예수 안에서 아브라함의 복이 이방인에게 미치게 하고 또 우리로 하여금 믿음으로 말미암아 성령의 약속을 받게 하려 함이니라

결국 아브라함을 통해 말씀하신 언약과 축복의 말씀은 성령을 통해 하나님의 사랑으로 사는 자녀들에게 보여주고 증거하기 위한 계획이셨다. 그리고 증거의 확증(확실한 증거)은 성령을 통해 사랑으로 사는 믿음의 자녀들인 것이다.

5. 결 론

아브라함에게 말씀하신 여호와 하나님의 모든 약속의 말씀은 이삭을 통하여 성취된다. 이삭의 씨를 통해 메시야, 곧 예수 그리스도가 오셔서 아브라함에

게 말씀하신 축복의 약속을 이루시고, 성취하시는 것이다. 그리고 아브라함의 믿음으로 믿는 자에게 성령의 약속을 이루어주시고 이를 통해 예수 그리스도를 믿고 시인하게 함으로써 영원한 구원의 은혜를 선물로 주신다.

아브라함의 믿음을 통해 약속하신 성령으로 말미암아 성령 안에서 오신 그리스도를 주라 시인할 수 있다.

(요일 4:2) 하나님의 영은 이것으로 알지니 곧 예수 그리스도께서 육체로 오신 것을 시인하는 영마다 하나님께 속한 것이요

하나님께 속한 영인지 아닌지 분별하는 방법은 간단하다. 하나님께 속한 영은 예수 그리스도께서 우리 육체에 와 계신 것을 시인하는 영인 것이다. 육체에 오신 것을 시인한다는 것은 성령으로 말미암아 내 안에 와 계신 예수 그리스도와 하나 되어 사는 삶을 말한다. 내 안에서 말씀하시고 가르치시는 주님의 음성을 듣고 그분의 마음으로 사는 것을 말한다. 죄로 말미암아 주님과 하나가 될 수 없었던 우리를 예수 그리스도께서 십자가에서 모든 죄를 사하시고 회복해 주셔서 죄 없는 하나님의 자녀로 낳아주신 것을 믿고 시인하는 것이다. 내 육신의 생각과 마음을 죽이고 지금 내 안에 계신 예수 그리스도를 아브라함의 믿음으로 믿는 것이다.

육신의 생각과 마음으로는 믿어지지 않는다. 이것으로는 아브라함의 믿음이 어떤 믿음인지 분별할 수도 없고, 아브라함의 믿음을 완전케 하신 예수 그리스도도 믿을 수 없다. 그렇기 때문에 성령으로 지금 내 안에 와 계신 예수 그리스도를 시인할 수도 없다.

아브라함의 믿음이 없는 자는 구원이 없다. 아브라함의 믿음으로 성령의 약속을 믿는 자가 하나님의 자녀요, 아브라함의 자손인 것이다. 결국 하나님이 아브라함에게 축복해 주신 약속은 아브라함의 믿음으로 사는 자들에게 주신 약속이다.

새 언약의 일꾼 되기에 만족케 하신 하나님의 사랑으로 사는 것이 아브라함의 믿음을 통해 우리에게 주시고자 했던 성령의 약속을 축복을 누리는 것이다.

진정한 그리스도인은 새 언약의 일꾼 된 삶을 사는 것이다.

(고후 3:6) 저가 또 우리로 새 언약의 일군 되기에 만족케 하셨으니 의문으로 하지 아니하고 오직 영으로 함이니 의문은 죽이는 것이요 영은 살리는 것임이니라

하나님의 사랑은 아브라함의 믿음으로 말미암아 우리에게 성령의 약속을 선물로 주셨다. 성령을 선물로 받는 자녀는 더 이상 육신의 생각과 마음으로 율법에 매여 종 된 삶을 사는 것이 아니라 우리 안에 이미 이루시고 회복해 주신 하나님의 사랑을 성령 안에서 보고 믿으며 이것을 삶에서 누리는 것이다. 어둠과는 관계할 것이 없는 감사와 축복의 삶이 바로 당신의 삶이다. 이것이 천국의 비밀이다.

6. 아브라함의 믿음으로 말미암은 하나님 자녀의 믿음

①믿을 수 없는 것을 믿는 것이 믿음이다.

내 육신의 생각과 상식으로는 믿을 수 없지만 내 육신의 생각과 마음을 죽이고 하나님께서 말씀하신 것을 온전히 믿는 믿음이다.

②육신의 생각으로는 행할 수 없는 것을 믿음으로 행하는 것이 믿음이다.

육신의 생각과 마음으로는 결코 행할 수 없다. 사랑하는 독자 아들은 이 세상의 그 어떤 것과도 바꿀 수 없다. 그러나 하나님께서 이미 말씀하셨기 때문에 믿고 행하는 것이다.

③사랑할 수 없는 사람을 사랑하는 것이 믿음이다.

하나님께서 나를 사랑하신 사랑이 내 안에 있기에 그것을 행하는 것이다. 내 안에 하나님의 사랑이 없으면 나눌 수도 없고, 행할 수도 없다. 하나님의 사랑

은 원수를 사랑하는 사랑이다.

육신으로는 도저히 사랑할 수 없는 원수지만 사랑하는 마음을 이미 우리 안에 주셨음을 믿고 내 안에 이루어주신 사랑으로 원수를 사랑하는 삶을 살게 되는 것이다.

④용서할 수 없는 사람을 용서하는 것이 믿음이다.

하나님의 사랑은 그 어떤 것으로도 탕감 받을 수 없는 나를 용서하신 사랑이다. 내 육신의 생각과 마음으로는 용서할 수 없지만 하나님의 용서가 내 안에 있음을 믿을 때 주님의 마음으로 용서된다. 그래서 믿음은 용서할 수 없는 사람을 용서할 수 있는 능력인 것이다.

아브라함의 믿음을 세우고 축복하신 것은 결국 나를 사랑하시는 하나님의 계획이셨고 나를 향한 하나님의 사랑이셨다.

자신이 얼마나 존귀한 자인지 믿음의 눈으로 볼 수 있기를 바란다.

맺는 말

첫 전국 세미나를 마친 주일날이었다.

교회(익산 예닮교회)에서 하는 집회가 아니고 기도원에서 하는 집회였기에 집회에 필요한 장비를 가지고 다녀야 했다. 다른 것은 괜찮았는데 노트북이 없어 컴퓨터와 필요한 장비들을 가지고 다니는 것이 여간 불편했다. 그래서 집회를 마치고 예배 광고 시간에 광고를 했다. 기도해 보시고 마음에 감동이 되시면 노트북을 헌물해 주셨으면 한다고.

그 날 마침 우리 교회 성도가 아닌 한 청년 여 교사가 같이 예배를 드렸다.

한 달이 지나도 노트북 헌금은 들어오지 않았고, 아직 때가 아니구나 생각하고 있을 때 한 통의 전화가 걸려 왔다. 그 청년 교사였다. 청년 교사는 자신의 집에 심방을 요청했다.

나는 담임 목사가 아니기에 심방을 정중히 사양했다.

그럼에도 불구하고 청년 교사는 그럼 심방이 아니라 자신의 집에 와서 기도만 해달라는 것이었다.

우리 교회도 몇 번 출석한 터라 기도는 해드리겠다며 가정을 방문했다.

기도를 마치고 다과를 하는데 노트북 헌금을 하며 그 자매가 물었다.

"교회 성도들께서 노트북 헌금 안 하셨죠?"

한 달 전 광고하실 때 자신에게 성령께서 마음에 감동을 주셨는데 예닮교회 성도가 헌금했으면 한다는 목사님의 말씀 때문에 한 달간을 기다려서 이제야 연락을 드렸다며, 대화 도중 그 자매의 남동생 이야기를 했다.

현재 신학교 3학년에 재학 중인데 자신이 그 동생의 학비는 물론, 책이며, 용돈, 방학 때는 해외여행까지 보내준다고 하였다. 그리고 동생이 부 교육자 사역을 하고 싶어 하는데도 집안 식구들 모두 공부에만 전념하라고 사역을 말리고 있다고 했다.

그 자매의 이야기를 듣는 순간 동생에 대한 부러움이 엄습하더니 표현할 수 없을 만큼 갑자기 내 마음이 힘들어지는 것을 보았다.

'아, 저 자매의 동생은 저런 누나가 있구나, 참 행복하겠구나' 하며, 내 마음이 시리고 싸해지면서 몸이 아파오는 것을 느꼈다.

나는 신학교와 대학원 7년을 야간만 다녔다. 학업과 가장으로서의 일을 함께 감당을 해야 했기 때문이다. 물론 나와 같은 신학생이 많이 있었다.

대학원을 졸업하고 어느 날 아내와 함께 7년 동안 한 아르바이트를 세어보니 27가지나 되었다. 낮엔 열심히 일하고 밤엔 학업에 열중하며 하나님의 은혜로 7년을 마쳤다. 그 때는 정말 하나님의 은혜였고 또 그렇게 고백하며 열심히 살았다.

그럼에도 그 자매의 이야기를 듣는 순간 내 마음 깊은 곳에 웅크리고 있었던 아픔이 고개를 들고 그 어느 곳에도 비빌 언덕이 없고, 기댈 수 없었던 고통의시간들이 떠오르며 내 마음은 주체할 수 없는 슬픔과 아픔이 되어 무너져 버렸다.

그 날 이후 무기력증과 함께 이유 없이 몸져 눕고, 밥맛도 잃고, 순식간에 중환자가 되었다.

그렇게 칠 일째를 속 앓이 하고 있던 중, 새벽예배 시간에 기도하는데 주님의 음성이 들려왔다.

"아들아 그런 누나가 있는 동생이 그렇게 부러우냐?"

나는 눈물을 흘리며 이렇게 기도하고 있었다.

"예! 주님 솔직히 가슴 사무치게 부럽습니다. 내겐 왜 그런 누나나 형제나 부모가 없습니까?"

그러자 주님께서 이렇게 응답을 하셨다.

"너에게는 내가 있잖아. 그래! 네게 부족한 것이 있으면 다 구하라. 내가 다 주겠노라."

순간 나는 멍하고, 아찔했다.

무엇을 구하지?

무엇이 부족한가?

한참을 기도하지 못하고 무엇을 구할까를 생각했다.

또 나에게 무엇이 부족한지를 보았다.

물질, 집, 자동차, 큰 교회 등등등. 무엇을 구하지?

사흘이 지났다.

그런데 아무리 구할 것을 찾아봐도 구할 것이 없었다.

교회는 개척 교회에 월세, 집도 오래되고 낡은 집에 월세였고, 마이너스 통장 생활.

내 육신의 삶의 모습이었다.

그런데 부족한 것이 없었다.

내가 육신의 눈으로 보았을 때는 부족한 게 너무도 많았는데 주님의 음성을 듣고 은혜(마음) 안에서 보니까 부족함은 조금 불편한 것뿐이었고, 모든 것을 주신 하나님의 은혜와 축복으로 보였다.

그런데 주님의 음성을 듣기 전에는 왜 그렇게 부족한 것들이 많았을까?

문제는 육신의 부족함이 아니라 내 믿음이었던 것이다.

그때 나는 다시 기도했다.

"주님 어리석은 아들을 용서하여 주소서."

이미 내게 다 주셨는데 나는 믿음이 없어서 그것을 보지 못하고, 그 전도사의 이야기를 듣는 순간 부러움과 속 깊이 내재되어 있었던 아픔이 나를 엄습해 하나님의 사랑을 누리지 못하게 한 것이다.

"아버지, 죄송합니다. 저에게 부족한 것이 없습니다. 구할 것이 없습니다."라고 고백했다.

이미 주님은 내게 모든 것을 주셨다.

믿음 안에서 보니 정말로 부족함이 없었다.

그러나 육신 안에서 생각과 마음으로는 그 동생이 부러움의 대상이 되었고 지난날의 아픔이 하나님의 사랑을 보지 못하고, 누리지 못하도록 했던 것이다.

우리에게는 우리가 의식하고 있는 아픔이나 상처도 있지만 삶이나 환경으로 인해 자신이 인식하지 못하고 있는 무의식속의 아픔과 상처도 있다.

자신이 의식하지 못하고 살아가는 중에 어느 순간 대화를 통해서나 사건을 통해서 무의식속의 아픔과 상처가 터치가 될 때 상상할 수도 없는 분노나 슬픔이 표출되는 것을 보게 된다.

절제하지 못하고 자제하지 못하는 자신으로 또 다른 상처를 자신과 주위 사람들에게 주게 되는 것이다.

이런 상처와 아픔이 내면 속에 남아 있음으로 인해 우리의 삶은 순간순간 화산 같은 분노와 절제 없는 혈기와 원인 모를 우울로 어둠의 권세에게 먹이가 되고 만다.

빛으로 오신 예수님이 십자가에서 이미 모든 어둠을 이기셨기 때문에, 이제 주님 안으로 들어와 우리를 회복해 주시고, 온전히 세워주신 하나님의 은혜를 보아야 한다.

십자가의 사랑을 믿음으로 온전한 나를 보는 것, 그러므로 영, 육간에 건강한 나를 주안에서 누리는 것, 그것이 진정한 주님 안에서의 회복의 은혜이다.

지금도 혹시 부족한 것이 있다면 주님의 십자가를 보길 바란다.

그리고 내 십자가를 지길 바란다.

부족하다고 느끼고 원망과 불평하는 내 육신의 생각과 마음을 십자가에 못

박길 바란다.

주님께서 다 주신 것을 믿어야 한다.

이미 모든것을 주셨다.

그러나 이방인처럼 육신의 것을 구하지 않기를 바란다. 그리스도 예수 안에서, 믿음 안에서 구하길 바란다. 성령 세례 받은 생명 안에서 구하라. 그러면 이미 다 주셨음을 보게 될 것이다. 하나님 아가페 사랑 안에서는 외로움, 슬픔, 염려, 부족함, 두려움과 상관없는 삶을 산다. 아직 부족한 것이 있다는 것은 하나님의 사랑을 온전히 믿지 않기 때문이다.

이미 풍성하게 부은 바 되신 하나님의 사랑 안에서 부족함이 없는 삶을 누리길 기도한다.

십자가의 죽음을 통해 회복시켜 주신 하나님 아가페 사랑으로 사는 당신이 바로 아버지의 선물이다.

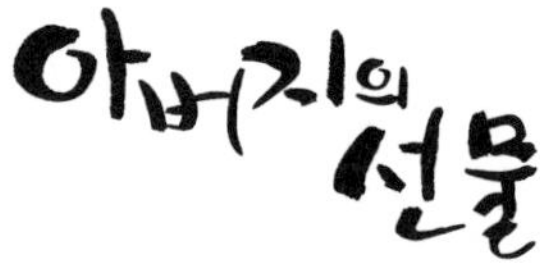

초판 1쇄 발행 _ 2014년 11월 14일

지 은 이 _ 박형모
펴 낸 이 _ 유성헌
펴 낸 곳 _ 하야Book, 예닮
책임편집 _ 전민주
교 정 _ 유한나, 조신규
디 자 인 _ 이현종

주 소 _ 서울 양천구 신월7동 995-7번지 302호
주문 및 문의 전화 _ 070-8748-4435, 010-2811-4435
팩 스 _ 02-2065-6151
하야B00k 계열사 _ 하야방송 www.ichn.or.kr

출판 등록일
ISBN 978-89-968031-5-7

하야Book은 문서사역을 통해 하나님의 나라를 확장하고 복음전파를 통해 하나님 말씀으로 사람을 살리는 일을 하고자 설립된 출판사입니다.
하야(Chayah)의 뜻은 히브리어로 '살다, 회복시키다, 구원하다, 소생하다, 부흥하다' 의 의미가 있습니다.

국립중앙도서관 출판예정도서목록(CIP)

아버지의 선물 : 하나님! 하나님! 정말 저를 사랑하십니까?
/지은이 : 박형모. – 서울 : 하야B00k, 2014
288p, 152 x 225mm

ISBN 978-89-968031-5-7 03230 : ₩15,000

기독교 신앙 생활[基督敎信仰生活]

234.8-KDC5
248.4-DDC21 CIP2014032199